TEXTES DE LA RENAISSANCE
sous la direction de Jean-Charles Monferran
242

Série *République des Muses*
dirigée par Emmanuel Buron et Nathalie Dauvois
5

Jean de Sponde

Poésies complètes

Ouvrage publié avec le soutien de l'UMR 5316 – Litt&Arts
(université Grenoble Alpes), de l'université Jean-Moulin – Lyon III
et de l'UMR 5317 – Institut d'histoire des représentations et des idées
dans les modernités (IHRIM), sous la tutelle du CNRS, de l'ENS
de Lyon, des universités Lumière Lyon 2, Jean-Moulin Lyon III,
Jean-Monnet – Saint-Étienne et Clermont Auvergne

Jean de Sponde

Poésies complètes

Édition critique par Christiane Deloince-Louette
et Sabine Lardon

PARIS
CLASSIQUES GARNIER
2022

Christiane Deloince-Louette est maîtresse de conférences à l'université Grenoble Alpes. Ses recherches portent essentiellement sur la littérature de la fin du XVIe siècle et sur la réception des Anciens à la Renaissance. Elle a notamment édité et traduit le *Commentaire aux poèmes homériques* de Jean de Sponde.

Sabine Lardon est professeure de grammaire et rhétorique – XVIe et XVIIe siècles – à l'université Jean-Moulin – Lyon III. Ses recherches portent essentiellement sur la poésie et le théâtre de la seconde moitié du XVIe siècle ainsi que sur l'histoire de la langue française. Elle a notamment édité les *Méditations sur les Pseaumes* de Jean de Sponde.

ISBN 978-2-406-12680-5 (livre broché)
ISBN 978-2-406-12681-2 (livre relié)
ISSN 1262-2842

LISTE DES ABRÉVIATIONS

DÉSIGNATION DES POÈMES ET ABRÉVIATIONS DES TITRES

Désigner les poèmes de Jean de Sponde est en soi problématique dans la mesure où les poèmes des *Amours* n'ont pas été publiés et intitulés du vivant de l'auteur tandis que ceux de l'*Essay* sont liés selon des titres qui les enchaînent (« [...] sur le mesme subject »), difficiles à utiliser dans une étude littéraire.

Nous rappelons ci-dessous les titres figurant dans les éditions auxquelles nous nous référons en proposant le cas échéant un titre d'usage emprunté à la tradition critique.

Essay de quelques poemes chrestiens (titre abrégé *Essay*)

StC	« Stances de la Cene »
AP	« Autre Poeme sur le mesme subject »
StM	« Stances de la Mort »
SM	« Sonnets sur le mesme subject » [d'où « Sonnets sur la Mort »]

Les Amours : ce titre étant attribué *a posteriori* (« Fin des Amours du sieur de Sponde ») dans les recueils Du Petit Val (1599, 1604, 1611), nous comprendrons sous ce nom l'ensemble des poèmes qu'il recouvre dans ces recueils.

Am, S	Sonnets	[Sonnets des Amours]
Am, St1	« Tel estoit ce bel astre... »	[Stances 1]
Am, El	« Elegie »	[Élégie]
Am, Ch1		[Chanson 1]

Am, Ch2		[Chanson 2]
Am, Ch3		[Chanson 3]
Am, St2	« Stances B.D.F. »	[Stances 2]
Am, St3	« Sur la mort du B.D.F. Stances »	[Stances 3]
Am, St4	« Ainsi fait le Soleil,… »	[Stances 4]
Am, St5	« Ma Belle languissoit… »	[Stances 5]
Am, St6	« N'est-ce donc pas assez… »	[Stances 6]
Am, F	« Sur sa Fievre »	

ABRÉVIATION DES TITRES DES RECUEILS COLLECTIFS

A 1599 *L'Academie des modernes poetes françois, Remplie des plus beaux Vers que ce siecle reserve à la posterité*, Paris, Anthoine du Breuil, 1599, avec privilège du Roy, in-12.

DP 1599 *Recueil de diverses poesies, tant du feu sieur de Sponde, que des sieurs du Perron, de Bertaud, de Porcheres, et autres non encor imprimées. Recueillies par Raphaël du Petit Val*, Rouen, Raphaël Du Petit Val, 1599, in-12.

DP 1604 *Premier recueil de diverses poesies, tant du feu sieur de Sponde, que des sieurs Du Perron, de Bertaud, de Porcheres, et autres non encor imprimées. Recueillies par Raphaël du Petit Val*, Rouen, Raphaël Du Petit Val, 1604, avec Privilège de Sa Majesté, in-12.

M 1599 *Les Muses francoises ralliées de diverses pars. Dediées à Monsieur le Comte de Soissons*, Paris, Mathieu Guillemot, 1599.

M 1603 *Les Muses r'alliées*, Paris, Mathieu Guillemot, [1603].

M 1606 *Les Muses Francoises, R'alliées de diverses parts. Par le sieur Despinelle*, Lyon, Thibaud Ancelin, 1606.

M 1609 *Les Muses Francoises R'alliées de diverses parts. Par le sieur Despinelle*, Lyon, Barthelemy Ancelin, 1609.

M 1619 *Le Cabinet des Muses : Ou nouveau recueil des plus beaux vers de ce temps*, Rouen, David Du Petit Val, 1619.

F 1599 *Les Fleurs des plus excellens poetes de ce temps*. Paris, N et P. Bonfons, 1599, in-12.

F 1601	*Les Fleurs des plus excellents poetes de ce Temps. Edition troisiesme, augmentée*, Paris, Nicolas et Pierre Bonfons, 1601.
P 1607	*Le Parnasse des plus excellens poetes de ce temps*, Paris, Mathieu Guillemot, 1607.
P 1611	*Le Parnasse des plus excellens poetes de ce temps*, Lyon, Barthelemy Ancelin, [1611].
P 1618	*Le Parnasse des plus excellens poetes de ce temps*, Paris, Matthieu Guillemot, 1618.
P 1618	*Le Parnasse des plus excellens poetes de ce temps*, Lyon, Barthelemy Ancelin, 1618.
T 1611²	*Le Temple d'Apollon. Ou nouveau Recueil des plus excellens Vers de ce temps. Second volume.* Rouen, Raphaël Du Petit Val, 1611.

INTRODUCTION

L'homme propose, l'histoire dispose… Si le temps a longtemps enseveli l'œuvre essentiellement humaniste et religieuse de Jean de Sponde, c'est en poète que sa redécouverte tardive, au XXe siècle, le consacre, alors même que sa démarche créative et éditoriale ne l'y prédestinait guère.

SPONDE HUMANISTE

Jean de Sponde est né en 1557, à Mauléon-de-Soule, dans le royaume de Navarre. Son père, Inigo (ou Énecot) de Sponde, a été secrétaire puis conseiller et maître des requêtes de la reine de Navarre, Jeanne d'Albret, dont il suit la conversion au protestantisme[1]. Sponde a ainsi grandi dans un milieu calviniste cultivé, protégé d'abord par la reine de Navarre (qui meurt en 1572), puis par son fils, Henri III de Navarre (futur Henri IV, roi de France). En 1571, c'est une bourse de la reine de Navarre[2] qui lui permet d'entrer au collège de Lescar, où tous les maîtres étaient calvinistes.

En 1580, il poursuit ses études à l'université de Bâle[3], où il suit les cours de Theodor Zwinger, humaniste réputé qui enseignait le grec, la

1 A. Boase (*Vie de Jean de Sponde*, Genève, Droz, 1977, p. 11) fixe la conversion d'Inigo de Sponde après 1557, Jean de Sponde se déclarant catholique par le baptême, mais élevé « dans l'hérésie ». Selon F. Ruchon en revanche, Inigo de Sponde devait déjà être protestant en 1550, date à laquelle le parlement de Bordeaux prend des mesures contre lui (« Essai sur la vie de Jean de Sponde », dans J. de Sponde, *Poésies*, éd. A. Boase et F. Ruchon, Genève, Pierre Cailler, 1949 et dans *La vie et l'œuvre de Jean de Sponde*, Genève, Pierre Cailler, 1949, p. 15, note 1, renvoyant à Mgr J.-M. Vidal, *Henri de Sponde, recteur de Saint-Louis-des-Français, évêque de Pamiers, 1568-1643*, A. Picard, 1929).

2 Voir Aubert de la Rue, *Bulletin de la Société de l'Histoire du Protestantisme français*, t. 76, 1927, p. 41.

3 Sponde est inscrit à l'université de Bâle sous la mention *Joh. Spondanus Mauleonensis Vasco* (c'est-à-dire « Jean de Sponde, originaire de Mauléon, Gascon »), cette inscription

morale, la médecine théorique et s'intéressait aux doctrines de Paracelse et à l'alchimie. L'on sait qu'il y était encore en juillet 1584, date à laquelle une lettre de Théodore de Bèze lui reproche de ne pas assister au prêche[4]. Durant cette période, Sponde s'adonne à l'alchimie : dans ses lettres adressées à Theodor Zwinger (dont sept sur huit datent sans conteste de 1582)[5], il évoque ses expériences, prétendant avoir réussi à produire de l'or, et demande des subsides à Zwinger afin de poursuivre ses opérations. L'une de ces lettres nous apprend que Henri de Navarre a ajouté à sa charge de conseiller du roi, celle de maître des requêtes[6], peut-être en récompense de son commentaire d'*Homère*, paru en 1583 et dédié au roi.

De retour en France (dans le courant de l'année 1584), il s'associe à son ami Paul La Treille (béarnais), qui a cherché l'élixir de longue vie, ainsi qu'à Nicolas Wasserhum (bâlois), pour se livrer à des travaux d'ingénieur. Les lettres patentes signées le 1er mars 1585 par Henri III accordent pour trente ans aux trois associés l'exclusivité pour un système de pompage des eaux ainsi que pour le mouvement perpétuel[7].

Reflet de son milieu et de son éducation, son œuvre est, durant ces années d'étude, avant tout celle d'un humaniste, éditeur et commentateur savant. En 1581, en remerciement de l'accueil de l'imprimeur bâlois Thomas Guérin, Jean de Sponde contribue ainsi à l'édition des *Adversaria*

---

sur le livre du recteur est de la main de Theodor Zwinger (Bibliothèque universitaire de Bâle, A. N. II, 4, f° 31 r°). Jean de Sponde a peut-être séjourné, à cette même date, à Genève. C'est du moins ce que pense Eugénie Droz qui s'appuie sur le témoignage de Florimond de Ræmond lequel, dans son *Tumulus Spondani*, évoque le calvinisme que Sponde avait « aprins à Genève » (E. Droz, « Les années d'étude de Jean et Henri de Sponde », *Bibliothèque d'Humanisme et Renaissance*, IX, 1947, p. 141-150).

4 Deux copies de cette lettre sont conservées dans les Archives Tronchin, volume 5 (n° 285 et 287), lequel a été acquis par la Société du Musée Historique de la Réformation. En marge de la seconde se trouve la note suivante : « Coppie des lettres escriptes autrefois à Sponde estant alors à Basle ».

5 Sur ces lettres, conservées au Frey-Grynæische Institut de l'université de Bâle, voir A. Boase, *op. cit.*, p. 27-29 et F. Ruchon, *op. cit.*, p. 21 *sq.* Le site www.e-manuscripta.ch a numérisé cinq lettres manuscrites de Sponde à Zwinger.

6 F. Ruchon, *op. cit.*, p. 26, note 1.

7 Ces lettres patentes ont été publiées dans *Œuvres de Bernard Palissy*, éd. M. Faujas de Saint-Fond et M. Gobet, Paris, Ruault, 1777, p. 674 *sq.* Voir sur ce point F. Ruchon, « Jean de Sponde, ingénieur », *Bibliothèque d'Humanisme et Renaissance*, XV, 1952, p. 277-282, A. Boase, *op. cit.*, p. 44-46 et 49-52, et R. Cooper, « Sur la correspondance de Sponde », *Jean de Sponde (1557-1595), un humaniste dans la tourmente*, Actes du colloque organisé les 14 et 15 mars 2008 à l'Université de Pau et des Pays de l'Adour par Philippe Chareyre et Véronique Duché-Gavet, réunis et présentés par Véronique Duché-Gavet, Sabine Lardon et Guylaine Pineau, Paris, Classiques Garnier, 2012, p. 64.

d'Adrien Turnèbe en offrant une série d'observations[8], précédées d'une épître à T. Guérin : « *Thomae Guarino Typographo solertissimo, amico suo I. Spondanus S. D.* » (*Basileae, 26 Novembris 1580*)[9]. Il participe ensuite à l'édition des *Œuvres* d'Aristote établie par Theodor Zwinger et publiée à Bâle par Eusèbe Bishop, en se chargeant de la traduction d'une sélection de *Fragments politiques des Pythagoriciens* (texte grec des fragments, traduction latine en vis-à-vis, annotation latine en manchettes), précédés d'une épître adressée à T. Zwinger (« *Zvingero medico et philosopho praestantissimo. Io. Spondanus* »)[10]. En 1583, il publie l'ensemble des six traités de logique d'Aristote, l'*Organon*, traduits et annotés[11]. La même année paraît sa monumentale édition d'Homère, entreprise dès 1577 (avec texte grec, traduction et commentaire en latin), accompagnée d'une double dédicace à Henri III de Navarre, d'une brève épître à l'imprimeur Eusèbe Bishop, de prolégomènes et des éloges versifiés de Sponde par Théodore de Bèze, François Hotman, Theodor Zwinger et Pierre Pontan[12].

Au-delà de ses années d'études bâloises, Jean de Sponde édite encore en 1591 (sans annotations) le *Recueil des Remonstrances* de Jacques Faye d'Espeisses[13]. En 1592 enfin paraît son édition des *Travaux et des Jours* d'Hésiode, comportant le texte grec, sa traduction latine et un commentaire latin intégré au fil du texte, le tout précédé d'une épître dédicatoire en latin adressée à Achille de Harlay, premier Président au Parlement de Paris. C'est là son ultime travail d'éditeur et de commentateur scientifique[14].

---

8 *Adriani Turnebi Adversariorum tomi III [...]*, Basileae [Bâle], per Thomam Guarinum [Thomas Guérin], 1581.

9 La première édition complète des *Adversaria* de Turnèbe est parue en 1580 : *Adversariorum libri triginta [...]*, Parisiis, apud Martinum Juvenem. Sponde ne participe qu'à l'édition bâloise de Guérin.

10 *Pythagoreorum Fragmenta Politica ad philosophiae Aristoteleae de Rep. illustrationem plurimum conferentia [...]*, Basileae [Bâle], Eusebii Episcopii opera ac impensa [Eusèbe Bishop], 1582.

11 *Aristotelis Organum Graecolatinum, nouissime conuersum & emendatum [...]*, Basileae [Bâle], ex officina Oporiniana [Oporinus, successeurs de Johann], 1583.

12 *Homeri quae extant omnia, Ilias, Odyssea, Batrachomyomachia, Hymni, Poematia aliquot, Cum Latina versione [...] Perpetuis item justisque in Iliada simul & Odysseam Io. Spondani Mauleonensis Commentariis [...]*, Basileae [Bâle], Eusebii Episcopii opera ac impensa [Eusèbe Bishop], 1583.

13 *Recueil des Remonstrances faites en la cour de Parlement de Paris, aux ouvertures des plaidoiries, par feu M. Jacques Faye, Seigneur Despeisses [...]*, La Rochelle, Hierosme Haultin [Jérôme Haultin], 1591.

14 *Hesiodi Ascraei Opera et dies. I. Spondanus Rupellanae provinciae Praefectus recensuit, & commentariis illustravit*, Rupellae [La Rochelle], apud Hieronymum Haultinum [Jérôme Haultin], 1592.

SPONDE POLÉMISTE RELIGIEUX

Dans les années 1587-1588, Sponde semble s'établir à La Rochelle, place forte protestante[15]. C'est probablement là qu'il publie, en 1588, ses *Meditations sur les Psaumes*, suivies d'un *Essay de quelques Poemes Chrestiens*[16]. Ces quatre méditations en prose attestent avec ardeur la foi protestante qui anime l'auteur à cette période[17]. C'est encore à La Rochelle qu'il se marie le 30 mai 1588 et sans doute là également qu'il baptise son fils Jacques le 20 octobre 1589[18]. La même année, il publie son *Advertissement au Roy*[19], problablement toujours à La Rochelle[20], où il est nommé lieutenant-général de la sénéchaussée en 1591 – une fonction qu'il résigne en 1593 en raison des difficultés qu'il rencontre dans sa tâche et qui l'opposent aux magistrats municipaux d'une part, aux habitants de l'autre (mécontentés par la restriction des libertés municipales)[21].

Les convictions religieuses de Jean de Sponde basculent en 1593. S'il a jusque-là toujours vécu dans un milieu protestant, protégé par la

---

15 Le mystère qui entoure les déplacements de Sponde durant cette période fait que ses biographes ont pu voir en lui une sorte d'agent au service du Roi de Navarre (F. Ruchon, *op. cit.*, p. 45). Voir aussi Richard Cooper, art. cité, p. 67-70.

16 L'ouvrage est publié sans lieu ni date. Se fondant sur l'étude des caractères typographiques (casse, fleuron, lettrines…), Eugénie Droz pense qu'il a été imprimé par Jean Portau (E. Droz, *L'Imprimerie à La Rochelle*, tome III : *La Veuve Berton et Jean Portau 1573-1589*, Genève, Droz, 1960).

17 *Meditations sur les Pseaumes XIIII. ou LIII. XLVIII. L. & LXII. Avec un Essay de quelques Poemes Chrestiens*, s. l. [La Rochelle], s. n. [Jean Portau], 1588.

18 Selon F. Ruchon, « Essai sur la vie de Jean de Sponde », éd. citée, p. 44. Sponde a épousé Anne Legrand qui lui donnera trois enfants : une fille, Catherine, et deux garçons, Jacques, baptisé le 20 octobre 1589, et Jehan, baptisé le 23 septembre 1591.

19 *Advertissement au Roy, où sont deduictes les Raisons d'Estat, pour lesquelles il ne luy est pas bien seant de changer de Religion*, s. l. [La Rochelle ?], s. n. [Jérôme Haultin ?], 1589. Cet *Advertissement* figure également dans *Les Mémoires de la Ligue sous Henri III et Henri IV au commencement de l'an 1592 jusques à la fin de l'an 1593*, tome 5, [s. l.], [s. n.], 1598, in-8°, p. 354-379, recueil publié par Simon Goulart sous le pseudonyme de Samuel Du Lis.

20 Selon Louis Desgraves, *L'imprimerie à La Rochelle*, tome II : *Les Haultin, 1571-1623*, Genève, Droz, 1960, n° 106.

21 D'après le témoignage de Merlin, un ministre rochelais, noté dans son journal, cité par Louis-Etienne Arcère, *Histoire de la Ville de La Rochelle et du pays d'Aulnis*, La Rochelle, R.-J. Desbordes / Paris, Durand, 1756-1757, p. 95-97 et rapporté par F. Ruchon dans son « Essai sur la vie de Jean de Sponde », éd. citée, p. 51.

reine de Navarre puis par son fils Henri III de Navarre, et s'il a défendu cette foi dans ses *Meditations sur les Pseaumes* puis dans l'*Advertissement au Roy*, il se convertit soudainement au catholicisme en 1593 et consacrera les deux dernières années de sa vie à défendre avec une égale ferveur sa nouvelle confession. Un texte polémique du protestant Pierre de La Primaudaye[22] fournit à Jean de Sponde l'occasion d'affirmer publiquement sa conversion et de défendre sa nouvelle confession[23]. Cette brève réponse préfigure un développement, la *Declaration* publiée la même année[24]. Jean de Sponde y rapporte les circonstances de sa conversion. Il explique avoir rencontré en 1593, à Tours, le Cardinal Du Perron[25] avec lequel il s'est entretenu à deux reprises et dont « le torrent de sçavoir et l'eloquence » ont ébranlé ses convictions et fait taire ses arguments[26]. Son quatrième emprisonnement, à Orléans, lui offre l'occasion de méditer les propos du Cardinal[27]. Libéré, Sponde retrouve Du Perron dans l'entourage du roi Henri IV, converti au catholicisme le 25 juillet 1593 et sacré à Chartres le 27 février 1594[28]. En septembre, Sponde se convertit lui aussi

22 *Confession de foy de l'Eglise catholique romaine, à laquelle est opposée d'article en article celle des protestans de reformation, pour raison de quoy ladite Eglise les condamne heretiques, avec une requeste au roy pour l'instruction desdits protestans*, La Rochelle, 1593.

23 *Responce d'un catholique apostolique romain au protestant de Reformation. P.L.S.D.S.* [Par le Seigneur de Sponde], À Chartres, Chez Claude Cottereau, Imprimeur ordinaire du Roy, 1593.

24 *Declaration des principaux motifs qui induisent le Sieur de Sponde, Conseiller, et Maistre des Requestes du Roy, à s'unir à l'Eglise Catholique, Apostolique et Romaine. Adressée à ceux qui en sont separez, et distinguée en deux parties*, s. l. [Melun], s. n. [Claude Bruneval sur le privilège], 1593.

25 Du Perron a été surnommé « le Grand Convertisseur » par Agrippa d'Aubigné dans la *Confession catholique du sieur de Sancy. Et Declaration des causes, tant d'Estat que de Religion qui l'ont meu à se remettre au giron de l'Eglise Romaine, livre premier*, « À Monsieur le Reverendissime Evesque d'Evreux », dans *Œuvres complètes*, éd. Réaume et Caussade, tome 2, Paris, Alphonse Lemerre, 1877, p. 237 (consultable sur Google livres). Agrippa d'Aubigné emprunte ironiquement la voix d'un protestant qui se convertit au catholicisme et y attaque ouvertement Jean de Sponde.

26 Nous citons d'après la *Declaration des principaux motifs*, Bordeaux, S. Millanges, 1595, p. 27-28, spéc. p. 28 pour la citation.

27 De ses quatre séjours en prison, deux seulement nous sont connus : celui de Paris en 1589 et ce dernier emprisonnement, à Orléans.

28 Par la loi salique, Henri III de Navarre, fils de Jeanne d'Albret et de Henri de Bourbon, est le sucesseur présumé de Henri III, roi de France (fils de Henri II et de Catherine de Médicis), sans héritier direct. L'assassinat du roi de France Henri III, le 1er août 1589, par le jacobin Jacques Clément, entraîne l'avènement de Henri de Bourbon : le 2 août 1589, Henri III de Navarre devient Henri IV, roi de France. Refusant l'accession d'un protestant sur le trône de France, le Cardinal de Bourbon, soutenu par la Ligue catholique, se proclame roi, sous le nom de Charles X. Henri IV devra conquérir son royaume l'arme au poing. En 1593, les États Généraux de la Ligue refusent de reconnaître une femme,

au catholicisme. Sa *Declaration* connaît un écho retentissant et soulève une polémique qui se poursuivra, au-delà même de sa mort, jusqu'en 1599[29]. Violemment attaqué par ses anciens coreligionnaires qui ne lui pardonnent pas son apostasie, Sponde est défendu en 1597 par son frère Henri (lui-même converti au catholicisme en 1595[30]).

En disgrâce à la cour, Sponde se retire alors à Biscaye puis à Bordeaux. Durant cette retraite et selon le témoignage de Florimond de Ræmond[31], il achève une traduction de Sénèque (dont Ræmond annonce la publication prochaine, mais à ce jour perdue[32]), revoit son Homère et son Hésiode, conçoit plusieurs projets « pour la deffence de l'Eglise », dont une *Idée des Religions*[33], et entreprend une *Response au Traicté des Marques de l'Eglise de Théodore de Bèze*, somme théologique inachevée de plus de huit cents pages et soixante-douze sections, que Sponde avait initialement conçue comme une réponse en trois livres à tous les points de la foi faisant controverse[34].

---

l'Infante Isabelle d'Espagne, comme héritière au trône de France. Le Duc de Mayenne se prononce dès lors pour le maintien de la loi salique. La Ligue commence à se dissoudre. Converti en juillet, Henri IV est sacré à Chartres en février 1594. Sur cette conversion, voir Marie-Hélène Grintchenko, « Symbole et gage de la présence huguenote à la cour », *Jean de Sponde (1557-1595), op. cit.*, p. 51-60.

29 Ces attaques émanent d'un auteur anonyme (peut-être La Primaudaye, 1595) et des pasteurs Bernard Sonis (1596 et 1599), Étienne Bonnet (1596), Jean Boysseul (1598), Raymond de Tholose (1599).

30 Converti en 1595, deux ans après son frère, Henri de Sponde a été prêtre, chargé de missions à Rome, puis évêque de Pamiers de 1626 à 1636.

31 *Response du Feu Sieur de Sponde, Conseiller et Maistre des Requestes du Roy au Traicté des Marques de l'Eglise faict par Th. de Bèze*, éd. Florimond de Ræmond, suivi d'un *Tumulus Johannis Spondani*, Bourdeaus [Bordeaux], S. Millanges, 1595, avec privilège, épître « Florimond de Ræmond. Au lecteur. ».

32 « Là [= "dans les montaignes de Bisquayes, lieu de sa naissance"] parmy les deserts et solitudes porté d'un incroyable zele, qu'il avoit de retirer en la voye de salut ceux, qu'il avoit laissés au chemin de perdition, il entreprint de respondre au livre, que Theodore de Beze (pour le dernier coup de sa main) venoit de publier sur les marques de l'Eglise. Pour cest effect il employa les heures plus serieuses de trois ou quatre mois, donnant les autres comme pour se jouer à parachever la version de Seneque, que tu verras bien tost au jour, et à revoir son Hesiode, et son Homere, que ce rare esprit avoit commenté et mis en lumiere en l'aage de dixneuf ans. » *Ibid.*, « Florimond de Ræmond Au Lecteur » (page 2, non numérotée, de l'adresse au lecteur).

33 *Ibid.*, « Au Lecteur », page 6 non numérotée : « On eust bien recognu tout à faict sa suffisance [ses capacités] au livre de l'*Idée des religions*, qu'il desseignoit [projetait], mais la mort a rompu ce projet, et plusieurs autres qu'il avoit pour la deffence de l'Eglise. »

34 *Ibid.*, p. 817 : « Le dessein du feu Sieur de Sponde estoit de comprendre en ceste response tous les poincts de la foy, qui sont aujourd'huy en controverse, et de diviser tout son œuvre en trois livres : mais la mort prevenant son intention l'ha arresté sur ceste matiere de l'Eucharistie. »

Le 18 mars 1595, Sponde meurt de pleurésie[35]. Il est inhumé dans la cathédrale Saint-André à Bordeaux en présence des représentants de la municipalité et d'une foule nombreuse. Florimond de Ræmond et Honoré Laugier de Porchères, ses nouveaux amis catholiques, à son chevet durant ses derniers moments, loueront sa mémoire dans le *Tumulus Johannis Spondani*[36] qui ouvre la publication posthume, à l'initiative de Florimond de Ræmond, de la *Response* inachevée de Sponde au *Traité des marques de l'Eglise* de Théodore de Bèze[37].

Il reste spéculatif en revanche d'attribuer à Honoré Laugier de Porchères la publication posthume de ses œuvres poétiques, comme le propose Alan Boase[38]. Cette hypothèse repose sur le fait que les poèmes d'hommage de Laugier de Porchères suivent immédiatement les poésies de Sponde dans le recueil de Raphaël Du Petit Val. À ce jour toutefois, aucun témoignage explicite ne permet d'attribuer à Porchères la transmission de ces poèmes, repris et disposés selon des logiques très différentes dans les différents recueils collectifs[39].

SPONDE POÈTE

Dans cette vie tout entière dédiée aux belles lettres et à la religion, la poésie semble dès lors occuper une place marginale.

---

35 *Ibid.*, « Au Lecteur », page 3 non numérotée.

36 Voir, dans la présente édition, la section « Poèmes d'hommage à Jean de Sponde ».

37 Théodore de Bèze, *Traicté des vrayes, essencielles et visibles marques de la vraye église catholique*, [Genève], Jean Le Preux, 1591. Autres éditions : [Genève], Jean Le Preux, 1592 et La Rochelle, Jérôme Haultin, 1592.

38 Jean de Sponde, *Œuvres littéraires. Suivies d'Écrits apologétiques avec des Juvénilia*, éd. A. Boase, av.-propos M. Raymond, Genève, Droz, 1978, « Introduction », p. 9.

39 Dans les « Stances funebres du sieur de Porcheres. Sur la vie, la Mort, et les escrits de feu sieur de Sponde » (voir *infra* la section « Poèmes d'hommage à Jean de Sponde »), Laugier de Porchères évoque à plusieurs reprises son désir de rendre hommage à Sponde en le louant : « Je te celebreray, selon ma passion : / Ou manqueray de los, manquant de cognoissance, / Si je te louë trop, c'est mon affection : / Si je te louë peu, c'est mon insuffisance. » (v. 21-24), « Il faut qu'un juste los luy serve de tombeau : / Mais pour loüer ce mort toute loüange est morte. » (v. 198-199). S'il retrace sa carrière littéraire et chante sa louange, jamais, en revanche, il ne laisse entendre qu'il lui aurait rendu hommage en publiant ses œuvres poétiques après sa mort.

LES POÈMES DE COMMANDE

Durant son séjour d'étude à Bâle tout d'abord, Jean de Sponde publie plusieurs pièces poétiques liminaires, poèmes de commande et d'hommage destinés à consacrer son insertion dans le milieu humaniste bâlois.

En 1580, il compose un premier poème liminaire latin « *In theatrum musicum*[40] », suivi, deux ans plus tard, de deux poèmes, en français cette fois, à l'occasion de la publication des *Octonaires de la vanité du monde* d'Antoine de Chandieu, mis en musique par Paschal de L'Estocart[41].

En 1583, Jean de Sponde contribue, avec trois nouveaux poèmes latins, à l'édition du *De corporis humani structura et usu* de Felix Platter, lequel a succédé en 1582 à Theodor Zwinger comme recteur de l'université[42]. La même année, il compose également deux poèmes français à l'occasion de la publication des *Cent cinquante pseaumes de David* mis en musique par Paschal de L'Estocart (le premier en tête, le second au *contratenor*)[43]. Eugénie Droz suggère que le poème anonyme, « Le pourtrait de la vraye religion en forme de dialogue », qui figure à la fin des psaumes, pourrait également être de Sponde. Quant à l'anagramme latine du roi de Navarre par Jean de Sponde, elle se retrouve, la même année, dans l'édition d'Homère.

En 1591 enfin, un ultime poème préfaciel, « La Canelle », en hommage à Jean de la Goutte, paraît encore du vivant de l'auteur[44].

---

40 *Theatrum musicum Orlandi de Lassus aliorumque praestantissimorum musicorum selectissimas cantiones sacras, quatuor, quinque et plurium vocum representans* [Genève], S. Goulart, 1580.

41 *Octonaires de la vanité du monde, mis en musique à trois, quatre, cinq et six parties, par Paschal de L'Estocart*, Genève, Jean de Laon, À Genève, on les vend chez Eustace Vignon / À Lyon, on les vend chez Barthélémy Vincent, 1582 (le poème de Sponde figure dans le premier volume).

42 *De corporis humani structura et usu Felicis Plateri Bas. medici antecessoris libri III. Tabulis methodice explicati, iconibus accuratè illustrati*, Basileae, ex officina Frobeniana per Ambrosium Frob., 1583 [Bâle, Ambrosius Froben]. Poèmes liminaires de Petrus Monavius [Pierre Monau], Bartholomaeus Hubnerus [Bartholomaüs Hubner], Thomas Movfetus [Thomas Moffett], Io. Spondanus Mauleonensis Gallus [Jean de Sponde, de Mauléon, français] et Petrus Castaneus [Pierre Chasteignier].

43 *Cent cinquante pseaumes de David mis en Rime Francoise par Clement Marot et Theodore de Beze, et mis en musique à Quatre, Cinq, Six, Sept et Huit parties par Paschal de L'Estocart*, Genève, Jean de Laon, À Genève, on les vend chez Eustace Vignon / À Lyon, on les vend chez Barthélémy Vincent, 1583.

44 *La Canelle, les Larmes et Sonnets de J. de la Goutte*, Tours, Claude de Montr'œil, 1591.

LES PSAUMES EN LATIN

Il faut attendre 1584 pour une première publication indépendante. Encore ne s'agit-il que d'une modeste plaquette de quatorze pages contenant quatre psaumes mis en vers latins (2, 18, 104 et 137) et accompagnés d'un paratexte réduit[45] : une épître dédicatoire en prose latine adressée à Henri de Sponde et une épigramme latine conclusive suivie de quelques lignes en prose qui annoncent d'autres publications (en particulier celle d'une traduction latine intégrale de la *Sepmaine* de Du Bartas dont il ne reste que des traces[46]). Si l'épître annonçant la traduction de ces psaumes a été conservée grâce au biographe de Henri de Sponde, Pierre Frizon[47], leur publication en revanche est restée inconnue des premiers biographes de Sponde (A. Boase et F. Ruchon). L'on en connaît à ce jour qu'un seul exemplaire, signalé en 2009[48]. Selon toute probabilité, cette plaquette n'était destinée qu'à une diffusion limitée.

L'ESSAY DE QUELQUES POEMES CHRESTIENS

La seconde entreprise poétique de quelque ampleur de Jean de Sponde paraît en 1588 avec les *Meditations sur les Psaumes* que l'auteur fait suivre d'un petit appendice poétique d'une vingtaine de pages (p. 383-408),

45 *Quatuor Davidis psalmi latino carmine expressi a Iohanne Spondano*, Basileae, 1584.

46 Nous en conservons quelques vers dans le commentaire d'Homère : voir C. Deloince-Louette, « Sponde, Homère et Du Bartas », *Bibliothèque d'Humanisme et Renaissance*, LXXI, 2009, n° 2, p. 255-270. Ces vers sont reproduits *infra*, dans la section « Poésies diverses ».

47 La biographie de Pierre Frizon (*Henrici Spondani apamiarum pontificis annalium ecclesiasticorum scriptoris natales, educatio, studia literarum, res praeclarè gestae, virtutes, mors, tumulus, scriptorum monimenta*) figure au début de la continuation des *Annales* de Baronius : Henri de Sponde, *Annalium Eminentissimi Cardinalis Caes. Baronii Continuatio ab anno M.C.XCVII quo is desiit, ad finem M.DC.XLVI.*, Lutetiae-Parisiorum [Paris], Impensis Societatis Typographicae Librorum officii Ecclesiastici jussu Regis constitutae [Société des Imprimeurs], 1647. L'épître latine de Jean, adressée à son frère Henri et datée des calendes d'août 1584, est citée au niveau du repère en marge « *cap. V. [...] Fratrum communicatio* ». Jean de Sponde y évoque la ferveur poétique qui l'a saisi à la lecture des psaumes et l'a poussé à en traduire aussitôt quelques-uns en latin. Cette lettre est aussi citée par F. Ruchon qui la date, sans précision, des calendes d'août 1582 (F. Ruchon, « Essai sur la vie de Jean de Sponde », éd. citée, p. 36-37). Sponde la reprend en guise d'épître dédicatoire à son édition de ces traductions. La plaquette est reproduite intégralement par Sabine Lardon, « De nouveau du nouveau sur Jean de Sponde », *Bibliothèque d'Humanisme et Renaissance*, LXXI, 2009, n° 3, p. 541-554. Texte et traduction sont également donnés ci-après dans la section « Poésies diverses ».

48 Bibliothek der Ludwig-Maximilians-Universität de München, sous la cote [4° P. lat. rec. 806]. Document numérisé, reproduit par Sabine Lardon, « De nouveau du nouveau sur Jean de Sponde », art. cité.

intitulé *Essay de quelques Poemes Chrestiens*, et contenant les *Stances de la Cene*, l'*Autre poeme sur le mesme subject*, les *Stances de la Mort* et les douze *Sonnets sur le mesme subject*[49]. Il est annoncé en ces termes dans l'épître dédicatoire « Au Roy de Navarre » : « Sur la fin j'ay adjousté quelque essay de mes poesies, estimant que vous ne leur fairiez point plus mauvais visage qu'autres-fois ». Alan Boase y voit la preuve que Sponde aurait déjà soumis ses poèmes chrétiens au roi[50]. Toutefois, dans la mesure où le pronom « leur » peut renvoyer à « mes poesies » aussi bien qu'à « quelque essay de mes poesies », il est difficile d'en déduire avec certitude que ce sont bien ces mêmes poésies qui lui ont été soumises.

La place de l'*Essay* en fin de volume ainsi que son titre semblent en faire une entreprise mineure dans la stratégie éditoriale de l'auteur. Nicot définit ainsi le mot :

> *Essay*, m. acut. *Est vne tentatoire, qui est espreuue de ce qui est à faire*, Periculi factio, Tentamentum, *L'apprenty fait son essay*, Suae industriae tyro facit periculum, *Selon ce on* [*sic*] *dit, Faire son coup d'essay*, Aliqua in re quid de suo ingenio, viribus sperandum sit, specimen edere, *Essay se prend aussi pour la piece d'vn chef d'œuvre d'vn artisan qui pretend à la maistrise en l'art*, Specimen, argumentum, [...]

La première acception, « tentatoire [tentative] », d'où « faire son coup d'essay », semble à retenir pour ce petit œuvre[51], dont le déterminant indéfini « quelques » souligne l'étendue modeste. Par un surprenant et paradoxal retournement toutefois, le petit œuvre se mue en chef d'œuvre attestant, par la beauté de ses vers, la « maistrise en l'art » d'un auteur qui ne se pose pourtant pas en poète, parvenant dès lors à valider la seconde acception proposée par Nicot : « *Essay se prend aussi pour la piece d'vn chef d'œuvre d'vn artisan qui pretend à la maistrise en l'art* ». La recherche sur BnF Opale Plus pour des œuvres parues jusqu'à 1600 et dont le titre comporte *essay*/*essays*/*essai* ou *essais* donne, outre Sponde et Montaigne, quatre résultats, dont les trois derniers peuvent apparaître comme d'autant plus significatifs qu'ils désignent tous un recueil poétique

49 *Meditations sur les Pseaumes XIIII. ou LIII. XLVIII. L. & LXII. Avec un Essay de quelques Poemes Chrestiens*, éd. citée.

50 Jean de Sponde, *Œuvres littéraires*, éd. A. Boase, Genève, Droz, 1978, p. 15.

51 Jean Nicot, *Thresor de la langue francoyse, tant ancienne que moderne...*, Paris, David Douceur, 1606. Nous citons d'après le *Grand Corpus des dictionnaires [9e-20e s.]*, Classiques Garnier numérique.

paru dans les mêmes années que l'*Essay de quelques poemes chrestiens* (ils sont également contemporains des *Essais* en prose de Montaigne) :

Essais de Hiérosme d'Avost,… sur les Sonets du divin Pétrarque, avec quelques autres poésies de son invention, Paris, A. L'Angelier, 1584.
Antoine Favre, *Les Gordians et Maximins, ou L'ambition. Œuvre tragique. Premiers et derniers essays de poésie d'Antoine Faure, S. I. B.*, Chambéry, C. Pomar, 1589.
Les essais Poétiques de Guillaume du Peyrat, Tours, Jamet, 1593.

Nonobstant sa taille modeste, l'*Essay* se présente comme un ensemble harmonieux, la fois bi-forme (deux formes poétiques : stances et sonnets) et bi-thématique (deux thèmes chrétiens : la Cène et la mort). Les intitulés des pièces consacrent leur constitution en recueil dans la mesure où des titres comme « Autre poeme sur le mesme subject » ou « Sonnets sur le mesme subject » attestent que le poète conçoit l'œuvre comme un tout, au sein duquel les pièces s'enchaînent selon un ordre défini.

Cette cohérence est renforcée par une disposition typographique soignée :

- Les vingt-six strophes des « Stances de la Cene » se distribuent de manière équilibrée à raison de deux sur la première page (p. 383, chapeautée par le titre du recueil), puis quatre par page, soit huit sur la double page en vis-à-vis : p. 384-385, p. 385-386, p. 386-387 et p. 388-389) ;
- L'« Autre poeme sur le mesme subject » déploie ses cent soixante-dix vers, sans subdivision strophique, sur six pages (p. 390-395).
- Les « Stances de la mort » sont à nouveau distribuées de manière strophique avec trois strophes sur la page initiale (p. 396), quatre strophes par page, soit huit sur la double page en vis-à-vis (p. 397, p. 398-399, p. 400-401) et une strophe ultime suivie de la mention « Fin » (p. 402).
- Les « Sonnets sur le mesme subject » enchaînent avec un premier sonnet (p. 402 toujours donc), puis deux sonnets par page, soit quatre sur la double page en vis-à-vis (p. 403, p. 404-405, p. 406-407) et un dernier sonnet isolé en *verso* (p. 408), suivi de la mention « Fin ».

D'un point de vue à la fois formel, thématique et typographique donc, le petit *Essay* s'institue pleinement en micro-recueil poétique.

LES POÈMES « RECUEILLIS »

Tout un pan de l'œuvre poétique de Sponde semble être resté dans l'ombre (tout du moins aucune diffusion du vivant de l'auteur, sous forme manuscrite ou imprimée, n'en est-elle identifiée à ce jour) et connaît une publication posthume dans des recueils collectifs au tournant du siècle, de 1599 à 1618, selon une entreprise de déconstruction/reconstruction complexe, dans laquelle l'on peut distinguer trois grandes lignes stratégiques (toutes trois parallèlement attestées dès 1599) :

– la reconstruction d'un ensemble poétique posthume cohérent, de cinquante pièces, en hommage au poète défunt (les recueils de *Diverses poesies* de Raphaël Du Petit Val) ;
– une collecte des pièces (quarante-sept poèmes), mais sans volonté d'hommage, d'où une distribution des poèmes subordonnée à l'organisation thématique du recueil (*L'Academie* de 1599) ;
– une déconstruction de la production poétique de Sponde, réduite à quelques pièces (trois à dix-sept selon que les sonnets de la mort sont présents ou non), parfois rassemblées (dans les *Fleurs* de 1599), le plus souvent dispersées (dans les *Muses* et le *Parnasse*, de 1599 à 1618), et désormais isolées des poèmes funèbres de Porchères, ainsi vidés de leur fonction d'hommage.

Les éditions du Recueil de diverses poesies *de Raphaël Du Petit Val (1599 à 1611)*

Les éditions du *Recueil de diverses poesies* de Raphaël Du Petit Val[52] se démarquent par plusieurs points notables. De tous les recueils collectifs contenant des poèmes de Sponde, ce sont les seuls à prétendre rendre hommage au poète défunt en instituant son œuvre en recueil selon une double stratégie éditoriale de mise en ordre et de mise en page.

F. Lachèvre signale un « *Recueil de diverses poesies tant du feu sieur de Sponde, que des sieurs du Perron, de Bertaud, de Porcheres, et autres non encor imprimées.* Recueillies par Raphaël du Petit Val. À Rouen », qui aurait

52 Raphaël Du Petit Val [forme des Autorités BnF] (15…-1613) est libraire et imprimeur ordinaire du Roi (1596). Il édite en particulier des recueils poétiques.

été, selon lui, publié en « 1597 (ou 1598)[53] ». Certes l'« Extraict du Privilege », figurant dans les éditions de 1599 et 1604, date de 1597 : « Par lettres patentes du Roy données à Rouen le quatriéme de Fevrier, mil cinq cens nonante sept », mais la première édition connue à ce jour est celle de 1599[54], dont un seul exemplaire est identifié, à Aix-en-Provence. L'édition de 1604 est conservée à la Bibliothèque nationale de France et numérisée sur Gallica[55]. Celle de 1611, réintitulée *Le Temple d'Apollon* (second volume), est sa réimpression à l'identique[56].

La volonté d'hommage s'affiche dès le titre. Celui-ci réserve explicitement une place de choix à Jean de Sponde, distingué des autres poètes par sa place en tête de liste et la construction syntaxique qui l'érige en référence : *Recueils de diverses poesies tant du feu sieur de Sponde, que des sieurs du Perron, de Bertaud, de Porcheres, et autres non encor imprimées.*

L'hommage poétique passe en second lieu par l'ordonnancement des poèmes. Ces recueils (1599, 1604 ainsi que le second volume du *Temple d'Apollon* de 1611) sont les seuls à rassembler cinquante poèmes de Jean de Sponde selon un ensemble cohérent, placé en tête de volume. Le recueil s'ouvre de ce fait sur une première section intitulée « Poesies du Sieur de Sponde » et subdivisée en deux parties. La première regroupe des poèmes pour lesquels nous n'avons pas de trace de publication du vivant de l'auteur :

- « Sonnet » [au singulier, poèmes numérotés I à XXVI].
- « Stances » [« Tel estoit ce bel astre… »].
- « Chanson » [« Comment pensez vous que je vive… »].
- « Chanson » [« Doux objet de mes desirs… »].
- « Chanson » [« Un bien qu'on desire tant… »].

53 F. Lachèvre, *Bibliographie des recueils collectifs de poésies publiés de 1597 à 1700*, Paris, Librairie Henri Leclerc, 1901, tome I (1597-1635), p. 5.

54 *Recueil de diverses poesies tant du feu sieur de Sponde, que des sieurs du Perron, de Bertaud, de Porcheres, et autres non encor imprimées. Recueillies par Raphaël du Petit Val*, Rouen, Raphaël Du Petit Val, 1599. Avec Privilege de sa Majesté [daté du 4 février 1597], in-12. Aucun recueil daté de 1597 n'est signalé dans les (méta-)catalogues suivants : BnF opale, CCfr, Karlsruher Virtueller Katalog, USTC.

55 *Premier Recueil de diverses poesies, tant du feu sieur de Sponde, que des sieurs Du Perron, de Bertaud, de Porcheres, et autres non encor imprimées. Recueillies par Raphaël du Petit Val*, À Rouen, De l'Imprimerie Dudit Du Petit Val, Libraire et Imprimeur ordinaire du Roy. 1604. Avec Privilege de Sa Majesté [daté du 4 février 1597], in-12.

56 *Le Temple d'Apollon. Ou nouveau Recueil des plus excellens Vers de ce temps. Second volume.* À Rouen, De l'Imprimerie De Raphael du Petit Val, Libraire et Imprimeur du Roy, devant la grand porte du Palais, 1611, in-12.

- « Elegie » [« Vous languissez mes vers… »].
- « Stances B.D.F. » [« Depuis ce triste jour… »].
- « Sur la mort du B.D.F. Stances » [« Braves enfans de Mars… »].
- « Stances » [« Ainsi fait le Soleil… »].
- « Stances » [« Ma belle languissoit… »].
- « Stances » [« N'est ce donc pas assez… »].
- « Sur sa Fievre ».

et se termine par un titre *a posteriori* : « Fin des Amours du sieur de Sponde » qui en dégage la cohérence thématique. Suivent les poèmes de la mort extraits de l'*Essay* paru en 1588 et dont le recueil est ici amputé des deux stances sur la Cène, en raison de leur tonalité explicitement protestante :

- « Stances de la Mort faites par le mesme sieur de Sponde ».
- « Autres sonnets sur le mesme subjet par le dit sieur de Sponde ».

Deux poèmes d'hommage d'Honoré de Laugier de Porchères, en lien avec la constance amoureuse et la mort (une adresse à la veuve, fidèle par-delà la mort, et un hommage funèbre) assurent une double continuité thématique avec ce qui précède, tout en instaurant l'entreprise en tombeau poétique de Jean de Sponde :

- « À Mademoiselle de Sponde sur la mort de son mary. Sonnet » [« Helas ! que ton mary… »]
- « Stances funebres du sieur de Porcheres sur la vie, la Mort, & les escrits de feu sieur de Sponde » [« Esprit enfant d'honneur… »].

Outre la cohérence travaillée de cet agencement, l'hommage passe en troisième lieu par une mise en forme typographique méticuleuse, qui soigne la mise en recueil :

- Les vingt-six sonnets des « Amours » sont ainsi distribués à raison de deux par pages, soit quatre par double page en vis-à-vis (p. 6 à 17), encadrés par un sonnet initial (sonnet 1, p. 5) et le sonnet final (sonnet 26, p. 18).
- Les stances, les chansons et l'élégie s'enchaînent ensuite, de manière continue (sans changement de page) jusqu'à la « Fin des Amours du sieur de Sponde » (p. 18 à 39).
- Les « Stances de la Mort » se distribuent selon quatre strophes dans la première page *verso* (p. 40) puis cinq dans les pages suivantes

(p. 41, 42-43 et 44), selon une disposition qui n'est plus celle de l'*Essay*.

– Les « Autres sonnets sur le mesme subjet » enfin sont symétriquement disposés à raison de deux par page (p. 45, p. 46-47, p. 48-49, p. 50), selon une disposition qui, là encore, n'est plus celle des doubles pages de l'*Essay* :

Essay		*Recueil de diverses poesies*	
Page verso	Page recto	Page verso	Page recto
Sonnet 1	Sonnet 2 Sonnet 3		Sonnet 1 Sonnet 2
Sonnet 4 Sonnet 5	Sonnet 6 Sonnet 7	Sonnet 3 Sonnet 4	Sonnet 5 Sonnet 6
Sonnet 8 Sonnet 9	Sonnet 10 Sonnet 11	Sonnet 7 Sonnet 8	Sonnet 9 Sonnet 10
Sonnet 12		Sonnet 11 Sonnet 12	

À propos des *Regrets* de Du Bellay[57], Francis Goyet a étudié les effets de sens produits par la disposition typographique en double page (quatre sonnets en vis-à-vis), disposition que l'on observe dans bon nombre de recueils, en Italie puis en France, et que l'on retrouve chez Jean de Sponde. Mais si les éditeurs (et donc aussi bien les poètes que les lecteurs) peuvent être à l'époque sensibles au potentiel de lecture ouvert par l'itinéraire typographique, l'on voit toutefois que d'une édition à l'autre l'itinéraire varierait ici.

Si l'on se réfère, par exemple, à la structure du micro-ensemble des sonnets sur la mort que propose Mario Richter, l'articulation qu'il perçoit entre le sonnet 6 et le sonnet 7 correspondrait à la disposition typographique du recueil posthume plus qu'à celle établie du vivant de l'auteur :

57 F. Goyet, « Le recueil de sonnets comme ensemble de tableaux, c'est-à-dire de *loci* », *Programme et invention dans l'art de la Renaissance*, éd. Michel Hochmann, Julian Kliemann, Jérémie Koering, Philippe Morel, Paris, Somogy/Rome, Académie de France à Rome, 2007, p. 177-202, spéc. p. 180 : « La double page est dans les *Regrets* comme une unité fondamentale, une sorte de "module" au sens architectural du terme. Le groupement de quatre sonnets permet des rapprochements dans tous les sens : verticaux sur la même page, mais aussi en diagonale d'une page à l'autre. »

> Quant à la structure générale des Sonnets sur les mesme subject, on voit tout de suite qu'il se produit entre le VIe et le VIIe sonnet un changement de ton radical, un changement de registre et d'atmosphère poétique : à l'emploi constant du *vous* dans les six premiers sonnets [...] auquel correspond un ton avant tout oratoire et exhortatif, le poète substitue à partir du VIIe sonnet le *je*, plus rarement le *nous* [...], qui confèrent à la méditation un caractère plus intime et plus « lyrique » et qui créent un mouvement beaucoup plus dramatique, plus riche de réactions personnelles[58].

Christiane Deloince-Louette propose un autre parcours de lecture, insistant sur la cohérence du recueil par-delà la rupture énonciative perçue par Mario Richter, dans la mesure où :

> La poésie de Sponde n'est pas une poésie tout intérieure, c'est une poésie adressée, qui ne conçoit le « je » que contre l'autre [...]. Dans cette perspective, ce qui importe pour les douze sonnets, ce n'est pas tant le passage du *vous* au *je* ou au *nous*, que la leçon donnée par le poète aux « mortels[59] ».

Elle analyse dès lors la progression démonstrative de ce « recueil-sermon ». Les sonnets 1 et 12, « commencement et conclusion du recueil », « précisent un parcours qui va des hommes ("Mortels") à Dieu ("ton Temple, ta main, ta voix") » ; les sonnets 1 à 4 illustrent la « mauvaise voie », celle de l'orgueil, de l'impiété et de l'oubli de la mort, le sonnet 4 faisant office de transition ; les sonnets 5 à 8 montrent l'homme prisonnier du monde ; tandis que les sonnets 9 à 12 présentent en regard les vraies solutions pour parvenir au ciel. Ce parcours se rapproche davantage de la disposition typographique de 1588. Les trois ensembles ne correspondent toutefois pas strictement à trois doubles pages, dans la mesure où l'isolement typographique des deux sonnets liminaires fait sens et où les sonnets 4 et 8 font office de transition (d'où leur lien typographique avec la série suivante).

La disposition typographique de l'*Essay* atteste donc d'un soin particulier porté au recueil. Toutefois les variations, du recueil de 1588 à

58 M. Richter, « Lecture des *Sonnets de la Mort* de Jean de Sponde », *Jean de Sponde et la langue poétique des protestants*, éd. Y. Bellenger, F. Roudaut, Paris, Classiques Garnier, 2011, p. 201-221, spéc. 205-206. Première édition : « Lettura dei "Sonnets de la Mort" di Jean de Sponde », *Bibliothèque d'Humanisme et Renaissance*, XXX, 1968, p. 327-345. Repris dans : *Jean de Sponde e la lingua poetica dei protestanti nel Cinquecento*, Milano, Cisalpino-Goliardica, 1973, p. 203-226.

59 C. Deloince-Louette, « Un recueil-sermon : les *Sonnets sur la Mort* de Jean de Sponde », *Poétique*, n° 157, février 2009, p. 53-68, spéc. p. 55 (en ligne).

sa reconstruction en 1599, montrent que les sonnets peuvent présenter différents itinéraires de lecture, soit que l'éditeur de 1599 ne perçoive pas celui de 1588, soit qu'il désire imprimer sa marque propre, ce qui impose une relative prudence dans l'interprétation typographique du recueil.

Ces recueils collectifs de Raphaël Du Petit Val nous transmettent un ensemble poétique dont il nous faut être conscients qu'il n'a pas été construit par l'auteur. Ils dégagent une cohérence bi-thématique des poèmes : poèmes des « Amours »/stances et sonnets de la mort, à partir d'un titre ajouté *a posteriori* par les éditeurs posthumes, « fin des Amours », et une déconstruction de l'*Essay de quelques poemes chrestiens*, réduit à une méditation poétique sur la mort. Cette reconstruction posthume de l'œuvre poétique de Sponde oriente notre lecture, ainsi qu'en attestent les titres de publications modernes :

Les Amours et la mort : stances et sonnets, préface de Marcel Arland, Paris, GLM, 1949. Contient quatorze sonnets et deux stances.

Sonnets on Love and Death, éd. Robert Nugent, Painesville, Ohio, Lake Erie Coll., 1962. Traduction et commentaire.

Poems of Love and Death, éd. et trad. G. F. Cunningham, introduction A. J. Steele, Edinburgh, London, Olivier and Boyd, 1964. Édition bilingue.

D'Amour et de Mort, éd. James Sacré, Paris, Éditions de la Différence, 1989.

Sonnets of love and death, éd. et trad. David R. Slavitt, Evanston, IL, Northwestern UP, 2001. Édition bilingue.

Versi d'amore e di morte, trad. Gianfranco Palmery, Roma, Il labirinto, 2007. Édition bilingue.

L'Academie des modernes poetes françois *d'Antoine du Breuil, 1599*

L'Academie des modernes poetes françois[60], parue en 1599, est le seul recueil, en dehors de ceux de Raphaël Du Petit Val, à réunir un grand nombre de pièces poétiques (quarante-sept poèmes auxquels s'ajoutent les hommages de Laugier de Porchères, contre cinquante chez Raphaël Du Petit Val).

La stratégie éditoriale en est toutefois différente. Alors que le recueil Du Petit Val affichait explicitement le nom de Sponde au frontispice de

60 *L'Academie des modernes poetes françois, Remplie des plus beaux Vers que ce siecle reserve à la posterité, À M. de Nerveze.* À Paris, Chez Anthoine du Breuil, tenant sa boutique sur les degrez de la grand'salle du Palais, 1599, Avec privilège du Roy [du 19 décembre 1598], in-12.

l'œuvre, l'*Academie* ne cherche aucunement à le mettre en valeur. Ses pièces, réunies selon un ensemble construit dans les *Quatre recueils de diverses poesies* de 1599, sont ici inégalement réparties, au fil des sections, selon leur thématique (nous donnons à la fin de cette introduction la composition complète du recueil).

Trente-trois poèmes figurent d'abord au cœur d'une section entièrement composée de poésies amoureuses, simplement identifiées par leur forme et un nom d'auteur (f. 37r-56v pour Sponde). Le titre générique « Les Amours » est ici absent, attestant qu'il s'agit d'un ajout du recueil Du Petit Val. Les poésies sont regroupées par auteur (d'où les intitulés « du mesme Autheur » ou « de luy mesme » qui précisent que l'auteur reste le même que celui de la pièce précédente) :

- « Sonnets par le sieur de Sponde » [vingt-six pièces].
- « Stances du mesme Autheur » [« Tel estoit ce bel Astre… »].
- « Elegie du Mesme » [« Vous languissez mes vers… »].
- « Stances » [« Depuis ce triste jour… » = « Stances B.D.F. »].
- « Autres Stances » [« Ainsi fait le Soleil… »].
- « Stances » [« Ma Belle languissoit… »].
- « Stances » [« N'est-ce donc pas assez… »].
- « De luy mesme sur sa Fiebvre ».

Les poèmes de la mort ouvrent une seconde section du recueil (f. 1r-8v, la numérotation recommençant à 1 après le *folio* 120v) :

- « Stances de la Mort par le sieur de Sponde »
- « Sonnets sur le mesme subjet par ledit sieur de Sponde » (douze pièces).

Poèmes d'hommage funèbre d'Honoré Laugier de Porchères (f. 9r-14v) :

- « À Madamoiselle de Sponde, sur la mort de son mary ».
- « Stances funebres du Sieur de Porcheres. Sur la vie, la mort, et les escrits du feu Sieur de Sponde ».

Ces poèmes sont suivis d'autres pièces également consacrées à la mort (dont les deux poèmes d'hommage de Laugier de Porchères présents dans le recueil de R. Du Petit Val) et de poèmes chrétiens. Sponde encadre cette section, qu'il ouvre avec les poèmes de la mort et clôt avec un poème chrétien absent chez R. Du Petit Val (f. 75r-78v) :

- « Stances du sacré banquet et convive de Jesus Christ, par le sieur de Sponde ».

Sous ce titre modifié, *L'Academie* publie les « Stances de la Cene », amputées de la strophe 10 afin d'en ôter toute trace explicite d'obédience calviniste.

Par rapport aux recueils de 1599 et 1604 de Raphaël Du Petit Val, *L'Academie* de 1599 présente donc quarante-sept poèmes de Sponde, omettant les trois chansons ainsi que les stances « Sur la Mort du B.D.F. » (« Braves enfans de Mars… »), mais ajoutant les « Stances du sacré banquet et convive de Jesus Christ ». Ces poèmes ne sont pas organisés de façon à donner l'impression d'une logique interne bi-thématique, mais leur distribution est subordonnée à la structure du recueil, organisée en deux sections : poèmes d'amour / poèmes funèbres et chrétiens. Jean de Sponde apparaît ainsi comme un auteur « à la mode », dont les poèmes se mêlent sans fausses notes à ceux de ses contemporains, tant par la forme que par le fond.

Cet effet est accentué par la disposition typographique : les poèmes ne s'organisent pas selon l'espace double des pages en vis-à-vis comme chez R. Du Petit Val, mais s'enchaînent tout au long du recueil, un sonnet pouvant ainsi se présenter sur deux pages. L'organisation typographique renforce ainsi l'insertion des poèmes dans la macro-structure d'un recueil de divers auteurs (une vingtaine[61]) sans chercher à dégager l'impression d'un micro-ensemble cohérent à partir des poèmes de Sponde.

Les Fleurs des plus excellens poetes de ce temps *(1599)*

Un troisième recueil, paru lui aussi en 1599, présente une stratégie éditoriale encore différente[62]. Le recueil ne compte que cinq pièces de Jean de Sponde (trois sonnets et deux stances), néanmoins regroupées (f. 69v-73v) :

- « Sonnets par le S. de Sponde ».
- « Les vents grondoient en l'Air… » [= sonnet 26].
- « On dit que dans le Ciel… » [= sonnet 22].
- « Je contemplois un jour… » [= sonnet 19].
- « Stances dudit Sieur » [= « Depuis ce triste jour… », intitulé « Stances B.D.F. » dans le recueil Du Petit Val].
- « Autres Du Mesme » [= « Tel estoit ce bel Astre… »].

---

61 M. Durant, le jeune Beroalde, le Sieur de Porcheres, le Sieur du Perron, le Sieur de Bertaud, Sponde, M. Passerat, le Sieur A. Bouteroue, le Sieur de la Goutte, le Sieur de la Roque, le Sieur de Pont-Aimery, le Sieur de Brach, le Sieur Callier, M. Motin, M. de Sainct Luc, le Sieur Ferron, R. Estienne, le Sieur B., le Sieur de Malerbe, Sainct Sixt.

62 *Les Fleurs des plus excellents poetes de ce Temps*. À Paris, Par Nicolas et Pierre Bonfons, au quatriesme pillier de la grand'Salle du Palais, 1599, Avec Privilège du Roy, in-12.

et un seul poème funèbre d'Honoré Laugier de Porchères, vidé de sa fonction d'hommage funèbre puisque séparé désormais des poèmes de Sponde (f. 125r-129r) :

– « Stances funebres du sieur de Porcheres. Sur la vie, les escrits, et la Mort du feu Sieur de Sponde ».

Le recueil de 1601[63] ne contient plus aucune poésie de Sponde et ne conserve que les stances funèbres de Porchères (f. 153v *sq.*).

Le Parnasse ou Muses françoises ralliées de diverses pars

De 1599 à 1618 paraissent une série de recueils intitulés *Les Muses francoises Ralliées de diverses pars*, puis *Le Parnasse des plus excellens poetes de ce temps* (avec pour titre intérieur *Le Parnasse des plus excellens Poetes de ce temps : ou, Muses francoises R'alliées de diverses parts* et pour titre courant « Muses Françoises ») chez Mathieu Guillemot ou Barthélemy Ancelin :

Les Muses francoises ralliées de diverses pars. Dediées à Monsieur le Comte de Soissons. À Paris, Mathieu Guillemot, au Palais, en la gallerie des prisonniers, 1599, Avec Privilege du Roy [daté du 6 novembre 1598], in-12. Deux parties en un volume.

Les Muses r'alliées. À Paris, Chez Mathieu Guillemot au palais, s. d. [1603], Avec privil[ege] du Roy [daté du 6 nov. 1598], in-12.

Les Muses Francoises, R'alliees de diverses parts. Par le sieur Despinelle, Lyon, Thibaud Ancelin, 1606, in-12.

Le Parnasse des plus excellens poetes de ce temps, À Paris, Chez Mathieu Guillemot, au Palais, en la gallerie des prisonniers. 1607. In-12.

Les Muses Francoises R'alliees de diverses parts. Par le sieur Despinelle, Lyon, Barthelemy Ancelin imprimeur ordinaire du Roy, 1609, in-16.

Le Parnasse des plus excellens poetes de ce temps, tome second, Lyon, Barthelemy Ancelin, s. d. [1611], in-16.

Le Parnasse des plus excellens poetes de ce temps, Paris, Matthieu Guillemot, 1618, in-12.

Le Parnasse des plus excellens poetes de ce temps, À Lyon, Par Barthelemy Ancelin, Imprimeur et libraire ordinaire du Roy, 1618, in-16.

---

63 *Les Fleurs des plus excellents Poetes de ce Temps. Edition troisiesme, augmentée.* À Paris, Par Nicolas et Pierre Bonfons, au quatriesme pillier de la grand'Salle du Palais, 1601. Avec Privilege du Roy [daté du 4 août 1600], in-12.

Il ne s'agit pas ici d'ériger un monument poétique à la mémoire d'un poète défunt. Les poèmes de Sponde retenus se réduisent essentiellement à trois pièces reproduites anonymement :

- « Ma belle languissoit... »
- « Comment pensez-vous que je vive... »
- « Depuis le triste jour... » (intitulé « Stances B.D.F. » dans les recueils Du Petit Val)

Sans nom d'auteur, ces poèmes sont simplement identifiés par leur forme dans le recueil de 1599, qui les disperse en outre au fil du volume. Cette identification formelle est toutefois problématique dans la mesure où le poème « Comment pensez-vous que je vive... », identifié comme « Chanson » dans les recueils Du Petit Val (il est absent d'*Academie*), est ici donné comme « Stances ». :

- « Autres stances » [= « Ma belle languissoit... »], p. 93-94 [avec des corrections dans les *errata*].
- « Stances » [= « Comment pensez-vous que je vive... »], p. 157-159.
- « Stances » [= « Depuis le triste jour... »], p. 215-216.

Dans les recueils suivants (Les *Muses ralliées* de 1599, 1603, 1606 et 1609 ainsi que le *Parnasse* de 1607 et 1618 [imprimé par B. Ancelin]), une indication thématique s'y ajoute qui accentue l'impression d'une poésie amoureuse, loin de toute spiritualité :

- « Plainctes de l'absence. Stances » [= « Comment pensez-vous que je vive... »].
- « Reproches de cruauté. Stances » [= « Depuis le triste jour... »].
- « Miracle d'amour en la guerison d'une Dame mourante. Stances » [= « Ma belle languissoit... »].

Pour autant, ces poèmes présentent une leçon identique, et surtout significativement distincte des recueils de R. Du Petit Val et de *l'Académie* : dans les stances « Comment pensez-vous que je vive... » en particulier, outre quatorze variantes de sens importantes, une strophe entière est ajoutée (après le vers 28), une strophe est aux trois-quarts modifiée (vers 34-36) et les deux strophes finales sont omises. Ces variantes importantes et l'identité des poèmes et des leçons dans tous les recueils des *Muses* ou *Parnasse*, de 1599 à 1618, pourraient étayer l'hypothèse d'une source de diffusion différente pour certains poèmes, que les recueils Du Petit Val auraient donc réunis artificiellement sous le titre d'« amours ». Cette présentation, anonyme et thématique, des poèmes retenus les ancre dans un contexte poétique commun, voire convenu. Par exemple, dans le recueil des *Muses* de 1599, les stances « Comment pensez-vous que je vive… » sont entourées de poèmes anonymes relatifs à l'absence (stances « Sur l'absence », « Vers sur l'absence », « Sur la Constance et l'esloignement » etc.). Dès lors, l'identité de l'auteur s'efface derrière l'apparence d'une poésie mondaine, où chaque thème se décline en images récurrentes[64] : paysage intérieur régi par la lumière de la dame, absence vécue comme une mort, comparaisons hyperboliques, images de la flamme…

Enfin, ces mêmes recueils comportent également les poèmes d'hommage de Laugier de Porchères :

- « Stances funebres du sieur de Porcheres : Sur la vie, la mort, et les escrits du feu sieur de Sponde ».
- « Sonet du mesme sieur de Porcheres » [« De Sponde ton mal-heur… »].
- « Sonet A M. D. sur la mort de son mary ».

Aux deux poèmes présentés dans les recueils Du Petit Val et dans *l'Academie*, s'ajoute un sonnet supplémentaire (« De Sponde ton malheur… »). Néanmoins, ces pièces sont ici isolées des poèmes de Sponde – eux-mêmes réduits et dispersés – et sont donc publiées pour elles-mêmes, en tant qu'exemple de poésie funèbre, perdant ainsi leur vocation d'hommage à l'ami défunt.

Quelques recueils se distinguent par une composition sensiblement différente. Le *Parnasse* de 1607 ajoute un poème de Sponde[65], également séparé des autres et qui est le seul retenu dans le *Parnasse* de 1611 :

- « Plainctes durant l'absence, Du sieur de Sponde » [« Doux objet de mes desirs… »].

Le *Parnasse* de 1607 ajoute également les poèmes de la mort (repris en 1618 [B. Ancelin] dans la section des « Poesies Chrestiennes ») ainsi qu'un

64 Pour comparaison, nous reproduisons à la fin de cette introduction (p. 77-78) les stances anonymes qui suivent, p. 159-161, *cf.* spéc. vers 1-4, 6, 32-36 et 47-48.

65 Dans le *Parnasse* de 1618 imprimé par Mathieu Guillemot, par un défaut de conception le poème « Reproches de cruauté. Stances » [« Depuis le triste jour… »] figure deux fois, dans les tomes 1 et 2, tandis que les « Plainctes durant l'absence… » (tome 2 de 1607) sont omises.

« Hymne à Saincte Genefvieve » qui figure ici pour la première fois, et qui se voit implicitement attribué à Jean de Sponde par l'intitulé des stances qui suivent « par le mesme sieur de Sponde ». Cet hymne apocryphe, qui de toute évidence n'est pas de Jean de Sponde, est destiné à lui attribuer une poésie explicitement catholique. Ces poèmes sont ici regroupés (f. 438r-444v), mais restent isolés des quatre autres stances de Sponde, toutes dispersées (« Comment pensez vous que je vive », « Doux objet de mes desirs », « Depuis ce triste jour… » et « Ma belle languissoit… ») :

- « Hymne a Saincte Genefvieve ».
- « Stanses de la Mort faites par le mesme sieur de Sponde ».
- « Autres sonnets sur le mesme sujet par ledit sieur de Sponde » (12 pièces).

Ici s'achève la déconstruction de l'œuvre poétique de Jean de Sponde, puisque le *Cabinet des Muses*, publié par David Du Petit Val (le fils de Raphaël) en 1619, ne comporte plus aucun de ses poèmes, alors même qu'il retient l'hymne douteux (sans nom d'auteur cette fois) et les trois pièces de Porchères consacrées à un poète désormais absent du recueil.

L'œuvre poétique de Jean de Sponde offre donc un ensemble hétérogène regroupant des poèmes de circonstances (poèmes liminaires d'éloge) latins ou français, la mise en vers latine de quatre psaumes, l'*Essay de quelques Poemes chrestiens* publié en 1588 à la suite des *Meditations* en prose auxquels s'ajoutent les poèmes d'amour, uniquement publiés dans des recueils collectifs au tournant du siècle, selon des stratégies éditoriales divergentes et complexes.

DESTINÉE DE L'ŒUVRE

L'absence d'une stratégie éditoriale assumée par l'auteur ainsi que sa conversion expliquent le relatif oubli dans lequel Jean de Sponde a très vite sombré.

Au tournant du siècle, parmi ses anciens coreligionnaires peu désireux de diffuser l'œuvre d'un transfuge[66], André Mage de Fiefmelin

66 Se reporter *supra* p. 14 *sq.* (« Sponde polémiste religieux »).

fait figure d'exception. Ses *Œuvres*, publiées en 1601[67], se présentent comme une réécriture, par le biais de techniques variées de citation et d'imitation, du volume spondien de 1588 (*Meditations sur les Pseaumes* et *Essay de quelques poesmes chrestiens*), ainsi que l'ont montré Jacques Morel, Claudio Azzolini et Audrey Duru[68]. Par la réappropriation de l'œuvre protestante de l'auteur, son entreprise se pose ainsi en pendant de la publication des poésies de Sponde dans les recueils collectifs catholiques.

Au XVIIIe siècle, seuls deux textes de Sponde sont encore publiés : l'*Advertissement au Roy*[69] et le commentaire érudit des poèmes homériques, ultime survivance du Sponde théologien et humaniste[70].

Au XXe siècle, le titre du premier article consacré, en 1925, à Jean de Sponde par Frank L. Schoell[71] est significatif : « Un humaniste français oublié : Jean de Sponde (Johannes Spondanus)[72] ». Il ne suffira pas toutefois à faire renaître l'auteur des cendres de l'oubli. Pour exhumer son œuvre, il faudra attendre cinq ans encore et la découverte fortuite de ses poèmes par Alan Boase.

---

67 A. Mage de Fiefmelin, *Les Œuvres*, Poitiers, Jean de Marnef, 1601.

68 J. Morel, « Trois sonnets en un seul. Fiefmelin abréviateur de Sponde », *Cahiers de Littérature du XVIIe siècle*, 6, 1984, p. 383-386 [sur le sonnet de Fiefmelin « Si l'homme ici vivant… » inspiré des sonnets sur la Mort VIII, X et XI] ; C. Azzolini, « L'intertestualità barocca : Sponde e Fiefmelin », *Il Confronto letterario*, anno IV, 8, novembre 1987, p. 313-334. Plus récemment Audrey Duru a montré que cette intertextualité ne se limitait pas à l'*Essay* poétique, mais embrassait également les *Meditations* de Sponde : Audrey Duru, « Un héritage disputé : une anthologie poétique spondienne par André Mage de Fiefmelin (1601) », *Jean de Sponde (1557-1595), un humaniste dans la tourmente, op. cit.*, p. 337-366. Les œuvres de Fiefmelin ont été publiées chez Champion en 2015 sous la direction de J. Gœury.

69 *Advertissement au Roy où sont deduictes les Raisons d'Estat pour lesquelles il ne luy est pas bienséant de changer de Religion*, dans *Mémoires de la Ligue, contenant les evenemens les plus remarquables depuis 1576, jusqu'à la Paix accordee entre le Roi de France & le Roi d'Espagne, en 1598, Nouvelle édition. Revue, corrigée, & augmentee de Notes critiques et historiques, tome cinquieme* Amsterdam, Arkstée & Merkus, 1758, p. 337-359. Édition par Simon Goulart, revue et augmentée par C. P. Goujet. Numérisé sur Google livres d'après l'exemplaire de la New York Public Library.

70 J. Schaufelberger, *Nova clavis homerica cujus ope aditus ad intelligendos sine Interprete Iliadis libros omnibus recluditur ; Interspersae sunt selectae Clariss. Camerarii, Clarckii, Ernesti, Spondani, etc. Annotationes et Scholia, Opera Joannis Schaufelbergeri… Praefatus est Jo. Jacob Breitinger*, Zürich, Turici, litteris Heideggeri et socc., 1761-1768.

71 F. L. Schoell, « Un humaniste français oublié : Jean de Sponde (Johannes Spondanus) », *Revue du Seizième Siècle*, XII, 1925, p. 361-400, p. 361 pour la citation.

72 Aux événements littéraires marquants de l'année 1583, Frank L. Schoell propose d'ajouter la publication du commentaire d'Homère de Sponde « qui eut une réelle popularité à la fin du XVIe siècle » et dont il présente l'intérêt et l'auteur.

En 1930, un passage consacré au poète Jean Godard du *Traité de la Poésie morale et sentencieuse* de Guillaume Colletet (1658) met A. Boase sur la piste d'un recueil poétique édité par Raphaël Du Petit Val : le *Recueil de diverses poesies, tant du feu sieur de Sponde, que des sieurs du Perron, de Bertaud, de Porcheres, et autres non encor imprimées*[73], dans lequel il découvre un poète français inconnu : Jean de Sponde, dont les poésies occupent la première moitié du volume[74]. Un article révèle cette découverte en 1931 suivi, en 1939, d'une présentation de ces poèmes qui feront par la suite l'objet de plusieurs éditions[75]. L'humaniste oublié renaît en poète.

Ce n'est que vingt ans plus tard, en 1950, qu'Alan Boase, en consultant le tome 176 du *Catalogue général des Imprimés de la Bibliothèque Nationale*[76] qui venait d'être publié, découvre l'existence des *Meditations sur les Pseaumes*, constatant du même coup que certains poèmes publiés dans le recueil collectif de Raphaël Du Petit Val avaient connu une publication du vivant de l'auteur dans l'*Essay de quelques poemes chrestiens*[77].

---

73 Il s'agit des recueils de 1599 et de 1604, cités *supra*.

74 Sur les circonstances de cette découverte, l'on peut consulter : Jean de Sponde, *Poésies*, éd. A. Boase et F. Ruchon, avec un « Essai sur la vie de Jean de Sponde » par F. Ruchon et une « Étude sur les poésies de Jean de Sponde » par A. Boase, Genève, Pierre Cailler, 1949, p. 88 ou A. Boase, « Then Malherbe Came », *The Criterion*, n° 39, January 1931, p. 289.

75 A. Boase, « Then Malherbe Came », art. cité, p. 287 *sq.* (spéc. p. 287-296) ; « Poèmes de Jean de Sponde choisis et présentés par Alan Boase », dans *Mesures*, 15 octobre 1939, n° 4, p. 127-151. Ce titre d'ensemble (p. 127) recouvre une présentation générale intitulée « Jean de Sponde : Un poète inconnu » (p. 129-135), suivie de textes choisis (p. 136-151) : « Les Amours » (vingt-six sonnets) et « Sonnets de la Mort » (dix sonnets). Pour les éditions : *Œuvre poétique pour la première fois réunie en un volume*, préface de Marcel Arland, Paris, Delamain et Boutelleau, 1945. *Sonnets et stances de la mort*, avec gravures sur cuivre par Jean Deville, Paris, P. Seghers, 1946. *Stances et Sonnets de la Mort*, éd. A. Boase, Paris, Corti, 1947 (rééd. 1982). *Poésies*, éd. A. Boase et F. Ruchon. *op. cit.*

76 Au moment où il entreprit ses recherches sur Sponde, Alan Boase n'avait pas encore à sa disposition le catalogue voulu : Sponde, en effet, ne figure qu'au tome 176 publié en 1949. Sous l'administration de Marcel Roland (1923-1929), la Bibliothèque Nationale avait décidé, en attendant que soit achevé le catalogue général, de mettre à la disposition du public les cartes de l'inventaire général, permettant ainsi aux lecteurs de prendre connaissance de tout ce qui était entré à la Bibliothèque Nationale depuis ses origines (à l'exception de la période 1875-1882). Voir E. G. Ledos, *Histoire des Catalogues des Livres imprimés de la Bibliothèque Nationale*, Paris, Éditions des Bibliothèques Nationales, 1936 (chapitre 20).

77 Ces *Meditations* étaient signalées par Haag (Eugène et Emile), *La France protestante*, Slatkine Reprints, 2004, tome X [ROS-X], p. 315-316 (réimpr. de la 2e éd. : Genève-Paris, 1846-1859 ; le tome IX original est devenu X dans le reprint). En 1949, A. Boase donnait l'ouvrage pour perdu, voire mettait en doute son existence (*Poésies*, *op. cit.*, p. 159).

Alan Boase révèle ces nouveaux éléments en mars 1951 dans un article intitulé « Du nouveau sur Jean de Sponde[78] » et publie les *Meditations* suivies de l'*Essay de quelques Poemes chrestiens* quelque temps plus tard[79]. Cette publication ne suffira toutefois pas à attirer l'attention sur ces *Meditations*.

Aujourd'hui, Jean de Sponde reste un auteur secondaire, relativement méconnu et peu accessible au grand public. Grâce aux travaux d'Alan Boase et à l'engouement pour le courant baroque, il fait son apparition dans les manuels scolaires des années 1980-1990, en tant que « poète le plus significatif d'une sensibilité que l'on appelle généralement "baroque[80]" ». Le deuxième sonnet sur la mort, « Mais si faut-il mourir », est cité quatre fois, par deux fois accompagné du sonnet 12[81]. Dans le cadre des refontes successives des programmes à partir des années 2000, Jean de Sponde disparaît de nouveau des manuels, à quelques exceptions près toutefois : le sonnet 2 est encore proposé dans quatre manuels (en 2011, 2016 et 2019)[82]. *L'écho des Lettres*[83] consacre en outre une page entière à une lecture guidée

---

78 A. Boase, « Du nouveau sur Jean de Sponde », *Mercure de France*, 1-III, mars 1951 [note sur la bibliothèque des Feuillants], p. 566 et 1-VIII, août 1951, p. 641-647. F. Ruchon a également présenté cette découverte : « Jean de Sponde et ses Méditations sur les Pseaumes », *Bibliothèque d'Humanisme et Renaissance*, XIII, 1951, p. 295-311.

79 *Méditations, avec un Essai de Poèmes chrétiens*, éd. A. Boase, avec une étude sur la vie de Sponde et les textes, Paris, Corti, 1954.

80 *XVIe-XVIIe siècles*, éd. C. Biet, J.-P. Brighelli, J.-L. Rispail, Paris, Magnard, 1987, p. 276.

81 *Ibid.*, *Sonnets sur la mort* 6 et 2 (avec une source indiquant *Sonnets*, 1597), extraits des *Stances de la mort* (également datées de 1597). *Littérature. Textes et documents. Moyen Âge, XVIe siècle*, éd. A. Berthelot, F. Cornilliat, intro. historique de J. Le Goff, Paris, Nathan, « collection Henri Mitterand », 1988, p. 469, dans une section consacrée aux « poètes du monde baroque » : *Sonnets sur la mort* 2 et 12. X. Darcos, J.-P. Robert, B. Tartayre, *Le Moyen-Âge et le XVIe en littérature*, Paris, Hachette, 1990, p. 291-292 : *Sonnets sur la mort* 2 et 12. *Littérature 2e*, dir. J. et C. Parpais, Paris, Hachette *Lycées*, 1991, p. 90 [XVIe et XVIIe siècles] : *Sonnets sur la mort* 2. Ce manuel propose une lecture original du sonnet 12 en lien avec l'art vocal : « La tradition de la musique polyphonique se maintint jusqu'à la fin du siècle [...]. Dans le contrepoint, les lignes mélodiques se superposent. Sponde mêle ici trois thèmes, comme se mêlent, avec un léger décalage les voix du soprano, du contralto et du ténor. Par deux fois, dans les tercets de ce sonnet, l'ordre de succession des thèmes est inversé par une construction croisée (ou chiasme) ».

82 *Français, méthodes, 2de/1re, programme 2011*, dir. P. Sivan, Paris, Nathan, 2011, p. 122 (texte support du chapitre 32 : « Le baroque »). *Français 1re, L'écho des Lettres*, dir. O. Marais, Paris, Belin, 2016, p. 285. *Français 2de, Motifs littéraires. Nouveau programme*, coord. B. Beltrando, Paris, Hatier, « Itinéraires littéraires », 2019, p. 66. *Littérature. Anthologie pour le lycée*, Paris, Hatier, 2019, p. 72.

83 *Français 1re, L'écho des Lettres*, dir. O. Marais, Paris, Belin, 2016, p. 284.

des « Douze sonnets de la mort[84] », tandis qu'un manuel[85] prend le parti original de proposer un sonnet des *Amours* : « Je sens dedans mon âme une guerre civile » (sonnet 17). Sur quarante-et-un manuels consultés, publiés de 1987 à 2019, neuf seulement mentionnent Jean de Sponde, le sonnet 2 des *Sonnets sur la mort* se démarquant avec huit citations – suivent le sonnet 12 (deux occurrences), le sonnet 6 sur la mort (une occurrence), le sonnet des *Amours* 17 (une occurrence) et les *Stances de la mort* (un extrait).

Du Sponde humaniste, seul son Grand Œuvre, le commentaire d'Homère, est désormais accessible grâce aux travaux de Christiane Deloince-Louette et à son édition[86]. De ses textes de polémique religieuse, globalement négligés, seule la *Response d'un catholique* a connu une édition au XXe siècle[87]. Ses très belles méditations sur les psaumes restent peu étudiées, avec trois éditions françaises (deux d'Alan Boase et une de Sabine Lardon) et une bilingue (franco-italienne) due à Mario Richter, ainsi qu'une petite vingtaine d'études.

C'est donc le Sponde poète que le XXe siècle a redécouvert et qui est majoritairement édité, étudié et même traduit. Une situation dont François Ruchon a résumé le paradoxe : « Il est plus qu'étrange de constater que les contemporains et les amis de Jean de Sponde n'ont jamais parlé de ses poésies. Pour eux, c'est un humaniste, un juriste, un controversiste distingué[88]. » Par sa diversité et son intérêt, l'œuvre de Jean de Sponde est donc loin d'avoir épuisé le champ des recherches ainsi qu'en témoigne le colloque qui s'est tenu à Pau à l'initiative de Véronique Duché-Gavet et dans le contexte duquel le présent projet d'édition a vu le jour[89].

---

84 Des suggestions d'étude guident la lecture du recueil proposant d'étudier sa structure, la forme du sonnet, le thème baroque de l'inconstance, ainsi que plusieurs sonnets (répétitions et paronomases dans le sonnet 1, le thème des géants dans le sonnet 3 et les sonnets 6 et 12). Pour le texte, les élèves sont renvoyés à la version numérique sur Gallica ainsi qu'à des enregistrements audio en ligne de ces poèmes : www.litteratureaudio.com/livre-audio-gratuit-mp3/sponde-jean-de-poemes-selection.html (consulté le 24/11/2021).

85 *Français 1re, Terres littéraires*, dir. X. Damas, Paris, Hatier, 2007, p. 52 pour le texte (daté de 1598) et p. 463 pour la versification.

86 Jean de Sponde, *Commentaire aux Poèmes homériques* (1583), éd. et trad. C. Deloince-Louette, coll. M. Furno, Paris, Classiques Garnier, 2018.

87 *Itinerario Spondiano : La Response d'un Catholique par Jean de Sponde*, éd. et trad. Giuseppe Antonio Brunelli, Catania, Castorina Editore, 1967. Édition bilingue.

88 F. Ruchon, « Essai sur la vie de Jean de Sponde », dans J. de Sponde, *Poésies*, éd. A. Boase et F. Ruchon, *op. cit.*, p. 78-79.

89 Les actes en ont été publiés sous le titre *Jean de Sponde (1557-1595), un humaniste dans la tourmente*, *op. cit.*

UNE POÉSIE AMOUREUSE OPACIFIÉE

L'absence (à ce jour) de toute trace de diffusion, du vivant de l'auteur, d'une partie importante de la production poétique de Jean de Sponde soulève de nombreux points d'interrogation et amène des lectures diverses, voire divergentes, entre lesquelles il peut être difficile de trancher.

DÉCONSTRUCTION/RECONSTRUCTION… L'ENTREPRISE SE POURSUIT

Alan Boase, le premier de ses éditeurs modernes, illustre ce brouillage en poursuivant l'entreprise de remaniement des florilèges du XVIIe siècle. S'il ramène au jour l'œuvre poétique de Jean de Sponde, il déconstruit de fait le recueil poétique de Raphaël Du Petit Val de 1599 (sur lequel il se fonde pourtant pour l'établissement des *Amours*) pour le reconstruire à sa manière. Dans son édition des *Œuvres littéraires* de Jean de Sponde[90] [1978], Alan Boase place ainsi en premier lieu « Les Amours », titre qui recouvre, dans son édition, les « Sonnets d'Amour », l'élégie, les trois chansons et le poème « Sur sa fièvre » (p. 49-92). La section que délimite la mention « Fin des Amours de Jean de Sponde » dans les recueils de Raphaël Du Petit Val se trouve donc amputée des stances, qu'Alan Boase place en fin de recueil, après les *Meditations sur les Pseaumes* et l'*Essay de quelques poemes chrestiens*. La mention des « Amours » ne recouvre donc plus qu'une partie des poèmes publiés sous ce titre en 1599, l'éditeur moderne réinterprétant à sa façon l'œuvre poétique de Jean de Sponde[91].

UNE DATATION COMPLEXE

Cette redistribution repose sur les hypothèses de datation auxquelles se livre l'éditeur scientifique : les *Amours* auraient été composés avant l'*Essay*, plus abouti pour des raisons à la fois stylistiques et spirituelles (« une

90 Jean de Sponde, *Œuvres littéraires*, éd. citée.

91 Ce choix a pu influencer la réception de Jean de Sponde. Ainsi James Sacré édite-t-il les poèmes « D'amour et de mort », en plaçant d'abord les « Poèmes profanes », avec les sonnets, les trois chansons, « Sur la fièvre » et l'élégie, puis l'*Essai*. Jean de Sponde, *D'amour et de mort*, poésies complètes présentées par James Sacré, Orphée / La Différence, 1989, texte établi par A. Boase [1978]. Malgré la mention « poésies complètes », les stances sont absentes.

réflexion sur la destinée de l'homme, sur le sens de la vie et la signification de la mort, sur les rapports entre la créature et Dieu[92] »). En revanche A. Boase estime « pour ce qui est des *Stances*, qu'elles sont sans conteste parmi les dernières pièces composées par le poète[93] », « probablement [...] en 1592 ou 1593[94] ». Ainsi « Tel estoit ce bel Astre » a visiblement pour objet de célébrer les amours d'Henri de Navarre et de Gabrielle d'Estrées que « le roi voit pour la première fois » en novembre 1591[95]. Or si la datation des stances repose sur des considérations historiques, celle des poèmes que Boase intitule « Amours » reste beaucoup plus impressionniste et intuitive (des raisons d'ordre stylistique et « psychologique[96] »).

Yvette Quenot a alors tenté d'étayer l'hypothèse d'Alan Boase en se fondant sur l'intertexte calvinien de ces poèmes (ceux que Boase étiquette « Amours ») ainsi que sur des rapprochements avec les commentaires homériques de Sponde :

> Si l'on relève encore que dans le commentaire d'Homère il est question, ici des chiens d'Actéon, là d'astrologie, et là encore de l'amour constant de Pénélope, on voit que les préoccupations de Sponde, entre 1577 et 1588, sont centrées autour des mêmes thèmes, des mêmes motifs, empruntés, les uns et les autres, aux discours religieux et humaniste[97].

Mario Richter apporte un argument supplémentaire en se fondant, comme Yvette Quenot, sur la dimension fondamentalement calviniste de l'œuvre, mais à partir d'un angle de vue plus spécifiquement autobiographique, qui ne vaut que si l'on considère que ces poèmes reflètent les tourments d'un jeune homme en proie à la concupiscence, qui tente de respecter la chasteté à force de constance avant que le mariage ne procure un repos salvateur à la chair tourmentée[98].

---

92 A. Boase dans Jean de Sponde, *Œuvres littéraires*, éd. citée, « Introduction », p. 10.

93 *Ibid.*, « Notre texte », p. 48.

94 *Ibid.*, « Introduction », p. 42.

95 *Ibid.*, p. 42-43.

96 *Ibid.*, « Introduction », p. 10 : « Tout porte à croire toutefois que les *Amours* ont été composées [*sic*] avant l'*Essai* qui, par sa perfection, suggère une maturité et une maîtrise qu'on ne trouve pas encore à un tel degré dans les *Amours*. Cette chronologie pourrait sans doute se justifier plus encore pour des raisons d'ordre psychologique. »

97 Y. Quenot, « Sur l'Intertextualité dans les *Sonnets d'Amour* de Sponde », *Hommages à Jean-Pierre Collinet*, éd. Jean Foyard et Gérard Taverdet, Éditions de l'Université de Dijon, ABDO, 1992, p. 265-276, spéc. p. 272.

98 M. Richter, « Calvinisme et Amour mondain : peut-on dater les sonnets d'amour de Sponde ? », *Amour sacré, Amour mondain. Poésie 1574-1610*, Hommage à Jacques Bailbé,

Or les arguments avancés par Mario Richter et Yvette Quenot pourraient venir soutenir cette place de la poésie amoureuse dans la continuité de l'*Essay*. Ces poèmes reflèteraient la conception calviniste de l'auteur et présenteraient de l'amour une vision relativement « désincarnée », célébrant « la Divinité » :

> Car cette poésie est étrange : la femme qu'elle chante reste si mystérieuse... Lointaine, absente, presque inexistante, presque désincarnée, on la confondrait volontiers avec la Divinité, inaccessible et cependant si prévenante[99].

ou « une valeur [...] spirituelle », en l'occurrence la constance, fondamentale pour les stoïciens, mais également pour les chrétiens, en tant que « don que Dieu accorde à ses élus[100] ». Toutefois, l'on comprend mal alors pourquoi, s'ils avaient déjà été composés mais non encore publiés, Sponde n'aurait pas inclu ces poèmes spirituels dans son *Essay de quelques poemes chrestiens*. L'absence de publication conjointe maintient donc la dimension hétérogène des deux recueils, par-delà leurs points de convergence.

Face à ces hypothèses qui placent les *Amours* avant l'*Essay*, une autre datation est alors possible. Considérant la dimension maniériste des poèmes de Sponde et leur prise de distance vis-à-vis du pétrarquisme[101], Robert Mélançon situe ainsi ce pan de la production poétique de Jean de Sponde dans les années 1589-1593, soit après l'*Essay* et avant la conversion (que Mario Richter[102] considère, de manière relativement convaincante, comme un *terminus ad quem*, dans la mesure où Sponde est ensuite tout entier occupé à des écrits théologiques destinés à le justifier et à soutenir sa nouvelle foi). De fait, le choix même du nom *Essay*[103] pourrait inciter à considérer ce recueil comme le premier véritable « coup d'essai » poétique de Sponde.

Paris, Presses de l'École Normale Supérieure, « Cahiers V. L. Saulnier, n° 12 », 1995, p. 73-90.

99 Y. Quenot, art. cité, p. 265.

100 M. Richter, « "C'est mourir que de vivre en ceste peine extrême !" Sponde poète calviniste », *Jean de Sponde (1557-1595), un humaniste dans la tourmente*, *op. cit.*, p. 189-200, spéc. p. 191.

101 R. Mélançon, *L'Automne de la Renaissance 1589-1630*, XXIIe colloque international d'études humanistes, Tours, 2-13 juillet 1979, éd. J. Lafond et A. Stegmann, Paris, Vrin 1981, p. 257-270, spéc. p. 261.

102 M. Richter, « Calvinisme et Amour mondain : peut-on dater les sonnets d'amour de Sponde ? », art. cité, p. 74.

103 Se reporter *supra* « Sponde poète », « L'Essay de quelques Poemes Chrestiens ».

Dans son étude sur la *Cohérence intérieure* de l'œuvre de Sponde, Josiane Rieu suit pour sa part l'ordre des publications en étudiant les *Amours* (chapitre 5) après l'*Essay* (chapitre 4), lui-même faisant suite aux *Meditations* (chapitre 3). Elle dégage les points communs comme les différences qui inscrivent les *Amours* dans la continuité de l'*Essay* : « Les *Amours* entrent dans la même expérience de recherche intérieure d'élévation vers l'absolu que celle des *Poèmes chrétiens*. Mais en même temps, leur écriture prend place dans un univers culturel mondain aux codes particulièrement prégnants en cette fin de siècle[104]. »

Finalement donc, en l'absence de traces de diffusion du vivant de l'auteur et d'éléments de datation fiables (comme pourraient l'être des témoignages de contemporains), les seuls faits en notre possession restent que l'auteur n'a pas publié ses *Amours* avant sa mort (et avant l'*Essay*) et qu'ils sont passés, avec la *Response au Traicté des Marques de l'Eglise de Théodore de Bèze*, aux mains de ses amis catholiques des dernières heures.

UN PARCOURS À DOUBLE SENS

Dès lors, et faute d'autres données permettant de contextualiser la lecture des poèmes d'amour, il peut être intéressant de lire ces textes tels que les lecteurs du tournant du siècle les découvraient, c'est-à-dire « comme une poésie de cour, une poésie de la conversion et une poésie officielle d'un serviteur de Henri IV » ainsi que le conclut Claude La Charité de son examen du *Premier recueil de diverses poesies* (1604) de Raphaël Du Petit Val[105], qui gomme « toute référence explicite au christianisme réformé, voire au christianisme tout court, de Sponde[106] ».

Tel est le parti qu'adopte Emmanuel Buron. Dénonçant « le postulat d'abstraction [qui] induit une lecture décontextualisée des poèmes amoureux, qui autorise à les juger antérieurs aux poèmes religieux[107] », le critique s'attache à recontextualiser ces poèmes en leur rendant « leur(s)

104 J. Rieu, *Jean de Sponde ou la Cohérence intérieure*, Paris, Honoré Champion/Genève, Slatkine, 1988, chapitre 5, p. 209.

105 C. La Charité, « Jean de Sponde, poète de "l'heureuse inconstance" dans le *Premier recueil de diverses poesies* (1604) de Raphaël du Petit Val », *Jean de Sponde (1557-1595), un humaniste dans la tourmente*, *op. cit.*, p. 317-335, spéc. p. 326.

106 *Ibid.*, p. 322.

107 E. Buron, « "Dites, est-il au monde un amant plus fidele". L'éthique de la constance et la pratique de la poésie dans *Les Amours* de Jean de Sponde », *Jean de Sponde (1557-1595), un humaniste dans la tourmente*, *op. cit.*, p. 237-266, spéc. p. 238.

ancrage(s) circonstanciel(s)[108] ». Il livre ainsi une relecture des sonnets d'amour et de l'élégie qui « plaide pour une lecture courtisane du recueil, et peut-être pour une destination royale et une datation tardive[109] », ce qui permet de ne plus dissocier, comme le faisait Alan Boase, les stances de circonstances des sonnets et de l'élégie et donc d'embrasser les *Amours* de 1599 comme un tout. Cette lecture recontextualisée offre un regard neuf sur les sonnets et l'élégie qui ne seraient pas l'expression de l'intériorité du poète, mais pourraient avoir été écrits pour le roi (ou tout grand personnage, réel ou fictif, ancré dans un milieu de cour). L'*ethos* de constance qui se dégage du recueil, tout comme les exemples militaires prendraient alors sens comme autant d'« indices sur l'éthique *du locuteur* », « une éthique politique et courtisane [qui] détermine [s]a posture *sociale*[110] ».

Pour autant, les échos (lexicaux et stylistiques) et les liens tissés entre les poèmes entretiennent l'ambiguïté soulevée par la datation des poèmes en autorisant des itinéraires de lecture à double sens. Si Josiane Rieu peut ainsi étudier les *Amours* après l'*Essay* en listant leurs échos suivant un ordre de publication qui pourrait fort bien être également un ordre de composition, le recueil de Raphaël Du Petit Val (dans ses versions successives de 1599, 1604 et 1611) propose un ordre de lecture inversé, allant des *Amours* aux stances et sonnets de la Mort.

Le sonnet 1 des *Amours* (« Si c'est dessus les eaux que la terre est pressée »), qui ouvre les « Poesies du sieur de Sponde », dresse la constance face à l'instabilité d'un monde terrestre reposant sur les eaux :

> Voyant ces maux coulans, soufflans de tous costez
> Ne trouvoit tous les jours par exemple de mesme
> Sa constance au milieu de ces legeretez. (v. 12-14)

tandis que le sonnet 12 de l'*Essay* les conclut sur une image de stabilité en regard de l'inconstance du monde :

> Mais ton Temple pourtant, ta main, ta voix sera
> La nef, l'appuy, l'oreille, ou ce charme perdra,
> Ou mourra cest effort, ou se rompra ceste Onde. (v. 12-14)

---

108 *Ibid.*, p. 238.
109 *Ibid.*, p. 250.
110 *Ibid.*, respectivement p. 252 et 239.

De l'un à l'autre, nous passons des stances des *Amours* évoquant la mort-souffrance procurée par l'absence :

> Mourez mes vers, mourez puis que c'est vostre envie,
> Ce qui vous sert de mort, me servira de vie. (Élégie, refrain)
>
> Comment pensez vous que je vive
> Esloigné de vostre beauté ?
> Tout ainsi qu'une ame captive
> Au gouffre d'une obscurité,
> Qui n'attend tremblante à tout'heure
> Que le jour qu'il faut qu'elle meure. (Chanson 1, 1-6)

la mort réelle de l'aimé (les stances sur la « Mort du B.D.F. », par leur place dans les *Amours* dans le recueil de Raphaël Du Petit Val, semblent donner voix à une amante éplorée par la perte de son ami) :

> Mais à ce mien ami, pour marque plus notoire
> Que je l'ay tant aimé, je luy garde un tombeau :
> Mais un tombeau tousjours esclairé d'un flambeau,
> Le tombeau mon esprit, le flambeau ma memoire.
> (Stances « Sur la mort du B.D.F. », v. 41-44)

ou la mort menaçante de l'aimée malade :

> Ma Belle languissoit dans sa funeste couche,
> Où la mort ces beaux yeux de leurs traits desarmoit, (St5, v. 1-2)

aux « Stances de la Mort » évoquant l'amour céleste :

> Ces Amours, ces Plaisirs dont les troupes des Anges
> Caressent du grand Dieu les merveilles estranges,
> Aux accords rapportez de leurs diverses voix :
> Sont bien d'autres plaisirs, amours d'autre Nature.
> Ce que tu vois icy n'en est pas la peinture,
> Ne fust-ce rien sinon pource que tu le vois. (StM, v. 120-126)

Or tandis que l'aimée languissante recouvre ses forces dans les stances 5 :

> Ma belle cependant recommence à reprendre
> Pour les perdus esprits, des esprits tous nouveaux
> Qui pourfilent son corps de traits encor plus beaux,
> Et renaist tout ainsi qu'un Phœnix de sa cendre. (St5, v. 29-32)

l'amant se remet semblablement de sa fièvre dans le dernier poème de la section des *Amours* du recueil Du Petit Val et, par un surprenant retournement, renie la comparaison passée des maux d'amour[111] avec une fièvre physique (qui s'avère bien pire), pour revendiquer pleinement la vie et l'amour dans ses derniers vers :

Il faut librement que je die
Au prix d'un mal si furieux,
J'aimerois cent mille fois mieux
Faire l'amour toute ma vie. (« Sur sa fievre », v. 37-40)

Ici se terminent, dans le recueil de Raphaël Du Petit Val, les *Amours* de Jean de Sponde et ici s'ouvre la seconde section de ses poésies (« Stances de la Mort » et « Autres sonnets sur le mesme subject ») sur une position strictement inversée de refus des illusions de la vie terrestre et d'aspiration à la Vie céleste par-delà la mort au monde :

Mes yeux, ne lancez plus vostre pointe esblouye
Sur les brillans rayons de la flammeuse vie,
Sillez-vous, couvrez-vous de tenebres, mes yeux ;
Non pas pour estouffer vos vigueurs coustumieres,
Car je vous feray voir de plus vives lumieres,
Mais sortant de la nuict vous n'en verrez que mieux. (StM, v. 1-6)

Des affres de l'amour terrestre aux « aymables plaisirs » de l'amour céleste, le recueil Du Petit Val trace ainsi, en chiasme, une solution de continuité entre les deux sections des « Poesies du sieur de Sponde », les *Amours* et les poèmes sur la Mort, et construit un itinéraire spirituel factice, qui peut fort bien être inversé par rapport à l'ordre de composition des textes et dont il nous faut rester conscients qu'il offre une reconstruction posthume.

ENTRE UNITÉ ET RUPTURE, DES LECTURES DUELLES

Étrange poésie qui autorise des itinéraires de lecture inversés et des regards qui s'opposent sans perdre pour autant leur pertinence.

Une poésie de l'intériorité, nous dit Alan Boase des *Amours*, où s'exprime déjà la voix du méditant ; une poésie de l'altérité, propose

111 Par exemple dans la Chanson 1, v. 19-25.

Emmanuel Buron qui y entend la voix d'un grand personnage (probablement Henri de Navarre). Une poésie de la constance, nous dit Mario Richter de ces *Amours* dont Alan Boase retranche une partie dans son édition ou plutôt une poésie de « l'heureuse inconstance », telle que le recueil Du Petit Val la donne à lire, comme le constate Claude La Charité.

Une poésie de l'immobilité, dit Mario Richter à propos des sonnets d'amour où tout « est foncièrement *statique*, cette suite de sonnets étant fondée sur une série de variations sur un thème (celui de la constance). Aucun véritable *itinéraire* ne nous est proposé là[112] » ; le temps même est immobile, renchérit Yvonne Bellenger[113] et le poète « proteste inlassablement de sa constance » selon un simple principe de *variatio* pour Gérard Genette[114]. Mais en ce cas, pourquoi vingt-six sonnets pour ressasser la même idée, s'interroge Emmanuel Buron[115], qui en dégage une éthique de la constance, tandis que Christiane Deloince-Louette suit, à travers sa disposition typographique dans le recueil Du Petit Val, les étapes d'une argumentation[116].

Ces lectures antithétiques ne se limitent pas aux *Amours* (quels que soient les poèmes que les éditeurs ou critiques comprennent sous ce titre), mais touchent aussi les sonnets sur la Mort. Mario Richter perçoit une rupture évidente entre le VIe et le VIIe sonnet, que Christiane Deloince-Louette nuance en proposant une progression différente de ce « recueil-sermon[117] », là où Josiane Rieu ne percevait pour sa part ni rupture ni démonstration, chaque poème renvoyant « à la totalité du même parcours de détachement de la vie mondaine illusoire, vers l'Au-delà[118] ».

112 M. Richter, « "C'est mourir que de vivre en ceste peine extrême !" Sponde poète calviniste », art. cité, p. 192.

113 Y. Bellenger, « Le temps dans les Sonnets des *Amours* et les *Sonnets de la mort* de Sponde », *Jean de Sponde (1557-1595), un humaniste dans la tourmente*, *op. cit.*, p. 223-236, spéc. p. 224.

114 G. Genette, « Hyperboles », *id.*, *Figures I*, Paris, Éditions du Seuil, coll. « Tel Quel », 1966, p. 245-252, spéc. p. 245. Rééd. dans la coll. « Points », même pagination.

115 E. Buron, art. cité, p. 238.

116 C. Deloince-Louette, « Un recueil-sermon (II). Sur les sonnets d'amour de Jean de Sponde », *Expériences rhétoriques. Mélanges offerts au professeur Francis Goyet*, Paris, Classiques Garnier, 2020.

117 Voir *supra*, « Sponde poète », « Les poèmes recueillis ».

118 J. Rieu, *Jean de Sponde ou la Cohérence intérieure*, *op. cit.*, p. 196.

ENTRE UNITÉ ET RUPTURE, UNE ÉCRITURE DE LA TENSION

Les sonnets des *Amours* comme les sonnets sur la Mort se rejoignent ainsi dans une paradoxale tension où chaque pièce semble indépendante, tout en étant le maillon d'une chaîne dont l'ordre semble pourtant impossible à déterminer avec certitude. Telle était la conclusion de Gilbert Schrenck sur les sonnets d'Amour[119]. Tel est le constat de départ de Loris Petris en ce qui concerne les sonnets sur la Mort[120].

L'écriture de Jean de Sponde, qui a retenu l'attention de la critique, est à l'image de ses chaînes de sonnets, entre unité et rupture. Par leur sens, leur forme, leurs sonorités, les mots y tissent une trame serrée que les réseaux d'antithèses maintiennent en équilibre instable ou que la progression du poème (quelle que soit sa forme) pousse à son point de rupture[121]. Cette écriture de la tension instable est portée par un réseau d'images que Gisèle Mathieu-Castellani (qui l'étudie indifféremment dans les *Amours* et dans les poèmes sur la Mort) synthétise ainsi :

> L'air enfle, l'onde abîme, la terre retient, le feu brûle : les quatre éléments qui composent le macrocosme sont saisis dans leur violente énergie, dans cet assaut hostile, tandis que le microcosme composé à son image se voit soumis aux mêmes pulsions[122][.]

Dès lors l'écriture s'ordonne autour d'une « dynamique conflictuelle » que reflète le « paysage imaginaire du sujet[123] ».

---

119 G. Schrenck, « La structure "délicate" des *Sonnets d'amour* de Jean de Sponde », *Poétique et narration. Mélanges offerts à Guy Dermerson*, éd. F. Marotin et J.-P. Saint-Gérand, Paris, Honoré Champion, 1993, p. 255-265, spéc. p. 261.

120 L. Petris, « Unité et ruptures dans les "Sonnets de la mort" de Jean de Sponde », *Les Fruits de la Saison, Mélanges de littérature des* XVIe *et* XVIIe *siècles offerts au Professeur André Gendre*, éd. P. Terrier, L. Petris et M.-J. Liengme Bessire, Université de Neuchâtel / Genève, Droz, 2000, p. 357-371, spéc. p. 357. Sur les enchaînements et ruptures, voir également L. Keller, « Enchaînements, ruptures et signatures chez Sponde », *Jean de Sponde (1557-1595), un humaniste dans la tourmente*, *op. cit.*, p. 267-283.

121 Ces points de bascule sont perceptibles dans les changement de point de vue du locuteur ou dans les changements de destinataire. Ils sont matérialisés par des marqueurs lexicaux et stylistiques comme les interrogations *Mais quoy ?* (avec quatre occurrences dans l'*Essay* et cinq dans les *Amours*) ou l'emploi adjectival ou adverbial de *soudain*, récurrents dans l'ensemble des poèmes.

122 G. Mathieu-Castellani, « Le paysage imaginaire de Sponde », *Jean de Sponde (1557-1595), un humaniste dans la tourmente*, *op. cit.*, p. 201-222, spéc. p. 208.

123 *Ibid.*, p. 212.

Cette mise en tension à la fois macro- et microstructurelle, perceptible dans la progression des poèmes (qu'il s'agisse de considérer le maillon ou la chaîne), dans le déploiement d'un réseau d'images (de l'unité du poème à la totalité d'un recueil, voire d'un recueil à l'autre et de l'*Essay* aux poèmes posthumes) ou encore dans la trame lexicale des textes, peut refléter les tensions spirituelles d'un poète alors calviniste. Cela n'expliquerait pas toutefois que les amis catholiques de la dernière heure aient transmis son œuvre poétique inédite à la postérité. Ni que les poèmes de Sponde dégagent une telle impression de singularité, alors même que les recueils posthumes cherchent à en faire un poète « à la mode ».

Luzius Keller a proposé une clé onomastique de cette poésie de la tension. Considérant l'utime sonnet sur la mort[124], il rappelle l'inversion finale de la triple tentation :

> Et le Monde, et la chair, et l'Ange revolté,
> Dont l'onde, dont l'effort, dont le charme inventé (SM12, v. 1-2)
>
> Mais ton Temple pourtant, ta main, ta voix sera
> La nef, l'appuy, l'oreille, ou ce charme perdra,
> Ou mourra cest effort, ou se rompra ceste Onde. (v. 12-14)

Là où Alan Boase voit dans cette énumération finale « comme une signature[125] » et où André Gendre note la rime riche que *Monde* et *Onde* offrent implicitement à *Sponde*[126], Luzius Keller va plus loin :

> ce que Sponde nous donne à lire à la fin de ses poèmes et de son livre, n'est pas seulement « comme une signature » : ce n'est pas seulement une rime riche avec son nom, mais – comme l'emploi de la majuscule le montre – la signature réelle du livre [il s'agit en l'occurrence de l'*Essay*].

De fait, Luzius Keller rappelle que le nom commun féminin « la sponde » signifie à l'époque (et selon le *Dictionnaire de la langue française du 16ᵉ siècle* d'Edmond Huguet) aussi bien le « bord d'un lit » que le « flanc d'un navire[127] ». Dès lors, les tensions qui traversent l'œuvre poétique de

124 L. Keller, art. cité, p. 281.

125 J. de Sponde, *Œuvres littéraires*, éd. citée, « Introduction », p. 29.

126 A. Gendre, *Évolution du Sonnet français*, Paris, PUF, 1996, chapitre V : « Jean de Sponde : en Dieu "Où mourra cest effort, où se rompra ceste onde" », p. 75-87, spéc. p. 86.

127 Le dictionnaire Godefroy ajoute, pour « Esponde/Sponde », entre autres les sens de « digue » et de « Rempart, appui, base, fondement, au propre et au figuré ». Nous citons le

Jean de Sponde se trouvent concentrées dans son nom même : la *sponde* qui endigue l'onde qui l'ébranle, rive ou nef qui affronte les flots et les arrête, point d'assaut et point d'arrêt des eaux en mouvement.

> Et ces flots se rompront à la rive escumeuse[128].

Dictionnaire de l'ancienne langue française (9e-15e s.) d'après le *Grand Corpus des dictionnaires [du 9e au 20e siècle]*, éditions Classiques Garnier Numérique.

128 SM 2, v. 8.

PRINCIPES D'ÉDITION

NOTE D'INTENTION

La présente édition réunit la totalité des poèmes de Sponde connus à ce jour, soit aussi bien les pièces manuscrites qu'imprimées, les poèmes parus de son vivant que les publications posthumes, les poèmes en français que les pièces grecques ou latines, les productions originales comme les traductions ou encore les pièces personnelles comme les poèmes d'hommage paratextuels.

Les deux grands ensembles poétiques, l'*Essay* et les *Amours*, sont ici présentés dans l'ordre chronologique de leur publication, en l'état des connaissances à ce jour, soit l'*Essay* en premier, paru à la suite des *Meditations sur les Pseaumes* en 1588 et les *Amours* ensuite, parus posthumes dans le recueil Du Petit Val en 1599 (où ils sont suivis des poèmes de l'*Essay*, amputé des stances de la Cène). Ce choix permet de suivre l'ordre de divulgation à un public large, tel qu'il est à ce jour connu, et donc l'ordre de réception de l'œuvre de Sponde en son temps. C'est pourquoi nous avons également respecté l'ordre de publication des poèmes des *Amours* dans la section correspondante du recueil Du Petit Val de 1599 sans en proposer de déconstruction-reconstruction (comme l'a fait A. Boase qui en extrait les pièces qu'il juge de circonstance), le but étant de donner à lire cet ensemble tel qu'il a été présenté au public de 1599.

Les « Poésies diverses » regroupent les autres poèmes de Sponde dans leur ordre de publication (de 1580 à 1591). Ces pièces ont été réunies à la suite des deux grands ensembles éditoriaux dans la mesure où elles n'ont pas été instituées en recueil, que ce soit par l'auteur ou par un éditeur posthume, mais sont restées dispersées au gré des circonstances.

Enfin la dernière section, « Poèmes d'hommage à Jean de Sponde », présente des poèmes qui ne sont pas « de » Jean de Sponde mais

« sur » Jean de Sponde, en réunissant les pièces liminaires à l'Homère, le *Tumulus Johannis Spondani* ainsi que les trois pièces de Laugier de Porchères présentées par Raphaël Du Petit Val à la suite des poèmes de Sponde.

ÉTABLISSEMENT DU TEXTE

Pour tous les poèmes présentés, les notes de bas de page sont réservées aux variantes du texte. Les notes complémentaires, y compris lexicales, sont placées en fin de volume. Compte tenu de la densité de l'écriture de Sponde, qui peut jouer sur les différentes nuances d'un mot et sur des lectures superposées en contexte, les notes cherchent volontairement à ne pas empiéter sur la réception et le commentaire par le lecteur, mais tentent seulement d'élucider les références intertextuelles et les difficultés de sens.

L'orthotypographie et la ponctuation sont respectées, à l'exception des adaptations d'usage suivantes :

- dissimilation des lettres *i/j* et *u/v* ;
- distinction par l'accentuation des homonymes *a/à*, *ou/où* et accentuation de *desjà* et *voilà* ;
- accentuation du *e* (en position finale, pénultième et antépénultième), y compris dans l'interjection *hé* ou pour l'accent grave (*après*) ;
- accentuation du *Ô* élégiaque majuscule (*ô* minuscule étant déjà accentué dans l'édition de référence) ;
- développement des abréviations : exposant^9 pour *-us* (*vo*^{9} pour *vous*), voyelle tildée, *q* tildé et éperluette ;
- remplacement du s long (*ſ*) par *s* court ;
- établissement de l'apostrophe selon l'usage moderne : *cest* > *c'est* et inversement *c'est* > *cest*, *quil* > *qu'il*, *n'agueres* > *nagueres*, *d'avantage* > *davantage*. Nous désagglutinons *aumoins* > *au moins*, mais conservons les autres cas d'agglutination ou désagglutination, qui reflètent l'évolution lexicale : *aupris* (AP14) et *au prix* (S6, 10-11), *lors que*, *à fin que*…

Pour le latin, nous avons adopté les principes de transcription recommandés par Les Belles Lettres[1] : développement des abréviations, absence de dissimilation *i/j*, *u/v* et saisie des diphtongues sans caractères soudés *ae*/*oe*.

Pour le grec, nous développons les ligatures et ajoutons les accents si nécessaire.

En notes de bas de page sont retenues les variantes sémantiques, ainsi que la ponctuation lorsqu'elle influence le sens.

- pour les abréviations utilisées et le contenu de chaque recueil, nous renvoyons *supra* à la liste des abréviations et *infra* à la liste des poèmes publiés dans les recueils collectifs donnée à la fin de cette introduction (p. 55-65) ;
- T 1611[2] étant une réédition à l'identique de DP 1604, nous ne le mentionnons pas dans les variantes ;
- en revanche DP 1604 introduit quelques variantes par rapport à la *princeps* DP 1599 qui constitue notre édition de référence pour les *Amours* ;
- enfin, quand les différentes éditions des *Muses* et du *Parnasse* donnent des leçons identiques, nous les codons simplement par M/P sans précision de date.

L'*ESSAY DE QUELQUES POEMES CHRESTIENS*

L'*Essay* est reproduit d'après son édition originale :

> *Meditations sur les Pseaumes XIIII. ou LIII. XLVIII. L. et LXII. Avec un Essay de quelques Poemes Chrestiens.* Par J. de Sponde, Conseiller, et Maistre des Requestes ordinaire du Roy de Navarre, Nouvellement imprimé. 1588, p. 383-408. Exemplaire de référence : Paris, Bibliothèque nationale de France, Tolbiac [Rés. A 11467]. Numérisé sur Gallica.

L'ouvrage paraît en 1588 sans nom ni lieu d'édition. Eugénie Droz, dans son étude sur l'imprimerie à La Rochelle[2], constate qu'il est imprimé en gros caractères romains (18 mm), identiques à ceux de la casse de

1 *Règles et recommandations pour les éditions critiques (série latine)*, Paris, Les Belles Lettres, 1972.

2 *L'Imprimerie à La Rochelle*, Tome III : *Eugénie Droz, La Veuve Berton et Jean Portau 1573-1589*, Genève, Droz, 1960, p. 84.

l'imprimerie Berton, cédée par la veuve de Barthélemy Berton à Jean Portau (la reprise est effective en janvier 1576). Jean Portau a également repris les marques typographiques de l'officine Berton. Le fleuron qui orne la page de garde de l'édition des *Meditations* de Sponde, la guirlande qui surplombe l'en-tête de la dédicace *Au Roy de Navarre* ou celles qui précèdent le titre de chaque méditation (ainsi que celui de l'*Essay de Poesmes chrestiens*), les lettrines ornées qui débutent chaque texte de l'ouvrage (dédicace comprise) figuraient déjà dans certains ouvrages de Berton, avant de se retrouver dans les éditions de sa veuve, puis de Portau. Eugénie Droz argue également que Michel Hurault, sieur de Belesbat et du Fay, grand ami de Sponde et parrain de son second fils, fait imprimer en 1591 chez ce même éditeur son *Discours sur l'estat de France*. Ce second argument est moins déterminant dans la mesure où Jean de Sponde fait publier, de 1589 à 1592, trois de ses ouvrages chez Jérôme Haultin, l'autre grand imprimeur rochelois[3] : l'*Advertissement au Roy, ou sont desduites les raisons d'estat, pour lesquelles il ne lui est pas bien seant de changer de religion* (1589, sans nom d'auteur ni d'éditeur, mais avec l'emblème des Haultin : l'allégorie du temps à la faux), un *Recueil de Remonstrances faites en la cour de parlement de Paris aux ouvertures des plaidoiries* (1591, La Rochelle, J. Haultin, avec privilège – réédité en 1592) et sa traduction des *Travaux et des Jours* d'Hésiode (1592, La Rochelle, J. Haultin). L'étude typographique menée par Eugénie Droz semble en revanche déterminante. En effet, les signes typographiques des *Meditations* de Jean de Sponde n'appartiennent qu'à Portau, et d'autres imprimeurs du Sud-Ouest présentent des caractères ressemblants mais non identiques.

L'*Essay* poétique est en caractères italiques afin de le distinguer, selon l'usage de l'époque, des *Meditations* en prose. Nous le transcrivons en caractères romains dans la mesure où il n'y a pas lieu ici de le distinguer du texte en prose.

Nous respectons la disposition typographique des poèmes sur la double page (vis-à-vis *verso*/*recto*). Les stances à disposition strophique (« Stances de la Cene » et « Stances de la Mort ») présentent un alinéa

3 Face à l'officine Berton, reprise par Jean Portau, l'imprimerie des Haultin occupe, à La Rochelle, une place prépondérante. Elle a été dirigée par Pierre Haultin tout d'abord (qui avait auparavant exercé à Paris et à Lyon), de 1571 à 1586 ; par Jérôme Haultin ensuite, de 1587 à 1600 ; et par leurs héritiers enfin, de 1601 à 1623.

rentrant du premier vers, tandis que les « Sonnets sur le mesme subject » ont un alinéa saillant du premier vers.

L'on connaît, à ce jour, quatre exemplaires des *Meditations sur les Pseaumes*, l'*Essay* étant manquant dans l'exemplaire de Montauban[4]. S'il s'agit d'une seule et même édition, quelques rares variantes témoignent de l'existence de différents tirages. La consultation des exemplaires de Bordeaux (B) et d'Exeter (E) n'a pas établi de variantes significatives, mais a permis ponctuellement de compléter la ponctuation de vers altérés dans l'exemplaire de la BnF.

Les poèmes de l'*Essay* ont également été réunis, de façon partielle, dans les recueils collectifs (pour un tableau récapitulatif, se reporter à la fin de cette introduction p. 68-70). Pour chaque poème, nous rappelons les supports de publication en signalant en bas de page les variantes qui ont un impact sur le sens (les variantes typographiques n'ont pas été retenues).

LES *AMOURS*

Les deux premiers recueils à réunir le plus grand nombre de pièces poétiques de Jean de Sponde sont :

Recueil de diverses poesies, tant du feu sieur de Sponde, que des sieurs du Perron, de Bertaud, de Porcheres, et autres non encor imprimées. Recueillies par Raphaël du Petit Val, Rouen, Raphaël du Petit Val, 1599. Avec Privilege de sa Majesté [daté du 4 février 1597], in-12.

L'Academie des modernes poetes françois, Remplie des plus beaux Vers que ce siecle reserve à la posterité, À M. de Nerveze. À Paris, Chez Anthoine du Breuil, tenant sa boutique sur les degrez de la grand'salle du Palais, 1599, Avec privilège du Roy [du 19 décembre 1598], in-12.

Leur analyse comparative, menée en introduction, a permis de dégager une stratégie éditoriale fondamentalement différente, dans la mesure où seul celui de Raphaël Du Petit Val institue les poèmes de Sponde en ensemble construit, affiché comme tel dès le frontispice du recueil (et doté en outre d'un titre *a posteriori* pour la première section : « Fin des Amours »), là où l'*Académie* les répartit inégalement au fil des sections thématiques du recueil.

4 FRA-Bordeaux, BM [T. 8513 Rés.]. FRA-Paris, BnF Tolbiac [Rés. A 11467]. GBR-Exeter, Cathedral Library [G/SPO]. FRA-Montauban, BM [41-752].

Nous avons donc retenu pour édition de référence la version du *Recueil* de Raphaël Du Petit Val de 1599, en nous fondant sur l'unique exemplaire qui en est aujourd'hui identifié en bibliothèque (Aix-en-provence, Bibliothèque Méjanes [C. 3127, imprimés 1500-1900]), plutôt que sur l'édition de 1604 numérisée sur Gallica qui présente quelques variantes et n'en est donc pas une simple réimpression, à l'exception toutefois des sonnets 8 à 11, les folios 9 et 10 étant manquants dans l'exemplaire de 1599 et donc saisis d'après celui de 1604.

Les poèmes des *Amours* ont également été réunis, de façon partielle, dans les recueils collectifs (pour un tableau récapitulatif, se reporter à la fin de cette introduction p. 66-68) dont nous fournissons les variantes en bas de page.

POÉSIES DIVERSES

Cette section réunit des pièces poétiques éparses, manuscrites ou imprimées. Elles sont saisies d'après leur édition *princeps* respective, à chaque fois précisée dans les notes. Pour les pièces latines et grecques, nous proposons systématiquement une traduction.

POÈMES D'HOMMAGE À JEAN DE SPONDE

Le *Tumulus Johannis Spondani* est reproduit d'après :

> *Response du Feu Sieur de Sponde, Conseiller et Maistre des Requestes du Roy au Traicté des Marques de l'Eglise faict par Th. de Bèze*, éd. Florimond de Ræmond, Paris, Abel L'Angelier, 1595, avec privilège. [Exemplaire disponible en ligne sur Google livres]

Les trois poèmes d'hommage de Laugier de Porchères sont reproduits d'après le recueil de Raphaël Du Petit Val de 1599 où ils suivent immédiatement la section de poésies de Jean de Sponde.

Dans la mesure où il s'agit de pièces annexes qui ne sont pas l'œuvre de Sponde, il n'a pas été fait de relevé de variantes, sauf lorsqu'elles intéressent directement le sens.

LES RECUEILS

LISTE DES POÈMES PUBLIÉS DANS LES RECUEILS COLLECTIFS

1599 – *Recueils de diverses poesies, tant du feu sieur de Sponde, que des sieurs du Perron, de Bertaud, de Porcheres, et autres non encor imprimées. Recueillies par Raphaël du Petit Val,* Rouen, [Raphaël] Du Petit Val, 1599, in-12. Avec Privilege de sa Majesté.

FRA, Aix-en-Provence, Bibliothèque Méjanes [C. 3127, imprimés 1500-1900].

Début du recueil : « Poesies du Sieur de Sponde » (p. 5-50) :

- « Sonnets » [numérotés I à XXVI].
- « Stances » [« Tel estoit ce bel astre… »].
- « Chanson » [« Comment pensez vous que je vive… »].
- « Chanson » [« Doux objet de mes desirs,… »].
- « Chanson » [« Un bien qu'on desire tant… »].
- « Elegie » [« Vous languissez mes vers,… »].
- « Stances B.D.F. » [« Depuis ce triste jour… »].
- « Sur la mort du B.D.F. Stances » [« Braves enfans de Mars,… »].
- « Stances » [« Ainsi fait le Soleil,… »].
- « Stances » [« Ma belle languissoit… »].
- « Stances » [« N'est ce donc pas assez… »].
- « Sur sa Fievre ».

Indication : « Fin des Amours du sieur de Sponde » (p. 39).

- « Stances de la Mort, faites par le mesme sieur de Sponde ».
- « Autres sonnets sur le mesme subjet par le dit sieur de Sponde » [les douze sonnets sur la Mort].

Suivent les poèmes d'hommage funèbre d'Honoré Laugier de Porchères, p. 51-59 :

- « À Madamoiselle de Sponde, sur la mort de son mary. Sonnet » [« Helas ! que ton mary… »], signé « H. Honoré de Laugier escuyer de Porcheres. »
- « Stances funebres du sieur de Porcheres. Sur la vie, la Mort, et les escrits du feu sieur de Sponde » [« Esprit enfant d'honneur… »].

1599 – *Les Fleurs des plus excellents poetes de ce Temps*. À Paris, Par Nicolas et Pierre Bonfons, au quatriesme pillier de la grand'Salle du Palais, 1599, in-12. Avec Privilège du Roy.

FRA, Paris, BnF, Arsenal [RESERVE 8-BL-9916]. Communication soumise à autorisation.

Folios 69v-73v :

- « Sonnets par le S. de Sponde ».
- « Les vents grondoient en l'Air… » [= sonnet 26].
- « On dit que dans le Ciel… » [= sonnet 22].
- « Je contemplois un jour… » [= sonnet 19].
- « Stances, dudit Sieur » [« Depuis ce triste jour… » = « Stances B.D.F. »].
- « Autres Du Mesme » [« Tel estoit ce bel Astre… »].

Poèmes d'hommage funèbre d'Honoré Laugier de Porchères, f. 125r-129r :

- « Stances Funebres du sieur de Porcheres. Sur la vie, les escrits, et la Mort du feu Sieur de Sponde ».

1599 – *L'Academie des modernes poetes françois, Remplie des plus beaux Vers que ce siecle reserve à la posterité, À M. de Nerveze.* À Paris, Chez Anthoine du Breuil, tenant sa boutique sur les degrez de la grand'salle du Palais, 1599, Avec privilège du Roy [du 19 décembre 1598], in-12.

FRA, Aix-en-Provence, Bibliothèque Méjanes [C.3114]. Fonds patrimoine.
FRA, Bayonne, BM [RES. 141]. Fonds Basque.
FRA, Lyon, BM [801769]. Exemplaire numérisé sur Google livres.
FRA, Paris, BnF, Arsenal [8-BL-9918].
FRA, Versailles, BM [Goujet in 12 103]. « Erreurs de foliotation multiples ; la plupart des feuillets proviennent de volumes différents. »

Folios 37r-57v :

- « Sonnets par le sieur de Sponde » [vingt-six pièces].
- « Stances du mesme Autheur » [« Tel estoit ce bel Astre… »].
- « Elegie du Mesme » [« Vous languissez mes vers,… »].
- « Stances » [« Depuis ce triste jour… » = « Stances B.D.F. »].
- « Autres Stances » [« Ainsi fait le Soleil,… »].
- « Stances » [« Ma Belle languissoit… »].
- « Stances » [« N'est-ce donc pas assez… »].
- « De luy mesme, sur sa Fiebvre ».

Folios 1r-8v (la numérotation recommence à 1 après le f. 120v) :

- « Stances de la Mort par le sieur de Sponde »
- « Sonnets sur le mesme subjet par ledit sieur de Sponde » (douze pièces).

Folios 75r-78v (fin) :

- « Stances du sacré banquet et convive de Jesus Christ, par le sieur de Sponde ».

Poèmes d'hommage funèbre d'Honoré Laugier de Porchères, f. 9r-14v :

- « À Madamoiselle de Sponde, sur la mort de son mary. Sonnet. ».
- « Stances funebres du Sieur de Porcheres. Sur la vie, la mort, et les escrits du feu Sieur de Sponde ».

1599 – *Les Muses francoises ralliées de diverses pars. Dediées à Monsieur le Comte de Soissons.* À Paris, Mathieu Guillemot, au Palais, en la gallerie des prisonniers, 1599, Avec Privilege du Roy [daté du 6 novembre 1598], in-12. Deux parties en un volume.

AUT, Österreichische Nationalbibliothek [BE.6.T. 20 ALT PRUNK]. Numérisé sur Google livres.
FRA, Aix-en-Provence, Bibliothèque Méjanes [C. 3065]. Fonds Patrimoine.
FRA, Guéret, BM [FA/8-16ᵉ/MUS]. Fonds patrimonial.
FRA, Lyon, BM [813143]. Numérisé sur Numelyo.
FRA, Montauban, BM [CEN PROTESTANTISM LIV 45127]. Fonds ancien.
FRA, Nantes, BM [103569]. Fonds Dugas Matisfeux. Premier volume seul.
FRA, Paris, BnF, Tolbiac [YE-11425].
FRA, Paris, BnF, Tolbiac [RES-YE-2738 (1)].
FRA, Toulouse 1, BU Arsenal [Resp Mn 9262/1].

ITA, Biblioteca nazionale centrale – Firenze [FI0098 CFICF].
ITA, Biblioteca Universitaria – Pisa [PI0112, PSIR1].

Première partie : ces poèmes sans nom d'auteur.

- « Autres stances » [« Ma belle languissoit... »], p. 93-94 [+ corrections sur ce poème dans les *errata*].
- « Stances » [« Comment pensez-vous que je vive... »], p. 157-159.
- « Stances » [« Depuis le triste jour... »], p. 215-216.

Deuxième partie (la pagination recommence après la page 320), poèmes d'hommage de Laugier de Porchères, p. 47-57 :

- « Stances funebres du sieur de Porcheres : Sur la vie, la mort, et les escrits du feu sieur de Sponde » (+ corrections dans les *errata*).
- « Sonet du mesme sieur de Porcheres » [« De Sponde ton mal-heur... »].
- « Sonet A M. D. sur la mort de son mary ». Signé « Par le mesme sieur D. P. »

1601 – *Les Fleurs des plus excellents Poetes de ce Temps. Edition troisiesme, augmentée.* À Paris, Par Nicolas et Pierre Bonfons, au quatriesme pillier de la grand'Salle du Palais, 1601. Avec Privilege du Roy [daté du 4 août 1600], in-12.

FRA, Lyon, BM [803864]. Numérisé sur Google livres.
FRA, Orléans, Médiathèque [D1546, Fonds ancien 1]
FRA, Paris, BnF, Tolbiac [YE-11424].
FRA, Versailles, BM [Rés. A 100].

Ce recueil ne contient plus aucune poésie de Sponde, mais conserve l'un des trois poèmes d'hommage funèbre de Porchères : « Stances funebres, sur la vie, la mort et les escrits du feu sieur de Sponde. Du mesme », f 153v-158r.

1603 – *Les Muses r'alliées.* À Paris, Chez Mathieu Guillemot au palais, s. d. [1603], Avec privil[ege] du Roy [daté du 6 nov. 1598], in-12. Titre intérieur : « Les muses francoises, R'alliées de diverses parts. » (f. 1r)

FRA, Lyon, BM [Rés 813001]. Numérisé sur Google livres.
FRA, Paris, BnF, Arsenal [8-BL-9928], [8-BL-9929] et [8-BL-9934].

FRA, Paris, BnF, Tolbiac [RES-YE-2736] et [RES-YE-2737].
FRA, Rouen, BM [0-1669]. Fonds AEIOU.

Première partie, ces poèmes sans nom d'auteur :

- « Plainctes de l'absence. Stances. » [« Comment pensez-vous que je vive... »], f. 93v-94v.
- « Reproches de cruauté. Stances. » [« Depuis le triste jour... »], f. 178v-179r.
- « Miracle d'amour en la guerison d'une Dame mourante. Stances. » [« Ma belle languissoit... »], f. 244v-245r.

Deuxième partie (la pagination recommence après le folio 341 (numérotation erronée f. 330r), les poèmes d'hommage funèbre de Porchères, f. 52v-56v :

- « Stances funebres du sieur de Porcheres : sur la Vie, la Mort, et les escrits du feu sieur de Sponde ».
- « Sonet du mesme sieur de Porcheres. » [« Desponde ton mal-heur... »].
- « Sonet A M. D. sur la mort de son mary ». Signé « Par le mesme sieur D. P. »

1604 – *Premier Recueil de diverses poesies, tant du feu sieur de Sponde, que des sieurs Du Perron, de Bertaud, de Porcheres, et autres non encor imprimées. Recueillies par Raphaël du Petit Val*, À Rouen, De l'Imprimerie Dudit Du Petit Val, Libraire et Imprimeur ordinaire du Roy. 1604. Avec Privilege de Sa Majesté [daté du 4 février 1597], in-12.

FRA, Paris, BnF, Arsenal [RESERVE 8-BL-9926 (1)]. Communication soumise à autorisation.
FRA, Paris, BnF, Tolbiac [RES-YE-2055]. Numérisé sur Gallica.

Contenu et pagination identiques à DP 1599 mais quelques variantes.

1606 – *Les Muses Francoises, R'alliees de diverses parts. Par le sieur Despinelle*, Lyon, Thibaud Ancelin, 1606, in-12.

DEU, Staatliche Bibliothek Ansbach [SB 110/V i 1].
DEU, Pfälzische Landesbibliothek Speyer [MF 275/H2646/H2650].
FRA, Paris, Tolbiac [YE-11426] et [RES-YE-2742].
FRA, Versailles, BM [F.A. in-12 E 569 c]. Fonds A.

- « Plainctes de l'absence. Stances » [« Comment pensez-vous que je vive... »], f. 110r-111r.
- « Reproches de cruauté. Stances » [« Depuis le triste jour... »], f. 206v-207v.
- « Miracle d'amour en la guerison d'une Dame mourante. Stances » [« Ma belle languissoit... »], f. 279v-280v (la foliotation indiquée dans la table est erronée).

Poèmes d'hommage funèbre de Porchères, f. 442r-446v :

- « Stances funebres du sieur de Porcheres. Sur la Vie, la Mort, et les escrits du feu sieur de Sponde »,
- « Sonnet du mesme sieur de Porcheres » [« De Sponde, ton mal-heur fut ta felicité,... »]
- « Sonnet A M. D. sur la mort de son mary ».

1607 – *Le Parnasse des plus excellens poetes de ce temps*, À Paris, Chez Mathieu Guillemot, au Palais, en la gallerie des prisonniers. 1607. In-12. Titre intérieur (f. 1r) : *Le Parnasse des plus excellens Poetes de ce temps : ou, Muses francoises R'alliées de diverses parts.* Titre courant : *Les Muses françoises.*

AUT, Österreichische Nationalbibliothek [BE.6.T. 19]. Exemplaire numérisé.
DEU, Bayerische Staatsbibliothek [P.o.gall.1635]. Exemplaire numérisé sur Google livres.
FRA, Avignon, BM [8° 7685] et [8° 56458]. Fonds patrimoine.
FRA, Caen BM [RES A 1896]. Fonds ancien XVIIe siècle.
FRA, Cahors, Bibliothèque patrimoniale [QY D 935]. Fonds Gary.
FRA, Carpentras, Bibliothèque Inguimbertine [N 168]. Collection Inguimbertine.
FRA, Chantilly, Bibliothèque du château [IV-D-009] et [IV-D-019]. Cabinet des livres.
FRA, Le Mans, Médiathèque Aragon [BL 8* 11430]. Fonds du séminaire.
FRA, Lyon BM [Rés 811818] incomplet, [801771] et [803866].
FRA, Marseilles, BMVR [44569]. Fonds ancien.
FRA, Montpellier, BM [L2219]. Fonds ancien.
FRA, Metz, BM [P 971]. Fonds ancien 2.
FRA, Paris, BnF, Arsenal [8-BL-9912 (1) et (2)].
FRA, Paris, BnF, Richelieu [8-RA3-56].
FRA, Paris, BnF, Tolbiac [RES P-YE-313 (1er vol.)], [Réserve RES P-YE-2709 (tome 1)] et [RES-YE-2739 (tome 2)], [RES-Z-3208 (11)], [RES-YE-3977].
FRA, Rennes, BMVR Rennes Métropole [17662]. Fonds ancien.
FRA, Troyes, Médiathèque de Troyes Champagne métropole [d.g.24382]. Fonds Des Guerrois.

GBR, London, British Library [C.39.b.59]. Tome second.
ITA, Museo internazionale e Biblioteca della musica di Bologna, [BO0310 UBOBM].

Contenu de ce tome premier :

- « Plainctes de l'absence. Stanses » s. n. [« Comment pensez-vous que je vive… »], f. 96 v-97 v.
- « Reproches de cruauté. Stanses » s. n. [« Depuis le triste jour… » = « Stances B.D.F. »], f. 167r-168r.
- « Miracle d'amour en la guerison d'une Dame mourante par Monsieur D'Esponde. Stanses » [« Ma belle languissoit… »], f. 237v-238v.

Fin du premier volume : f. 438r-444v :

- « Hymne à saincte genefvieve », f. 438r-v. Ce poème, qui figure ici pour la première fois, est attribué à Jean de Sponde par l'intitulé des stances qui suivent « par le mesme sieur de Sponde ».
- « Stanses de la Mort faites par le mesme sieur de Sponde » f. 438v-441r.
- « Autres sonnets sur le mesme sujet par ledit sieur de Sponde » (12 pièces) f. 441v-444v.

Poèmes d'hommage funèbre de Laugier de Porchères, f. 361r-365r :

- « Stances funebres du sieur de Porcheres. Sur la vie, la mort, & les escrits du feu Sieur de Sponde ».
- « Sonnet du mesme Sieur de Porcheres » [« Desponde ton malheur fut ta felicité… »].
- « Sonnet A M. D. » [« Helas que ton mary »].

Tome second (sans page de titre) : *Le Parnasse des plus excellens Poetes de ce temps : ou, Muses francoises R'alliées de diverses parts. Second volume*, s. d.. Titre courant : *Les Muses françoises*. Extrait du Privilege du Roy [achevé d'imprimé du « 25 Febvrier 1607 »].

- « Plainctes durant l'absence, Du sieur de Sponde » [« Doux objet de mes desirs… »], f. 129v-130r.

1609 – *Les Muses Francoises R'alliées de diverses parts. Par le sieur Despinelle*, Lyon, Barthelemy Ancelin imprimeur ordinaire du Roy, 1609, in-16.

DEU, Berlin, Staatsbibliothek [8"Xt1109].

DEU, Coburg, Landesbibliothek [C III 5/1a].
DEU, München, Bibliothek der Ludwig-Maximilians-Universität München [1300/M 11 174].
FRA, Dijon, BM [6176].
FRA, Paris, BnF, Arsenal [8-BL-9930].
FRA, Paris, BnF, Tolbiac [YE-11431].

Contenu et foliotation identiques à l'édition Thibaud Ancelin, 1606.

1611 – *Le Temple d'Apollon. Ou nouveau Recueil des plus excellens Vers de ce temps. Second volume.* À Rouen, De l'Imprimerie De Raphael du Petit Val, Libraire et Imprimeur du Roy, devant la grand porte du Palais, 1611, in-12.

AUT, Österreichische Nationalbibliothek [*38.C.73. (vol. 1) et (vol. 2)]. Volumes numérisés.
CHE, Bibliotheque cant. et univ. Lausanne [AZ 7641]. Numérisé sur Google livres.
DEU, Hamburg, Staats- und universitätsbibliothek [A/34697].
FRA, Paris, BnF, Arsenal [8-BL-9965 (1) et (2)]. Volumes 1 et 2.
FRA, Paris, BnF, Tolbiac [RES P-YE-49 (1) et (2)].
FRA, Lyon, BM [803868 (1) et (2)]. Volumes numérisés sur Numelyo et Googles livres.

Réimpression à l'identique de DP 1604.

1611 – *Le Parnasse des plus excellens poetes de ce temps,* tome second, Lyon, Barthelemy Ancelin, s. d. [1611], in-16.

FRA, Paris, BnF, Arsenal [8-BL-9913].
FRA, Paris, BnF, Tolbiac [YE-11430].

Titre intérieur : *Le Parnasse des plus excellens poetes de ce temps : ou Muses Francoises R'alliées de diverses parts. Second volume. Au Roy pour ses estrennes de l'an 1599.* Titre courant : *Les Muses Françoises.*

– « Plainctes durant l'absence. Du sieur de Sponde » [« Doux object de mes desirs… »], f. 110r-v.

1618 – *Le Parnasse des plus excellens poetes de ce temps,* Paris, Matthieu Guillemot, 1618, in-12.

FRA, Orléans, médiathèque [D1419]. Fonds ancien 1.
FRA, Paris, BnF, Arsenal [8-BL-9920 (1)] et [8-BL-9920 (2)] / [8-BL-9921 (2)]. Deux exemplaires disponibles du volume 2.
FRA, Paris, BnF, Tolbiac [YE-11427(Vol. 1)] et [YE-11428 (vol. 2)].
FRA, Paris, BnF, Tolbiac [FB-7135 (vol. 1)] et [FB-7136 (vol. 2)]. Communication exceptionnelle sur demande motivée.
FRA, Versailles [F.A. in-12 E 918 c] et [F.A. in-12 E 919 c].
FRA, Versailles, BM [Rés. Lebaudy in-12 322], [Rés. Lebaudy in-12 321] et [VE204710058801].
GBR, Manchester University [SC6999A]. John Rylands Library ; Special Collections.
GBR, British Library, St Pancras Reading Rooms [C.30.a.24].
ITA, Bagni di Lucca, Biblioteca comunale Adolfo Betti [LU 003] LU AAB.
ITA, Torino, Biblioteca Nazionale Universitaria [TO 0265] BM T01.

Tome premier : contenu et foliotation identiques à 1607 (avec variantes typographiques toutefois).

Tome second : *Le Parnasse. Tome second.* Titre courant : *Muses Francoises.*
[8-BL-9920 (2)] Titre intérieur : *Le Parnasse des plus excellens poetes de temps ou, Muses francoises R'alliées de diverses parts. Second volume.* Titre courant : *Les Muses Francoises.* Extrait du privilège du roi. Achevé d'imprimer le 25 fevrier 1607 [nulle part on ne trouve la date de 1618 dans ce second volume].

– « Reproches de cruauté. Stances » [« Depuis le triste jour… »], f. 178v-179r. Par un défaut de conception, ce poème figure deux fois, dans les tomes 1 et 2, tandis que les « Plainctes durant l'absence… » (tome 2 de 1607) sont omises.

[8-BL-9921] *Le Parnasse, tome second.* À Paris. Chez Mathieu Goulemot, au pallais. Avec privil. du Roy. Titre intérieur : *Le Parnasse des plus excellens poetes de ce temps. ou, Muses francoises R'alliees de diverses parts. Second volume.* [Pas de privilège du roi repris.]

– « Reproches de cruauté. Stances » [« Depuis le triste jour… »], f. 178v-179r.

1618 – *Le Parnasse des plus excellens poetes de ce temps,* À Lyon, Par Barthelemy Ancelin, Imprimeur et libraire ordinaire du Roy, 1618, in-16. Titre intérieur (f. 1r) : *Le Parnasse des plus excellens Poetes de ce temps : ou, Muses francoises R'alliées de diverses parts.* Titre courant : *Les Muses Françoises.*

FRA, Amiens, BM [BL 1599 A (Belles Lettres)].
FRA, Caen, BM [RES A 1194]. Fonds ancien (XVIIe siècle).
FRA, Lyon, BM [803874]. Numérisé sur Numelyo et Google livres.
FRA, Paris, BnF, Tolbiac [YE-11430]. Sans date, tome II.
FRA, Versailles, BM [Rés. Lebaudy in-12 323], [Rés. Lebaudy in-12 324] et [Rés. Lebaudy in-12 323].

Tome premier :

- « Plainctes de l'absence. Stanses » [« Comment pensez-vous que je vive ? »], f. 90r-91r. Sans nom d'auteur.
- « Reproches de cruauté. Stances » [« Depuis le triste jour… » = « Stances B.D.F. »], f. 154r-v. Sans nom d'auteur.
- « Miracle D'amour en la guerison d'une Dame mourante. Par Monsieur D'Esponde. Stances » [« Ma belle languissoit… »], f. 217r-v.

Poèmes d'hommage funèbre de Porchères, f. 328r-331v :

- « Stances funebres du Sieur de Porcheres. Sur la vie, la mort, et les escrits du feu Sieur de Sponde ».
- « Sonnet du Mesme Sieur de Porcheres » [« Desponde ton mal-heur… »].
- « Sonnet A M. D. sur la mort de son mary ». Signé « Par le mesme sieur D. P. »

La section des « Poesies Chrestiennes » contient les poèmes de l'*Essay de Poesmes chrestiens*, f. 397r-399v :

- « Stances de la mort ».
- « Autres Sonnets sur le mesme sujet par ledit sieur de Sponde ».

1619 – *Le Cabinet des Muses : Ou nouveau recueil des plus beaux vers de ce temps*, À Rouen, De l'Imprimerie De David du Petit-Val, Imprimeur et Libraire ordinaire du Roy. 1619, in-12.

AUT, Österreichische Nationalbibliothek [*38.C.70]. Exemplaire numérisé.
BEL, Museum Plantin-Moretus [BH 296].
FRA, Paris, BnF, Arsenal [8-BL-9941] et [RESERVE 8-BL-9942]. Ce dernier soumis à communication.
FRA, Paris, BnF, Richelieu [Rothschild 974], cote topographique [V, 9, 50].
FRA, Paris, BnF, Tolbiac [YE-11439] et [YE-11440].

- « Hymne à sainte Geneviefve » s. n., p. 848-849.

Poèmes d'hommage funèbre de Laugier de Porchères :

- « Sonnet. » [« Desponde ton malheur… »], signé « De Porcheres », p. 452.
- « Stances funebres du Sieur de Porcheres. Sur la vie, la mort, et les escrits de feu sieur de Sponde », p. 627-634.
- « A Madamoiselle de Sponde, sur la mort de son mary. Sonnet. », signé « H. Honoré de Laugier Escuyer de Porcheres », p. 635.

TABLEAU DES POÈMES PUBLIÉS DANS LES RECUEILS COLLECTIFS

Pièce		A 1599	DP 1599 1604 T 1611[2]	F 1599	F 1601	M 1599 à 1609	M 1619	P 1607	P 1611	P 1618
Les Amours										
Sonnets										
I	Si c'est dessus les eaux que la terre est pressée	*	*							
II	Quand je voy les efforts de ce grand Alexandre	*	*							
III	Qui seroit dans les Cieux, & baisseroit sa veuë	*	*							
IV	En vain mille beautez à mes yeux se presentent	*	*							
V	Je meurs, & les soucis qui sortent du martyre	*	*							
VI	Mon Dieu, que je voudrois que ma main fust oisive,	*	*							
VII	Si j'avois comme vous mignardes colombelles	*	*							
VIII	Ce tresor que j'ay pris avecques tant de peine	*	*							
IX	Si tant de maux passez ne m'ont acquis ce bien,	*	*							
X	Je ne bouge non plus qu'un escueil dedans l'onde	*	*							

XI	Tous mes propos jadis ne vous faisoyent instance	*	*							
XII	Mon cœur ne te rends point à ces ennuis d'absence,	*	*							
XIII	Tu disois, Archimede	*	*							
XIV	Quand le vaillant Hector, le grand rampart de Troye,	*	*							
XV	Ceste brave Carthage, un des honneurs du monde	*	*							
XVI	Je prens exemple en toy, courageuse Numance,	*	*							
XVII	Je sens dedans mon ame une guerre civile	*	*							
XVIII	Ne vous estonnez point si mon esprit qui passe	*	*							
XIX	Je contemplois un jour le dormant de ce fleuve	*	*	*						
XX	Les Toscans batailloyent donnant droit dedans Rome	*	*							
XXI	Non, je ne cache point une flamme si belle	*	*							
XXII	On dit que dans le ciel, les diverses images	*	*	*						
XXIII	Il est vray, mon amour estoit sujet au change	*	*							
XXIV	Mon Soleil qui brillez de vos yeux dans mes yeux,	*	*							
XXV	Contemplez hardiment tous ceux qui font coustume	*	*							
XXVI	Les vents grondoyent en l'air	*	*	*						
Chanson										
I	Comment pensez vous que je vive		*			*		*		*
II	Doux objet de mes desirs		*					*	*	
III	Un bien qu'on desire tant		*							

Élégie										
	Vous languissez mes vers	*	*							
Stances										
I	Depuis ce triste jour… [Stances B.D.F.]	*	*	*		*		*		*
II	Braves enfans de Mars [Sur la Mort du B.D.F.]		*							
III	Tel estoit ce bel astre à son entrée au monde	*	*	*						
IV	Ainsi fait le soleil, quand il monte de l'onde	*	*							
V	Ma belle languissoit dans sa funeste couche,	*	*			*		*		*
VI	N'est-ce donc pas assez que je sois tout en flamme	*	*							
Poésies										
Fievre	Que faites-vous dedans mes os	*	*							
Canelle										
Hymne							*	*		
	Essay de quelques poemes chrestiens									
Stances										
Cène	« Stances du sacré banquet »	*								
AP	Vous qui rongez vos cœurs du souvenir des vices									

Mort	Mes yeux ne lancez plus vostre pointe esblouye	*	*					*		*
Sonnets										
I	Mortels qui des mortels avez prins vostre vie	*	*					*		*
II	Mais si faut il mourir et la vie orgueilleuse	*	*					*		*
III	Ha que j'en voy bien peu songer a ceste mort	*	*					*		*
IV	Pour qui tant de travaux ? Pour vous ? de qui l'haleine	*	*					*		*
V	Helas contez vos jours les jours qui sont passez	*	*					*		*
VI	Tout le monde se plainct de la cruelle envie	*	*					*		*
VII	Tandis que dedans l'air un autre air je respire	*	*					*		*
VIII	Voulez vous voir ce traict qui si roide s'eslance	*	*					*		*
IX	Qui sont, qui sont ceux la dont le cœur idolatre	*	*					*		*
X	Mais si mon foible corps qui comme l'eau s'escoule	*	*					*		*
XI	Et quel bien de la mort ? où la vermine ronge	*	*					*		*
XII	Tout s'enfle contre moy tout m'assaut tout me tente	*	*					*		*
Porchères										
Sonnet										
A.M.D.	À Madamoiselle de Sponde, sur la mort de son mary	*	*			*	*	*		*

Stances										
	Stances funebres du Sieur de Porcheres.	*	*	*	*	*	*	*		*
Sonnet										
	De Sponde ton mal-heur					*	*	*		*

COMPOSITION DES RECUEILS

COMPOSITION DU RECUEIL DE *DIVERSES POÉSIES* (1599 ET 1604)

Ce relevé a été établi pour DP 1604 par C. La Charité, 2012, p. 323-324. Nous l'adaptons ici à DP 1599 dont le contenu et la pagination sont identiques ; 20 pièces poétiques, dont 17 signées ou attribuables aux poètes : Jean Bertaut (6 + 1 non signée), Honoré Laugier de Porchères (4), Chollier (2), Pierre de Brach (1), Raoul Cailler (1), Jacques Davy Du Perron (1), François d'Espinay, seigneur de Saint-Luc (1), Mademoiselle de Salètes (1 non signée). Nous ne présentons que les poèmes qui suivent ceux de Sponde, placés en tête.

[Signé H. Honoré de Laugier, escuyer de Porcheres], À Madamoiselle de Sponde sur la mort de son mary : *Helas ! que ton mary fust digne de sa femme* (51)

Stances funebres du sieur de Porcheres. Sur la vie, la Mort, et les escrits du feu sieur de Sponde : *Esprit enfant d'honneur, honneur des bons esprits,* (52-59)

Stances dudit sieur de Porcheres, sur les Cheveux de Madame la Marquise de Monceaux : *Doux chesnons de mon Prince, agreables supplices,* (60-61)

Sonnet, Sur les Yeux de Madame la Marquise de Monceaux, du Sieur de Porcheres : *Ce ne sont pas des yeux, ce sont plustost des Dieux,* (62)

Stances du sieur de Bertault : *Mon esprit honoré de vostre obeissance* (63-64)

Du sieur de Bertaut : *Quand je revis ce que j'ay tant aimé* (64-66)

[Mademoiselle de Salètes] Responce : *Le feu leger qui s'allume et s'estaint* (66-68)

Regrets dudit sieur Bertault, sur la mort du feu Roy : *Ce n'est point pour moy que tu sorts* (69-71)

Stances sur le depart de Madame s'en allant de Bordeaux, du sieur de Brach : *Garonne, Lot, et Tar, orgueilleuses rivieres,* (71-72)

Stances dudit sieur de Bertault : *Des maux si desplorables* (73-74)

De luy mesme : *Helas ! que me sert-il d'aimer si l'on ne m'aime* (74)

Du sieur Callier : *Auprès des beaux yeux de Philis* (75-76)

Stances du sieur Du Perron : *Puis qu'il faut desormais que j'estaigne ma flame* (76-78)

Incertain : *Si l'amour est un Dieu, d'un Dieu il ne sort rien* (78-81)

[Jean Bertaut], Paraphrase du CXLIII. Pseau[me] de David : *Beni soit le Seigneur le grand Dieu des armées* (81-85)

Vers de Monsieur de S. Luc, sur les cheveux de sa femme morte : *Doux cheveux, mes liens, l'ornement et parure* (85)

Responce : *Un ciseau impiteux d'acier trenchant et roide* (85-86)

Incertain : *Un amant qui s'embrase aux beaux yeux d'une Dame* (86-91)

[signé Chollier], Stances d'un Gentil-homme de Dauphiné, qui donna le bonjour à sa Maistresse, au lever du Soleil : *Ame de l'univers, claire lampe du jour* (91-94)

Sonnet dudit Chollier : *Adieu mes chers pensers, adieu donc ma Rosine,* (95).

COMPOSITION D'*ACADÉMIE* 1599

1599 – *L'Academie des modernes poetes françois remplie des plus beaux Vers que ce siecle reserve à la postérité,* Paris, Anthoine du Breuil, 1599, avec privilège du Roy, in-12.

L'Amour philosophe (long poème) (f. 1r)

Le Zodiaque amoureux. Par M. Durant. Stances. (f. 13v).

Les Loix d'amitié. Par le jeune Beroalde. (f. 18r).

Stances du Sieur de Porcheres, sur les cheveux de Madame la Marquise de Monceaux. (f. 20r).

Sonnet, Sur les yeux de Madame la Marquise de Monceaux, du sieur de Porcheres. (f. 21v).

Stances par le Sieur du Perron, *Quand je voy vos beaux yeux, doux feux de mes desirs* (f. 22r).

Encore du Sieur du Perron, sur les yeux de Madame la Marquise de Monceaux. (f. 23r).

Stances Dudit Sieur du Perron : *Puis qu'il faut desormais que j'estaigne ma flamme* » (f. 24r).

Encores du Perron : *Penser de qui l'amour nourrist ma passion* (f. 25v).

Stances : *Elle juroit ses yeux qui pour feindre des peines* (f. 26v).

Stances du Sieur de Bertaud : *Elle l'avoit bien dit que ses main larronnesses* (f. 27r).

De luy-mesme : *Si faut-il à la fin apprendre à mon malheur* (f. 29v).

Autres stances du-dit Sieur Bertaud : *Je ne m'estonne point de son amour volage* (f. 30v).

Encores du mesme : *Au bord tristement doux des eaux je me retire* (f. 31v).

Stances du Sieur de Bertauld (*sic*) : *Mon esprit honoré de vostre obeissance* (f. 31v).

Encores de luy-mesme : *Quand je revis ce que j'ay tant aimé* (f. 33r).
Responce : *Le feu leger qui s'alume et s'esteint* (f. 34r).
Stances dudit Sieur de Bertaud : *Des maux si deplorables / M'accablent dessous eux* (f. 35v).
Encores de luy-même : *Helas ! que me sert-il d'aimer si l'on ne m'aime* (f. 36r).
Sonnets par le Sieur de Sponde (f. 37r). Numérotés de I à XXVI (f. 46r)
Stances du mesme autheur : *Tel estoit ce bel Astre à son entrée au monde* (f. 46r).
Elegie du mesme : *Vous languissez mes vers* (f. 48r)
Stances : *Depuis ce triste jour* (f. 52r).
Autres stances : *Ainsi fait le Soleil* (f. 53r).
Stances : *Ma Belle languissoit* (f. 54r).
Stances : *N'est-ce donc pas assez* (f. 55v).
De luy-mesme, sur sa fiebvre : *Que faites-vous dedans mes os* (f. 56v).
La Divinité du procès par M. Passerat : *Je veux parler de Dieu, mais non à main armée* (f. 57v).
Metamorphose de l'homme en Coqu. Encores du Sieur Passerat (f. 62r).
Epistre d'Helene à Paris, imitée d'Ovide (f. 65r).
Sonnets du Sieur A. Bouteroue numérotés I à XII (f. 74r).
Elegie du mesme autheur : *Vostre juste desdain pourra-t'il bien permettre* (f. 78r).
Stances de luy-mesme : *Ce seroit violer la gloire coustumiere / De vos yeux, aussi prompts à blesser comme à voir* (f. 80r).
Le Papillon, Encores de luy-mesme (f. 81r).
Les Larmes du Sieur de la Goutte : *Amour, qui me blessant d'une fleche immortelle* (f. 83r).
Encores du Sieur de la Goutte, Sonnet : *Amour, l'un de ces jours, admirant en ma belle* (f. 85r).
Stances du Sieur de la Roque : *Ce ne fut point Amour…* numérotées I à V (f. 85v).
Chanson : *Je vous avois juré, Madame* (f. 90r).
Stances d'une faveur Grise (f. 91r).
Vœu du Sieur Des-Portes. Sonnet : *Je me veux rendre Hermite, et faire penitence* (f. 92v).
Response par M. Passerat. Sonnet : *Vous voulez estre Hermite, Hermite allez vous rendre* (f. 93r).
Stances pour la Magdelene, par le jeune Beroalde : *Autrefois que l'amour courant de veine en veine* (sur Madeleine repentante) (f. 93v).

SECONDE PARTIE DU RECUEIL : *Recueil de diverses poesies, tant des Autheurs nommez, qu'incertains.* (f. 95r).

Stances en faveur des Femmes, contre les Filles (f. 95r).

Responce des filles aux femmes. Stances : *Je suis d'accord qu'Amour est une Deité* (f. 98r).

Incertain : *La nuict s'est escoulée, et l'Aube matiniere* (f. 100r).

Stances par le Sieur de Pont-Aimery : *J'ay senty du malheur les plus rudes atteintes* (f. 101r). Plaintes sur la mort de l'aimée.

Sur le depart de Madame, s'en allant de Bordeaux, par le Sieur de Brach. Stances (f. 102r).

Du Sieur Callier : *Auprès des beaux yeux de Phillis* (f. 103r).

Complainte pour une Dame, par M. Motin : *Qui retarde tes pas enserrez d'une chaine, / Sans à moy revenir, infidelle trompeur* (f. 103v).

Vers de M. de Sainct Luc, sur les cheveux de sa femme morte (f. 105r).

Response : *Un impiteux ciseau d'acier, trenchant et roide* (f. 105v).

Stances. numérotées I à IV (sur l'amour) (f. 106r).

Chanson : *O d'Amant estrange fortune !* (f. 111v).

Stances : *Enfin ce cœur épris d'une flame si saincte* (Stances sur un amant inconstant) (f. 112r).

Responce (f. 112v).

Vers du Sieur Ferron. Dialogue [entre l'Amant et l'Amante] (f. 113r).

Complainctes. Encores du mesme (f. 114v).

Chanson : *Je ne veux plus rien voir* (chant du désespéré après la perte de la dame : « Mon soleil est perdu ») (f. 115r).

Complaincte. Encores du mesme : *Helas elle s'en va* (f. 115v).

Sonnet : *Où sont les doux attraicts qui m'ont l'ame ravie ?* (f. 117r).

Response : *La crainte et la pitié combattent bien mon ame* (f. 117v).

L'Ame : *Helas voyez mon corps, sans esprit et sans jour* (Adieu à la Dame) (f. 118r).

Response : *Souspirs qu'interrompez [sic] les plaincts de mon malheur* (f. 118v).

Sonnet au Sieur Ferron : *Je suis l'astre qui voit toute la terre et l'onde* (poème d'amour) (f. 119v).

Sonnet : *Belle par qui l'amour tout ame peult saisir* (f. 120r).

Definition de l'Amour. Sonnet Chrestien : « Platon peinct deux amours inegaux en essence » (f. 120v).

Stances de la mort par le Sieur de Sponde (f. 1r). La numérotation recommence ici.

Sonnets sur le mesme subjet par ledit Sieur de Sponde (f. 4v). Numérotés I à XII.

À Madamoiselle de Sponde, sur la mort de son mary. Sonnet (f. 9r). Signé « Honoré de Laugier Escuyer de Porchères ».

Stances funebres du Sieur de Porcheres. Sur la vie, la mort, et les escrits du feu Sieur de Sponde. (f. 9v).

Regret du Sieur Bertaud, sur la mort du feu Roy (f. 15r).

Discours sur le tres-pas de Monsieur de Ronsard. Encores du Sieur Bertaud (f. 17r).

Stances sur le trespas de Ronsard. Par R. Estienne (f. 27r).

Sur l'epitaphe de Ronsard faict par luy mesme (f. 30v).

Stances sur la mort de Madame la Connestable (f. 31r).

Stances à Madamoiselle M. M. sur la mort d'un sien serviteur, qu'elle a seulement aimé depuis son deceds. Par le Sieur Bouteroue (f. 32v).

Stances sur la mort de M. L. C. Encores du mesme (f. 33v).

Dialogue sur le tombeau du Capitaine Ernandilles, qui commandoit dans la ville d'Amiens par luy surprise (f. 34v).

Cantique du Sieur B. sur la Victoire obtenue par le Roy, à Eury, le 14. jour de Mars, 1590 (f. 36v).

Discours du sieur Du Perron, sur la blessure du Roy, par le parricide attentat de Jean Chastel Escolier des Jesuistes à Paris, le 27. de Decembre 1594 (f. 47v).

Exaudiat te Dominus in die tribulationis, etc. Psalme 19. Dedié au Roy, par Monsieur du Perron (f. 52v).

Benedic anima mea Domino, etc. Pseaume 103. Du mesme (f. 54r).

Super flumina Babilonis, etc. Pseaume 136. Du mesme (f. 57v).

Paraphrase du sieur de Bertaud, sur le Psalme 6. *Domine ne in furore tuo arguas me*, etc. (f. 59r).

Cantique sur la nativité de nostre Seigneur. Encores du mesme (f. 60v).

Cantique de la vierge Marie. Encores du mesme (f. 63r).

Stances chrestienne[s] (f. 65r).

Les Larmes de Sainct Pierre, imitée de M. Loys Tansille, Gentilhomme Italien. Et dediées au Roy par le Sieur de Malerbe (f. 66v).

Sonnet sur les larmes de Sainct Pierre (f. 74r).

Quatrain (signé Sainct Sixt) (f. 74v).

Stances du sacré banquet et convive de Jesus Christ, par le sieur de Sponde (f. 75r) Termine le recueil.

STANCES.

Incertain.

À des fins de comparaison et pour mieux comprendre l'inscription de poèmes de Sponde dans des sections de poésie mondaine, nous proposons ci-dessous l'exemple de stances publiées à la suite de celles de Sponde dans le recueil M 1599 (p. 159-161).

Las ! ce n'est point pour moy, Soleil, que tes beaux rais
Font revoir tous les jours leur clarté coustumiere :
Car absent des beaux yeux, dont j'adore les traicts,
Mon ame est sans plaisir, et mes yeux sans lumiere.

Mon esprit forcené d'un mal continuel,
Et mon corps ja seiché du tourment qui le tuë,
Doivent bien blasphemer contre le Ciel cruel,
Qui m'a si tost caché l'honneur de vostre veuë.

De voz astres luisans le jour tant souhaité
N'estoit à peine esclos, quand le fascheux nuage
D'un devoir ennemy m'en osta la clarté,
Brouillant mon clair Midy de tenebre et d'orage.

Mais mon cœur allumé d'un flambeau tout divin
Ne peut voir son Amour esteincte par l'absence :
Car le finy tousjours est subject à sa fin,
Où sur l'Eternité le temps n'a point puissance.

Mon cœur par ce despart percé de mille traicts
Est tousjours froid ou chaud en fiévre continuë
Et comme il n'est heureux qu'au beau jour de voz rais,
Il n'a point de douleur que loing de vostre veuë.

Aussi sont voz regards amoureusement doux,
Qui de leur belle flamme entretiennent mon ame,

Je suis un homme mort, quand je suis loing de vous,
Et je deviens vivant, quand je vous voy, Madame.

Je dois donc ardemment desirer qu'un retour
Me remonstre voz yeux, où mon ame est captive :
Car comme du Soleil le monde prend son jour,
Je ne reçoy que d'eux ma lumiere plus vive.

Mais je me trompe bien quand je dis que vostre œil
Est l'Astre dont ma vie est çà bas allumée ;
Las ! c'est le Basilic qui la meine au cercueil
Du moindre des regards, dont nostre ame est charmée.

Non, vous estes le jour le plus beau de mes yeux,
Et le luisant flambeau de mon Amour fidelle,
Où mon cœur allumé je brusle audacieux,
Comme le papillon se brusle à la chandelle.

Or, bien que voz beaux yeux augmentent mon ardeur,
Quand je voy les esclairs de leur flamme luisante,
Mon cœur a bien subject de cherir sa douleur :
Car d'un feu si parfaict la cendre est bien plaisante.

Ne verray-je jamais que ces flambeaux d'Amour
Eschauffent vostre cœur à ceste mesme braise,
Dont ils vont consommant mon esprit nuict et jour
Avec bien peu d'espoir, et beaucoup de mal-aise ?

Si ce bien desiré peut m'arriver, ô Dieux,
Vous n'aurez point de pair au bon-heur de ma vie :
Car vostre Paradis, et tous les biens des Cieux
Ne seroyent rien au prix du plaisir que j'envie.

Mais bien que dedans l'air je seme mes souhaits[1],
Indigne des faveurs dont le penser m'anime,
Je benis voz beautez, et veux que pour jamais
Mon cœur sur leur autel vous soit saincte victime.

---

1 *Cf.* SM7, v. 1 : « Tandis que dedans l'air un autre air je respire ».

REMARQUES DE VERSIFICATION

Lire les poésies de Jean de Sponde nécessite quelques connaissances des principes de versification de l'époque. Nous citerons Thomas Sébillet, *Art poétique français* (1548) [désormais *APF*] et Pierre de Ronsard, *Abrégé de l'art poétique français* (1565) [désormais *AAPF*] d'après *Traités de poétique et de rhétorique de la Renaissance*, éd. F. Goyet, Paris, Le Livre de poche, 1990.

LES CONSONNES FINALES

La plupart des consonnes finales (y compris désinentielles : *-s, -nt...*) ne se prononcent plus dès le Moyen Âge. Elles se conservent toutefois, au XVIe siècle, dans un texte versifié, à la pause, c'est-à-dire à la césure et à la rime. Il est donc important de bien distinguer les rimes avec ou sans consonne finale, qui ne sonnent pas de la même façon à l'époque, là où la prononciation moderne estompe cette différence. Ainsi *cachez/Pechez* (AP, 15-16) est une rime en [ʃes] et *envenimé/allumé* une rime en [me].

Dans le cas de trois consonnes finales, la pénultième est généralement amuïe (non prononcée) et seule la finale sonne. En SM1 par exemple, les rimes B et E présentent une modulation en [ɔʀ], mais la rime B est en [ɔʀs] (ex. *Corps/thresors*, v. 2-3 ou *morts/remors*, v. 6-7), tandis que la rime E est en [ɔʀt] (ex. *tort/mort*, v. 12-13). Les poètes peuvent toutefois appliquer des licences, comme *monts/fond* (Am, F, 22-23) où la rime sonne à l'époque [ɔ̃t] avec, par licence, la pénultième de *monts* sonore et le *s* désinentiel amuï, la prononciation moderne éludant cette difficulté).

Dans le cas des rimes en *-er*, dites « normandes », le *e* pénultième se prononce fermé [e] jusque vers 1550, date à laquelle il évolue vers une prononciation ouverte [ɛ] devant une consonne finale (*nef, cher, sec*) ou une syllabe féminine (*collegue*), sauf dans les infinitifs en *-er* et les noms en *-ere* (*pere, mere*) ou *-ege* (*sortilege*) qui évoluent vers un *e* ouvert, respectivement à la fin du XVIIe siècle et vers la Révolution. La prononciation fermée se maintient toutefois en Normandie. Une rime comme *mer/aimer* commence à poser problème à partir du moment où les deux mots ne se prononcent plus de la même façon (le *e* de *mer* s'ouvrant après 1550, tandis qu'il reste fermé dans *aimer*). Par commodité, les poètes maintiennent encore des rimes en [e] durant tout le XVIIe siècle, malgré les critiques des métriciens, qui les appellent « rimes normandes » dans la mesure où elles se fondent sur une prononciation fermée qui se maintient en Normandie. D'où cette rime B en [meʀ] : *mer/escumer* ou *allumer/aimer* (Am S19, 2-3 et 6-7), avec *e* fermé et consonne finale sonore.

LE *E* CADUC

Le e caduc final en interne (intérieur au vers) se prononce à demi-son [ə] devant initiale consonantique, y compris quand il suit une voyelle et constitue alors une syllabe à lui seul. En 1565, Ronsard [*AAPF*, p. 478] déconseille la présence d'un *e* « féminin » interne non élidé faisant syllabe seul (*Ené-e, épé-e*). L'on en trouve toutefois plusieurs occurrences chez Sponde : *Vostre vie s'allume, et ce vivant flambeau,* (AP, 99) ; *Rendra de ce combat l'issuë perilleuse,* (StM, 38). Après un yod, la prononciation avec *e* amuï (muet) est répandue au XVIe siècle et elle deviendra régulière au XVIIe siècle, mais elle coexiste encore durant tout le siècle avec une prononciation archaïque, attestée en poésie, où le *e* se prononce [ə] en formant syllabe avec un yod d'appui [jə] (comme aujourd'hui dans *paye*). Ainsi *joye* se prononcera en deux syllabes : *Et produira bien tost la joye dans tes plainctes* (AP, 41). Cette règle ne concerne pas les terminaisons verbales de l'imparfait et du conditionnel (qui se prononcent [wa]) : Et *tous les poincts du jour forçoyent leurs actions* (Am, St1, 53-54), d'où une diérèse nécessaire pour *acti-ons.*

Le *e* caduc final à la rime est prononcé à demi-son. Il allonge donc le vers féminin d'une syllabe qui ne compte pas, l'alexandrin masculin a ainsi 12 syllabes et le féminin 13 (la syllabe féminine fait le vers « plus long d'une syllabe n'étant pour rien comptée » (Sébillet, *APF*, p. 69). La prononciation moderne masque cette alternance des rimes comme des genres : *journée/desordonnée* (rime F) / *attaché/peché* (rime M) en StC, 31-36 ; *bannit/punit/envie/vie* (AP, 31-34) avec rime M en [nit] et rime F en [viə].

PRONONCIATION DU DIGRAMME *EU*

La prononciation du digramme *eu* hésite entre [ø] et [y] selon les régions. Les poètes, quelle que soit leur région et jusqu'à la fin du XVIIe siècle, s'accommodent de cette hésitation qui facilite la rime. Ils peuvent harmoniser les graphies : *veux/neveux/despourveus/cheveux* (Am, S16, rime B) ou laisser au lecteur le soin d'harmoniser les deux termes : *toffu/feu* (StM, 27 et 30) à harmoniser en [fø] ou [fy].

DIÉRÈSE ET SYNÉRÈSE

Le groupe *-rier* ou *-lier* se scande en synérèse jusqu'au XVIIe siècle, date à laquelle se met en place la diction moderne : *Seray-je son meurtrier, seray-je son tombeau ?* (StC, 63) ; *Que d'un bouclier de verre, et d'un bras de roseau :* (StM, 57). Dans les autres cas, la diérèse est acceptée pour les besoins du vers : *De se sacrifi-er à l'autel des beautez,* (Am, S25, 2).

À l'époque, *eau* constitue un trigramme diphtongué [əo] (comme *no* en anglais) qui se réduit à [o] dans la seconde partie du siècle (*sceau, seau*). Cette réduction « s'étend parfois par analogie à *fléau*, mais non pas à *préau*[1] », d'où la prononciation [flo] : *Voyez combien de fleaux il avoit destinez* (AP, 23).

1 Georges Lote, *Histoire du vers français*. Tome VI : Deuxième partie : *Le XVIe et les XVIIe siècles. III. Les genres poétiques ; les vers et la langue ; la réforme de la déclamation dans la seconde moitié du XVIIe siècle*, Aix-en-Provence, Presses universitaires de Provence, p. 164.

RICHESSE DE LA RIME

Thomas Sébillet (*APF*, p. 77-80) décrit un système exigeant (fondé sur les syllabes et non sur les simples phonèmes), de cinq degrés de rime, dont les deux premiers sont valorisés.

1. Rime « équivoque » de deux syllabes ou plus avec équivoque : *deslie/d'Elie* (SM11, 11 et 14)
2. Rime « riche » de deux syllabes ou plus sans équivoque : *abandon-né/don-né* (AP, 27-28), *nourri-tu-re/pas-tu-re* (StC, 4-5). Le *e* finale faisant syllabe seul n'est accepté que s'il y a deux syllabes pleines qui riment par ailleurs : *nu-e/ve-nu-e* (StC, 145-146) ne serait donc pas acceptée par Sébillet.
3. Rime d'une syllabe et demie : *man-ger/estran-ger* (StC, 51 et 54). La finale féminine est acceptée : *mortel-le/appel-le* (StC, 1-2), sauf si elle est réduite au *e* féminin.
4. Rime d'une syllabe, acceptée uniquement avec une terminaison masculine : *attaché/péché* (StC, 33 et 36).
5. Rime d'une demi-syllabe, acceptée uniquement avec une finale masculine : *pain/faim* (StC, 3 et 6).

Conformément aux usages poétiques de l'époque, Sponde tisse, en outre, volontiers un jeu d'assonances entre ses rimes.

POÉSIES DE JEAN DE SPONDE

ESSAY
DE QUELQUES POEMES CHRESTIENS

STANCES DE LA CENE[1]

Mon Ame, esveille toy de ta couche mortelle,
Ce jourd'huy ton Sauveur à son banquet t'appelle,
Où luy mesme doit estre et ton vin et ton pain,
Ce pere nourricier sera ta nourriture,
Pren son sang pour bruvage, et sa chair pour pasture,
Tu n'auras jamais soif, tu n'auras jamais faim.

Mais despouille plustost ces vieux haillons de vices,
Pren ton habit entier, ta robe de delices,
Et pour un jour si sainct, ceins toy de sainctеté.
Cest innocent Agneau te demande innocence :
Si pour la luy donner tu n'as point de puissance,
Mon Ame, il te demande au moins la volonté.

1 A 1599 : *Stances du sacré banquet et convive de Jesus Christ, par le sieur de Sponde.* Ce recueil est le seul à proposer ce poème (en le dotant d'un nouveau titre).

C'est ceste volonté, mon Ame, qu'il faut prendre,
D'où soudain le desir de bien faire s'engendre,
Et le desir conçoit les desseings plus parfaicts,
Les desseings à la fin aux effects se conduisent.
Toutesfois rien de toy : C'est les Cieux qui produisent
Ce vouloir, ce desir, ces desseins, ces effaictz.

Esleve donc aux Cieux, mon Ame, ta pensée,
Trop long temps au bourbier de ce monde enfoncée :
Celeste, dans les Cieux leve toy, guinde toy :
Acquiers toy ce beau jour un si bel advantage,
Et monstre que tu sçais nourrir dans ton courage
D'une humble repentance une sublime foy.

Sublime foy de qui le pied la pouldre frappe,
Et brisant les cordeaux de ce Monde, s'eschappe
Dans l'azyle des Cieux où gist sa seureté,
Tandis que ceste chair nagueres indomptable,
Craignant le doux abord de ceste saincte Table,
Et se dompte, et s'asseure en son humilité.

Hé, qu'estoit ce de toy devant ceste journée
Ame pleine d'ordure, Ame desordonnée,
Où le mal sans le bien s'est tousjours attaché ?
Mais ce jourd'huy, mon Ame, où Dieu mesme s'avance
D'entrer dedans toymesme, Entre en ta conscience,
Tu verras ton salut si tu vois ton peché.

Mon Ame, couvre toi du sac et de la cendre,
Fay l'orgueil relevé de tes sourcilz descendre,
Pleure sur tes forfaictz, source de tes malheurs.
Ta foy s'allumera dans ces cendres estainctes,
Et produira bien tost la joye dans tes plainctes,
La gloire en ton rabbaiz, et le ris en tes pleurs.

Joye d'aller au Ciel, gloire de s'y voir estre,
Ris de voir les rayons esclatans de son Maistre,
Et les vivants thresors qu'il garde pour les siens.
Pren donc, mon Ame, pren de la foy la saincte aisle,
Et volant aujourd'huy vers l'Essence eternelle,
Vuyde toy de tes maux, et t'emply de ses biens.

Embrasse estroictement ce Corps brillant de gloire,
Embrasse le, mon Ame, et à force de croire
Mange le tout entier, comme tu doibs manger,
Hume ce sang vermeil respandu de ses veines,
Et remporte du Ciel des espreuves certaines,
Que j'en suis domesticque et non pas estranger.

Or cependant qu'au Ciel ceste double substance
Saoule l'avidité de ta ferme asseurance,
Avec le fruict entier de ce sainct Sacrement :
Icy mon foible corps beaucoup moins que toy digne,
N'en prend visiblement que le visible signe,
Mais il prend tout par toy comme invisiblement[2].

2 A 1599 : cette strophe est absente (v. 55-60).

Mais helas ! mon Sauveur, Mais quoy ? faut il encore
Que je mange ce corps, ce S[aint] corps que j'adore ?
Seray-je son meurtrier, seray-je son tombeau ?
Ou bien ce corps mangé retiendrat-il sa vie ?
Esprit de verité, pour brider mon envie,
Sille mes yeux ouverts d'un modeste bandeau.

Tu veux, et je le scay, que ta simple parolle
Soit toute la raison qu'on cerche en ton eschole,
Cest immobile appuy soustient ta verité.
Pardonne moy pourtant si je l'ose entreprendre,
Le regret d'ignorer, et le desir d'apprendre,
Donneront couverture à ma temerité.

Il me suffit, ô Dieu, que mon insuffisance
N'arreste point le cours de ta beneficence,
Tu sçais comme tu donne[3], et moy comme je pren :
C'est jusques où s'estend l'effort de ma foiblesse,
Mais, Seigneur, pour ne perdre en moy ceste largesse
Fay la moy prendre mieux que je ne la compren.

Ha ! que je suis heureux de sentir en mon Ame,
Les savoureux effects du zele qui l'enflamme,
Je sens, mon Dieu, je sens ces effects savoureux.
Je te prens Hommedieu, Hommedieu je te mange,
Et te mangeant je sens que je fays un eschange,
Du fiel amer du monde au miel des bienheureux.

3 *Sic. Idem* en A 1599.

Prophane, eslogne toy d'un si sacré mystere,
Mais, ô vous, qui des saincts portez le charactere
Venez avecques moy, Mignons, dans ce sainct lieu,
Vous espoints du desir d'une eternelle vie,
Beuvez tous ce Nectar, mangez ceste Ambrosie,
Nul ne vit qui ne vit en la table de Dieu.

C'est ores, mon Sauveur, qu'il me vient en memoire,
À quel pris tu gaignas ceste belle victoire,
Qui des torrents d'Enfer nous tira dans le port :
Il te faillut helas ! mon Dieu, cercher toymesme
À noz extremes maux, ce seul remede extreme,
Et toymesme mourir pour meurtrir nostre mort.

Le Ciel fermé pour nous s'enflammoit de cholere
Pour le premier peché de nostre premier pere,
Elle croissoit en luy comme le vice en nous :
De ces feux s'allumoient les feux de la vengeance :
Si tu n'eusses esteinct des eaux de ta clemence,
Les feux de la vengeance, et les feux du courroux.

Sainct ouvrier tu ne peux voir perir ton ouvrage,
Noz forfaicts qui du Pere animoient le courage,
Animerent le Fils d'un doux vent d'amitié :
Vous sentistes tous deux deux passions contraires,
Le Pere en noz pechez, le Fils en noz miseres,
Le Pere la rigueur, et le Fils la pitié.

Tu prins nostre party, et te rendis en somme,
Pour ravir au danger tous les hommes, un homme,
Et chargeas leurs pechez toymesme sans peché,
Alors pour nous aymer, Dieu te prit comme en hayne,
Et pour nous soulager, te donnant nostre peine,
Le vaisseau de son ire en toy fut espanché.

Tu sentis les effrois de son aspre disgrace,
Quand les grumeaux de sang ondoyoient[4] sur ta face,
Quand l'Ange serenoit ton courage troublé,
Quand t'efforçeant encor de prendre un subterfuge,
Qui te fist eschaper les rigueurs de ton Juge,
Tu fus, sinon vaincu, pour le moins esbranlé.

Mais esbranslé deslors, et vaincu davantage,
Quand les cloux en la croix blémissoient ton visage,
Quand le fer de ton flanc tiroit le sang et l'eau :
Tu fus, dy-je, pour lors vaincu de ton martyre,
Dieu te quicta luymesme en l'ardeur de son ire,
Et tu t'allas cacher jusques dans le tombeau.

Tu fus jusqu'aux Enfers. Merveilleuses justices !
Nous avions par noz maux merité ces supplices,
Et tu les eus, Seigneur, sans l'avoir merité.
Mais, helas ! Il failloit pour trouver la clemence
Dedans l'ire de Dieu, qu'il trouvast l'innocence
Où son ire devoit punir l'iniquité.

---

4 A 1599 : *ondoyent* [coquille].

Ainsi pour avoir pris le fardeau de noz crimes,
La Mort pour t'engloutir entrouvrit ses abysmes,
Mais puis ton innocence engloutit ceste Mort,
Deux jours tu fus plus foible, et la Mort fut plus forte,
Mais le tiers tu reprins tes esprits de la sorte,
Qu'elle fut la plus foible, et tu fus le plus fort.

Tu despouillas ta honte, et revestis ta gloire,
Tu t'en allas vaincu, tu revins en victoire,
Les maux qui t'oppressoyent te tournerent le dos,
Des Enfers, de la Mort, la puissance estouffée,
Après tous tes combats leur servit de trophée,
Et le Ciel à la fin leur servit de repos.

Dans ce Ciel, mon Sauveur, où t'emporta la nue,
Et d'où nous attendons ta seconde venue,
Tu te sieds glorieux à la dextre de Dieu.
Homme-Dieu tu fais là ta demeure certaine,
Mais ta Divinité en tous lieux se demeine,
Et ton Humanité ne se tient qu'en un lieu.

Mais pourtant tu ne veux qu'elle s'y tienne oysive,
Ains qu'un chacun de nous pour vivre avec toy, vive
De ceste Humanité qui ne peut plus perir,
Ta mort fust nostre mort, ta vie est nostre[5] vie,
Puisqu'elle est de ta chair et de ton sang nourrie :
Vivant ainsi, Seigneur, craindrons nous de mourir ?

---

5 1588 *nestre* : nous corrigeons en *nostre.*

AUTRE POEME SUR LE MESME SUBJECT

Vous qui rongez voz cœurs du souvenir des vices,
Qui fremissez au vent des celestes justices,
Hé ! ne prenez vous point les aisles de la peur,
Pour fuir vostre Juge armé de sa fureur ?
Cerchez-vous point l'horreur des eternels ombrages,
Les deserts esloignez, l'espaisseur des boscages,
Où son œil vif, son pied de foudre, et son bras fort,
Ne vous voye, vous suyve, et vous frappe à la mort ?
Hé, ne criez-vous point, Tombez sur nous montagnes,
Et pour nous abysmer, abysmez-vous campagnes,
Voz fardeaux nous seront plus legers que ses coups,
Et voz gouffres encor plus beaux que son courroux ?
Vous, dis-je, qui bandez voz yeux à ses lumieres,
Qui mesprisez le Ciel aupris de voz tannieres,
Où son Soleil jamais ne frappe, où vous cachez
Les monstres effrontez qu'avortent voz Pechez,
Sentez-vous point, helas ! du martyre en voz Ames,
Quand le Ciel pour l'Enfer contre vous prend ses flammes,
Quand pour le Ciel encor l'Enfer envenimé,
S'est à l'envy du Ciel contre vous allumé ?
Oyez comme tout bruict du bruict de ces vengeances
Que ce juge effroyable appreste à voz offences,
Voyez combien de fleaux il avoit destinez
À l'indomptable humeur de voz cœurs obstinez.
La crainte or' vous saisist, mais le mal vous talonne :
Desloyaux, à ce jour le Ciel vous abandonne,

Ainsi que vous l'aviez vous mesme abandonné,
Qui s'ennuyant du temps qu'il vous avoit donné,
Pour revenir à vous, et de vous à luymesme,
Aiguise les rigueurs de sa justice extreme.
Las ! vous l'aviez banni, ores il vous bannit,
Et pour avantcoureur de son ire il punit
Voz cœurs d'un desespoir, qui vous coupe l'envie,
Ainsi que le chemin, d'une plus belle vie.
    Mais vous, simples Agneaux, qui n'estes point trouvez
Dans le puant bercail de ces boucs reprouvez,
Qui des iniquitez secouëz le servage,
Oyez, sentez, prenez, la voix, la main, l'herbage,
Dont le Ciel vous semond, vous reçoit, vous nourrit :
Et relaschant au moins ce jourd'huy vostre Esprit,
De ce nœud de la chair, et du sang qui le gene,
Faites que cest Esprit franchement se pourmene,
Dans le celeste Eden, où il soule à plaisir,
Son oreille, son sens, son affamé desir.
    Agneaux, Je parle à vous qui passez vostre vie
Avec vostre Berger dedans sa Bergerie,
D'où depuis vostre entrée, onques ne vous chalust
De sortir pour cercher ailleurs vostre Salut.
Vous qui ne portez point, comme les hypocrites,
Diverses mœurs au cœur, et sur le front escrites,
À qui du sang, du vol, et des lascifs excez,
Les tesmoins recollez ne font point le procez,
Vous qui ne sentez point le ver des consciences,
Vous de qui les ramparts sont bastis d'innocences,
Bref, vous qui n'avez point le cœur au mal distraict

Et quand il vous eschappe au moins il vous desplaist :
C'est à vous que je parle à qui l'honneur supreme
Proprement appartient d'estre le Temple mesme
Où Dieu fait son sejour, Vous l'heritage exquis
Qu'il s'est hors de la mort avec sa mort acquis.
Ce Dieu qui fait trembler dans les horribles peines
Dont il comble le mal, les Ames plus hautaines,
Cestuy-là, mes Amis, estançonne aujourd'huy
Vos Esprits esbranlés, du roc de son appuy.
Il vient à vous, mais vous venez à son Eschole,
Où d'un gosier d'airain retentit sa parolle,
Odeur de vie à vous, d'espoir et de support,
Aux meschans de langueurs, de deffis, et de mort.
    Mes Amis, c'est à vous, c'est à vous tous ensemble,
Que ce Dieu tend ses mains à fin qu'il vous rassemble,
Et que par l'union de ses troupeaux espars
Il vous rasseure tous au pourprix de ses parcs,
Où ce sogneux Berger vous garde en telle sorte
Que le Loup ravisseur un seul de vous n'emporte.
    Mais c'est à vous encor qu'il presente ses biens,
Ses biens qu'il tient pour maux s'il ne les donne aux siens :
C'est bien peu qu'il vous ait appellez : il appelle
Comme l'humble, et le doux, le fier, et le rebelle :
Chacun oit bien sa voix, et plusieurs font semblant
D'avoir pour la comprendre un zele violent,
Qui ne servent pourtant que de masque en l'Eglise.
Mais de ces appellez ceux là qu'il favorise,
Il faut qu'il les arreste au rang de ses esleus :
Et leur gravant encor quelque marque de plus,

Il faut qu'il les nourrisse, et ceste nourriture,
Du droict de ses faveurs fermement nous asseure.
Le premier nous amorce, et le second nous prend,
Mais le tiers nous conserve, et celuy qui comprend
Ces effaicts bienheureux, bienheureux se peut dire,
De qui l'amour de Dieu jamais ne se retire,
Sur tout quand il reçoit avec sa pureté
Le savoureux repas de l'immortalité.

C'est ce repas où Dieu ce jourd'huy vous appelle,
Ce repas immortel pour vostre Ame immortelle :
Car les repas du Monde où l'homme se nourrit,
Ne sont que pour le ventre, et le ventre pourrit
Avec tous ces repas, mais en la Table saincte,
En la Manne du Ciel, vostre mort est esteincte,
Vostre vie s'allume, et ce vivant flambeau,
Non plus que vostre Esprit, ne craint point le tombeau.

Or ces vivres sacrez dont la vertu vivante
À voz Esprits, espris de ses douceurs, je vante,
C'est le corps à la croix pour voz pechez pendu,
Le sang pour voz pechez à la croix respandu,
Le corps, dis-je, et le sang, dont le constant martyre
Ravit à Dieu les traicts et les feux de son ire,
Dont il eut l'Univers renversé, foudroyé,
Sans qu'il fust soustenu du corps, du sang noyé.
Ce corps, ce sang vous sont donnez pour nourriture,
Comme ils furent alors garants de la Nature.

Voyez de quel amour tous deux furent poussez,
Souffrant pour vostre paix tous les Cieux courroucés,
Lors que pour vous sauver de la fureur divine,

Ils s'offrirent plustost à leur propre ruine,
Lors que, pour rappointer avec Dieu voz accords,
Le corps quitta le sang, le sang quitta le corps,
Divisez pour vous joindre, et bref pour vostre vie
Permettant que la leur leur fust plustost ravie.
    Mais voyez ces amours encor plus consommez,
Puis que ce corps, ce sang, dans trois jours ranimez,
Sont revolez au Ciel, et que leur saincte grace
Ce jourd'huy vous presente une entiere efficace
De ces cruels tourments qu'ilz souffrirent jadis
Pour vous faire rentrer dans ce sainct Paradis,
Dont le simple desir d'une double Science
Vous avoit estrangez, sans avoir jouyssance,
De cest Arbre de vie, où de vostre peché
L'Antidote certain estoit desjà caché.
    Vous souvient-il encor de la tranchante lame,
Qui rouloit à l'entour un tourbillon de flamme,
Et dont l'ardeur glaçant voz ardeurs dans voz seins
Presentoit un obstacle à voz prophanes mains,
De peur que le Sainct fruict d'une si belle plante
Ne remist voz Esprits en leur force vivante,
De peur que de voz yeux les rayons redoublez
En leur fausse moytié ne fussent aveuglez ?
Vous souvient il encor de quelle estrange sorte
Les soupples Cherubins voletoient à la porte
De ce sacré pourpris, dont vous fustes chassez ?
Vous souvient-il comment ces Esprits courroucez
Espoints des aiguillons d'une louable envie,
Vous envioyent le bien de la premiere vie,

Eux que[6] furent jadis voz plus privez amis
Depuis pour voz forfaicts, vos jurez ennemis ?
Vous souvient-il comment et leur fer et leurs flammes,
Peignoient d'horreur voz fronts poignoit d'aigreur voz Ames ?
Vous souvient-il qu'en fin pour voz tristes guerdons,
La Terre ne poussoit que de pointus chardons ?
Que le venin duquel vous laschastes la bonde
Empoisonna l'odeur des biens de tout le Monde ?
    Mais quoy ? ce fer tranchant soudain fust rebouché
Qu'il eust des os sacrez de ce corps approché :
Les ruisseaux de ce sang estoufferent ces flammes,
Ce corps passant foula la foule de ces Ames,
Qui tenoit assiegé le destroit du pourpris,
Ce sang fondit la glace à voz tremblans esprits :
Bref ce corps vous fournist d'une douce pasture,
Pour les pointus chardons qu'avortoit la nature :
Ce salutaire sang, au lieu de ce poison,
S'espandit dessus vous, et vous fust pour boisson.
    Ha ! mon Dieu, je me perds, je me perds quand je sonde
Ces mysteres sacrez, et leur abysme gronde
Contre ma pauvre bouche, alors qu'elle entreprend
D'en dire encor ce peu que mon Esprit comprend,
Et mon Esprit encor, aussi fort qu'il s'efforce,
De cest Arbre ne peut comprendre que l'escorce,
Et de ce corps que l'ombre : helas ! pour ces efforts
Mon Dieu fay luy sentir et le fruict et le corps,
Et afin que le bien de ce Bien je recueille,
Contente toy de moy, mon Dieu, que je le vueille.

6 *Sic* : se reporter à la note correspondante.

STANCES DE LA MORT

Mes yeux, ne lancez plus vostre pointe esblouye
Sur les brillans rayons de la flammeuse vie,
Sillez-vous, couvrez-vous de tenebres, mes yeux ;
Non pas pour estouffer vos vigueurs coustumieres,
Car je vous feray voir de[7] plus vives lumieres,
Mais sortant de la nuict vous n'en verrez que mieux.

Je m'ennuye de vivre, et mes tendres années,
Gemissant soubz le faix de bien peu de journées,
Me trouvent au milieu de ma course cassé :
Si n'est-ce pas du tout par defaut de courage,
Mais je prends, comme un port à la fin de l'orage,
Desdain de l'advenir pour l'horreur du passé.

J'ay veu comme le Monde embrasse ses[8] delices,
Et je n'embrasse rien au Monde que supplices,
Ses gais Printemps me sont de funestes Hyvers[9],
Le gracieux Zephir de son repos me semble
Un Aquilon de peine, il s'asseure et je tremble,
Ô que nous avons donc de desseins bien divers[10] !

7 P 1607, P 1618 : *des plus vives.*

8 P 1618 : *les.*

9 A 1599, DP 1599, DP 1604, P 1607, P 1618 : *me font des funestes Hyvers* (A 1599 : *hyvers*).

10 E, P 1607, P 1618 : point final au lieu de point d'exclamation. DP 1599 : point peu visible. DP 1604, pas de ponctuation visible.

Ce Monde, qui croupist ainsi dedans soymesme,
N'eslogne point jamais son cœur de ce qu'il ayme,
Et ne peut rien aymer que sa deformité :
Mon Esprit au contraire hors du Monde m'emporte,
Et me faict approcher des Cieux en telle sorte,
Que j'en fay desormais l'amour à leur Beauté.

Mais je sens dedans moy quelque chose qui gronde,
Qui faict contre le Ciel le partizan du Monde,
Qui noircist ses clartez d'un ombrage toffu.
L'Esprit qui n'est que feu de ses desirs m'enflamme,
Et la chair qui n'est qu'Eau pleut des Eaux sur ma flamme,
Mais ces eaux là pourtant n'esteignent point ce feu.

La chair des vanitez de ce Monde pipée,
Veut estre dans sa vie encor enveloppée,
Et l'Esprit pour mieux vivre en souhaitte la mort.
Ces partis m'ont reduict en un peril extreme :
Mais, mon Dieu, pren party dans ces partis toymesme,
Et je me rengeray du party le plus fort.

Sans ton ayde, mon Dieu, ceste chair orgueilleuse
Rendra de ce combat l'issuë perilleuse,
Car elle est en son regne, et l'autre est estranger :
La chair sent le doux fruict des voluptez presentes,
L'Esprit ne semble avoir qu'un espoir des absentes,
Et le fruict pour l'espoir ne se doit point changer.

Et puis si c'est ta main qui façonna le Monde,
Dont la riche Beauté à ta Beauté responde,
La chair croit que le Tout pour elle fust parfaict :
Tout fust parfaict pour elle, et elle davantage
Se vante d'estre, ô Dieu, de tes mains un ouvrage,
Hé ! deffairois-tu donc ce que tes mains ont faict ?

Voyla comme l'effort de la charnelle ruse
De son bien pour son mal ouvertement abuse,
En danger que l'Esprit ne ploye en fin soubz luy.
Vien donc, et mets la main, mon Dieu, dedans ce trouble,
Et la force à l'Esprit par ta force redouble,
Un bon droict a souvent besoin d'un bon appuy.

Ne crain point, mon Esprit, d'entrer en ceste lice,
Car la chair ne combat ta puissante justice
Que d'un bouclier de verre, et d'un bras de roseau :
Dieu t'armera de fer pour piler ce beau verre,
Pour casser ce roseau, et la fin de la guerre,
Sera pour toy la vie, et pour elle un Tombeau.

C'est assez enduré que de ceste vermine
La superbe insolence à ta grandeur domine,
Tu luy dois commander, cependant tu luy sers :
Tu doibs purger la chair, et ceste chair te souille,
Voyre, de te garder un desir te chatouille,
Mais cuidans te garder, mon Esprit, tu te perds.

Je te sens bien esmeu de quelque inquietude,
Quand tu viens à songer à ceste servitude,
Mais ce songe s'estouffe au sommeil de ce corps :
Que si la voix de Dieu te frappe[11] les oreilles,
De ce profond sommeil soudain tu te resveilles :
Mais quand elle a passé soudain tu te rendors.

Tu surmontes tantost, mais tantost tu succombes,
Tu vas tantost au Ciel, mais tantost tu retombes,
Et le Monde t'enlasse encore en ses destours :
C'est bien plus, car tu crains ce que plus tu desires,
Ton Esperance mesme a pour toy des martyres,
Et bref tu vois ton Bien, mais tu suis le rebours.

Encor ce peu de temps que tu mets à resoudre
Ton depart de la Terre, un nuage de poudre,
Que tu pousses en l'air, enveloppe tes pas :
J'ay bien veu sauteler les bouillons de ton zele,
J'ay veu fendre le vent aux cerceaux de ton aisle,
Mais tu t'es rafroidy pour revoler en bas.

Helas ! que cerches tu dans ces relants abysmes,
Que tu noircis sans fin des horreurs de tes crimes ?
Hé ! que tastonnes-tu dans cette obscureté,
Où ta clarté, du vent de Dieu mesme allumée,
Ne pousse que les flots d'une espaisse fumée,
Et contrainct à la mort son immortalité ?

11 DP 1604 : *frappé* (coquille, absente en DP 1599).

Quelle plaine en l'Enfer de ces pointus encombres ?
Quel beau jour en la nuict de ces affreuses ombres ?
Quel doux largue au destroict de tant de vents battu ?
Repren cœur, mon Esprit, repren nouvelle force,
Toy mouëlle d'un festu perce à travers l'escorce,
Et, vivant, fay mourir l'escorce, et le festu.

Appren mesme du temps, que tu cerches d'estendre,
Qui coule, qui se perd, et ne te peut attendre,
Tout se haste, se perd[12], et coule avec ce[13] Temps :
Où trouveras-tu donc quelque longue durée ?
Ailleurs : mais tu ne peux sans la fin m[e]surée[14]
De ton mal, commencer le Bien que tu pretens.

Ton mal c'est ta prison, et ta prison encore,
Ce corps dont le soucy jour et nuict te devore :
Il faut rompre, il faut rompre en fin ceste prison.
Tu seras lors au Calme, au beau jour, à la plaine
Au lieu de tant de vents, tant de nuict, tant de geine[15],
Qui battent, qui noircist, qui presse ta raison[16].

Ô la plaisante Mort qui nous passe[17] à la vie,
Vie qui ne craint plus d'estre encore ravie !
Ô le vivre cruel qui craint encor la mort !
Ce vivre est une Mer où le bruyant orage
Nous menace à tous coups d'un asseuré naufrage :
Faisons, faisons naufrage, et jettons nous au Port.

12 DP 1599, DP 1604, P 1607, P 1618 : *et se perd.*

13 A 1599 : *le temps.*

14 *musurée*, corrigé en *mesurée* (avec suppression de la virgule), *mesurée* dans les recueils.

15 Point d'interrogation à la fin du vers 107 en DP 1599, DP 1604 et des vers 106 et 107 en P 1607, P 1618.

16 DP 1599, DP 1604, P 1607, P 1618 : *tant de nuicts*, d'où un problème d'accord avec *noircist* entraînant un dysfonctionnement des vers rapportés. A 1599 : *Au lieu de tant de vens, tant de nuicts, tant de gesnes : / Qui battent, qui noircissent, et pressent ta raison.* avec une régularisation des vers rapportés mais un dysfonctionnement de la rime (*plaine/gesnes*, d'autant que le *s* sonne en finale à l'époque).

17 A 1599, DP 1599, DP 1604, P 1607, P 1618 : *nous pousse.*

Je sçay bien, mon Esprit, que cest air, et ceste onde,
Ceste Terre, ce Feu[18], ce Ciel qui ceint le Monde,
Enfle, abysme, retient, brusle, estreint[19] tes desirs :
Tu vois je ne scay quoy de plaisant, et d'aymable[20],
Mais le dessus du Ciel est bien plus estimable,
Et de plaisans amours, et d'aymables plaisirs.

Ces Amours, ces Plaisirs dont les troupes des Anges
Caressent du grand Dieu les merveilles estranges,
Aux accords rapportez de leurs diverses voix,
Sont bien d'autres plaisirs, amours d'autre Nature.
Ce que tu vois icy n'en est pas la peinture,
Ne fust-ce rien sinon pource que tu le[21] vois.

Invisibles Beautez, Delices invisibles
Ravissez-moy du creux de ces manoirs horribles,
Fondez-moy ceste chair, et rompez moy ces os :
Il faut passer vers vous à travers mon martire,
Mon martyre en mourant : car helas ! je desire,
Commencer au travail, et finir au repos.

Mais dispose, mon Dieu, ma tremblante impuissance
À ces pesans fardeaux de ton obeyssance :
Si tu veux que je vive encore, je le veux.
Et quoy ? m'envies-tu ton bien que je souhaitte ?
Car ce ne m'est que mal que la vie imparfaitte,
Qui languit sur la terre, et qui vivroit aux Cieux.

18 A 1599, DP 1599, DP 1604, P 1607, P 1618 : *et ce Feu.*
19 A 1599 : *esteint* ; DP 1599, DP 1604, P 1607, P 1618 : *estaint.*
20 A 1599, DP 1599, DP 1604, P 1607, P 1618 : *et aimable.*
21 DP 1604 : *tu les vois* (mais *le* dans DP 1599 et P 1607, P 1618).

Non, ce ne m'est que mal, mais mal plein d'esperance
Qu'après les durs ennuis de ma longue souffrance,
Tu m'estendras ta main[22], mon Dieu, pour me guerir.
Mais tandis que je couve une si belle envie,
Puis qu'un Bien est le bout, et le but[23] de ma vie,
Apren moy de bien vivre, afin de bien mourir.

FIN

SONNETS SUR LE MESME SUBJECT

[1]

Mortels, qui des mortels avez prins vostre vie,
Vie qui meurt encor dans le tombeau du Corps :
Vous qui rammoncelez voz thresors, des thresors
De ceux dont par la mort la vie fust ravie :
Vous qui voyant de[24] morts leur mort entresuyvie,
N'avez point de maisons que les maisons des morts,
Et ne sentez pourtant de la mort un remors,
D'où vient qu'au souvenir son souvenir s'oublie ?
Est-ce que vostre vie adorant ses douceurs
Deteste des pensers de la mort les horreurs,
Et ne puisse envier une contraire envie ?
Mortels, chacun accuse, et j'excuse le tort
Qu'on forge en vostre oubly. Un oubly d'une mort,
Vous monstre un souvenir d'une eternelle vie.

22 Virgule peu visible confirmée par les exemplaires B et E.
23 A 1599, DP 1599, DP 1604, P 1607, P 1618 : *le but, et le bout.*
24 DP 1604 : *des morts* (mais *de* dans A 1599, DP 1599, P 1607, P 1618).

[2]

Mais si faut-il mourir et la vie orgueilleuse,
Qui brave de la mort, sentira ses fureurs,
Les Soleils haleront ces journalieres fleurs,
Et le temps crevera ceste ampoulle venteuse,
Ce beau flambeau qui lance une flamme fumeuse,
Sur le verd de la cire esteindra ses ardeurs,
L'huyle de ce Tableau ternira ses couleurs,
Et ces[25] flots se rompront à la rive escumeuse.
J'ay veu ces clairs esclairs passer devant mes yeux,
Et le tonnerre encor qui gronde dans les Cieux,
Ou d'une, ou d'autre part[26] esclattera l'orage.
J'ay veu fondre la neige, et ces[27] torrents tarir,
Ces lyons rugissans je les ay veus sans rage,
Vivez, hommes, vivez, mais si faut-il mourir.

[3]

Ha ! que j'en voy bien peu songer à ceste mort,
Et si chacun la cerche aux dangers de la guerre,
Tantost dessus la mer, tantost dessus la Terre,
Mais las ! dans son oubly tout le monde s'endort.
De la Mer on s'attend à ressurgir au Port,
Sur la Terre aux effrois dont l'ennemy s'atterre :
Bref chacun pense à vivre, et ce vaisseau de verre,
S'estime estre un rocher bien solide, et bien fort.
Je voy ces vermisseaux bastir dedans leurs plaines,
Les monts de leurs desseins, dont les cimes hautaines[28]
Semble[nt][29] presque esgaler leurs cœurs ambitieux
Geants, où poussez-vous ces beaux amas de poudre ?
Vous les ammoncelez ? Vous les verrez dissouldre :
Ils montent de la Terre ? Ils tomberont des Cieux.

25 A 1599, DP 1599, DP 1604, P 1607, P 1618 : *ses flots.*

26 1588 ne dissimile jamais *ou/où*. A 1599 : *Ou d'une, où d'autre-part.*

27 1588, A 1599, DP 1604, P 1607 : *ses*. Nous suivons ici la leçon de DP 1599.

28 DP 1599, DP 1604, P 1607, P 1618 : *humaines.*

29 Toutes les leçons donnent *semble* que nous corrigeons.

[4]

Pour qui tant de travaux ? Pour vous ? de qui l'halene
Pantelle en la poictrine, et traine sa langueur ?
Vos desseings sont bien loin du bout de leur vigueur,
Et vous estes bien près du bout de vostre pene.
Je vous accorde encore une emprise certaine,
Qui de soy court du Temps l'incertaine rigueur,
Si perdrez vous en fin ce fruict, et ce labeur,
Le Mont est foudroyé plus souvent que la plaine.
Ces Sceptres enviez, ces Throsnes[30] debattus,
Champ superbe du camp de voz fieres vertus,
Sont de l'avare mort, le debat, et l'envie.
Mais pourquoy ce soucy ? mais pourquoy cest effort ?
Sçavez-vous bien que c'est le train de ceste vie ?
La fuite de la vie, et la course à la Mort.

[5]

Helas ! contez voz jours : les jours qui sont passez
Sont desjà morts pour vous, ceux qui viennent encore
Mourront tous sur le point de leur naissante Aurore,
Et moytié de la vie est moytié du decez.
Ces desirs orgueilleux pesle mesle entassez,
Ce cœur outrecuidé que vostre bras implore,
Cest indomptable bras que vostre cœur adore,
La Mort les met en geine, et leur fait le procez.
Mille flots, mille escueils, font teste à vostre route,
Vous rompez à travers, mais à la fin sans doubte
Vous serez le butin des escueils, et des flots.
Une heure vous attend, un moment vous espie,
Bourreaux desnaturez de vostre propre vie,
Qui vit avec la peine, et meurt sans le repos.

30 A 1599 : *Thresors*. DP 1599, DP 1604, P 1607, P 1618 : *Tresors*.

[6]

Tout le monde se plainct de la cruelle envie
Que la Nature porte aux longueurs de noz jours[31] :
Hommes, vous vous trompez, ils ne sont pas trop cours
Si vous vous mesurez au pied de vostre vie.
Mais quoy ? Je n'entens point quelqu'un de vous qui die
Je me veux despestrer de ces facheux destours,
Il faut que je revole à ces plus beaux sejours,
Où sejourne des Temps l'entresuitte infinie.
Beaux sejours, loin de l'œil, prèz de l'entendement,
Au prix de qui ce Temps ne monte[32] qu'un moment,
Au prix de qui le jour est un ombrage sombre,
Vous estes mon desir[,][33] et ce jour, et ce Temps,
Où le Monde s'aveugle, et prend son passetemps,
Ne me seront jamais qu'un moment, et qu'une Ombre.

[7]

Tandis que dedans l'air un autre air je respire,
Et qu'à l'en[vy][34] du feu j'allume mon desir,
Que j'enfle contre l'eau les eaux de mon plaisir,
Et que je[35] colle à Terre un importun martyre,
Cest air tousjours m'anime, et le desir m'attire,
Je recerche à monceaux les plaisirs à choisir,
Mon martyre eslevé me vient encor saisir,
Et de tous mes travaux le dernier est le pire.
À la fin je me trouve en un estrange esmoy.
Car ces divers effaicts ne sont que contre moy,
C'est mourir que de vivre en ceste peine extreme.
Voylà comme la vie à l'abandon s'espard,
Chaque part de ce Monde en emporte sa part,
Et la[36] moindre à la fin est celle de nous mesme.

---

31 Exemplaire BnF altéré sur la fin des vers 2 et 11, ponctués d'après B et E.
32 A 1599 : *ne montre*.
33 Point suivi de minuscule qui peut être remplacé par virgule ou deux points.
34 Toutes les leçons donnent *Ennuy* que nous modifions en *envy* d'après Boase.
35 Tous les recueils proposent cette leçon que Boase corrige en *me*.
36 DP 1599, DP 1604, P 1607, P 1618 : *le moindre*.

[8]

Voulez-vous voir ce traict qui si roide s'eslance
Dedans l'air qu'il poursuit au partir de la main ?
Il monte, il monte, il perd : mais helas ! tout soudain
Il retombe, il retombe, et perd sa violence.
C'est le train de noz jours, c'est ceste outrecuidance
Que ces monstres de Terre allaittent de leur sein,
Qui baise ore des monts le sommet plus haultain,
Ores sur les rochers de ces vallons s'offence.
Voire ce sont noz jours : quand tu seras monté
À ce point de hauteur, à ce point arresté,
Qui ne se peut forcer, il te faudra descendre.
Le traict est empenné, l'air qu'il va poursuyvant,
C'est le champ de l'orage[,][37] hé ! commence d'apprendre,
Que ta vie est de Plume, et le monde de Vent.

[9]

Qui sont, qui sont ceux là, dont le cœur idolatre,
Se jette aux pieds du Monde, et flatte ses honneurs ?
Et qui sont ces valets, et qui sont ces Seigneurs ?
Et ces Ames d'Ebene, et ces faces d'Albastre ?
Ces masques desguisez, dont la troupe folastre
S'amuse à caresser je ne sçay quels donneurs
De fumées de Court, et ces[38] entrepreneurs,
De vaincre encor le Ciel qu'ils ne peuvent combattre ?
Qui sont ces lovayeurs[39] qui s'eslognent du Port ?
Hommagers à la vie, et felons à la Mort,
Dont l'estoille est leur Bien, le Vent leur fantasie ?
Je vogue en mesme mer, et craindroy de perir,
Si ce n'est que je sçay que ceste mesme vie
N'est rien que le fanal qui me guide au mourir.

---

37 Point suivi de minuscule : remplacé par virgule, suivant tous les recueils collectifs.
38 A 1599, DP 1599, DP 1604 : *ses entrepreneurs* (mais P 1607 et P 1618 : *ces*).
39 A 1599 : *ces voyageurs*.

[10]

Mais si mon foible corps, qui comme l'eau s'escoule,
Et s'affermit encor plus long temps qu'un plus fort,
S'avance à tous moments vers le sueil de la mort,
Et que mal dessus mal dans le tombeau me roule,
Pourquoy tiendray-je roide à ce vent qui saboule
Le Sablon de mes jours d'un invincible effort ?
Faut-il pas resveiller ceste Ame qui s'endort,
De peur qu'avec le corps la Tempeste la foule ?
Laisse dormir ce corps, mon Ame, et quant à toy
Veille, veille, et te tien alerte à tout effroy,
Garde que ce Larron ne te trouve endormie :
Le point de sa venuë est pour nous incertain,
Mais, mon Ame il suffist, que cest autheur de vie,
Nous cache bien son temps, mais non pas son dessein.

[11]

Et quel bien de la Mort ? où la vermine ronge[40],
Tous ces nerfs, tous ces os ? où l'Ame se depart
De ceste orde charogne, et se tient à l'escart,
Et laisse un souvenir de nous comme d'un songe ?
Ce corps qui dans la vie en ses grandeurs se plonge,
Si soudain dans la mort estouffera sa part,
Et sera ce beau Nom qui tant par tout s'espard,
Borné de vanité, couronné de Mensonge.
À quoy ceste Ame helas ! et ce corps desunis,
Du commerce du monde hors du monde bannis ?
À quoy ces nœuds si beaux que le Trespas deslie ?
Pour vivre au Ciel il faut mourir plustost icy :
Ce n'en est pas pourtant le sentier raccourcy,
Mais quoy ? nous n'avons plus ny d'Henoch ny d'Elie.

40 DP 1604 : *rouge* (coquille probablement due au retournement de la lettre *n* en *u*).

[12]

Tout s'enfle contre moy, tout m'assaut, tout me tente,
Et le Monde, et la chair, et l'Ange revolté,
Dont l'onde, dont l'effort, dont le charme inventé
Et m'abysme, Seigneur, et m'esbranle, et m'enchante,
Quelle nef, quel appuy, quelle oreille dormante,
Sans peril, sans tomber, et sans estre enchanté,
Me donras-tu ? Ton Temple où vit ta Sainctеté,
Ton invincible main, et ta voix si constante[41].
Et quoy ? mon Dieu, je sens combattre maintesfois
Encore avec ton Temple, et ta main, et ta voix,
Cest Ange revolté, ceste chair, et ce Monde.
Mais ton Temple pourtant, ta main, ta voix sera
La nef, l'appuy, l'oreille, où ce charme perdra,
Où mourra cest effort, où se rompra[42] ceste Onde.

FIN

41 A 1599, DP 1599, DP 1604, P 1607, P 1618 : *Me donras-tu ton Temple…* et point d'interrogation à la fin du vers 8.

42 A 1599, DP 1599, DP 1604, P 1607, P 1618 : *se perdra*.

LES AMOURS DU SIEUR DE SPONDE

SONNET[S]

[1]

Si c'est dessus les eaux que la terre est pressée
Comment se soustient-elle encor si fermement ?
Et si c'est sur les vents qu'elle a son fondement
Qui la peut conserver sans estre renversée ?
Ces justes contrepoids qui nous l'ont balancée
Ne panchent-ils jamais d'un divers branslement ?
Et qui nous fait solide ainsi cet Element,
Qui trouve autour de luy l'inconstance amassée ?
Il est ainsi, ce corps se va tout souslevant
Sans jamais s'esbranler parmi l'onde et le vent,
Miracle nompareil, si mon amour extresme
Voyant ces maux coulans, soufflans de tous costez
Ne trouvoit tous les jours par exemple de mesme
Sa constance au milieu de ces legeretez.

[2]

Quand je voy les efforts de ce grand Alexandre,
D'un Cesar dont le sein comblé de passions
Embrase tout du feu de ces ambitions,
Et n'en laisse après soy memoire qu'en la cendre.
Quand je voy que leur gloire est seulement de rendre,
Après l'orage enflé de tant d'afflictions,
Calmes dessous leurs loix toutes les nations
Qui voyent le Soleil et monter et descendre :
Encor que j'ay dequoy m'enorgueillir comme eux,
Que mes lauriers ne soyent de leurs lauriers honteux,
Je les condamne tous et ne les puis deffendre :
Ma belle[,][1] c'est vers toy que tournent mes espris,
Ces tirans-là faisoyent leur triomphe de prendre,
Et je triompheray de ce que tu m'as pris.

[3]

Qui seroit dans les Cieux, et baisseroit sa veuë
Sur le large pourpris de ce sec element,
Il ne croiroit de tout[2] rien qu'un poinct seulement
Un poinct encor caché du voile d'une nue[3] :
Mais s'il contemple après ceste courtine bluë,
Ce cercle de cristal, ce doré firmament,
Il juge que son tour est grand infiniment,
Et que ceste grandeur nous est toute incognuë.
Ainsi de ce grand ciel, où l'amour m'a guidé,
De ce grand ciel d'Amour où mon œil est bandé
Si je relasche un peu la pointe aiguë[4] au reste,
Au reste des amours, je vois sous une nuict
Du monde d'Epicure en atomes reduit,
Leur amour tout de terre, et le mien tout celeste.

---

1 Virgule ajoutée d'après A 1599.
2 DP 1604 : virgule après *tout*. Boase 1978 corrige en *le Tout*.
3 DP 1604 : *nuë*.
4 DP 1599, 1604 : *aigue*. Nous corrigeons pour la métrique. A 1599 : *aiguë*.

[4]

En vain mille beautez à mes yeux se presentent,
Mes yeux leur sont ouvers et mon courage clos,
Une seule beauté s'enflamme dans mes os
Et mes os de ce feu seulement se contentent :
Les [r]igueurs[5] de ma vie et du temps qui m'absentent
Du bien-heureux sejour où loge mon repos,
Alterent moins mon ame[6] encor que mon propos
Et mes discrets desirs jamais ne se repentent.
Chatouilleuses beautez, vous domptez doucement
Tous ces esprits flotans, qui [s]ouillent[7] aisement
Des absentes amours la chaste souvenance :
Mais pour tous vos efforts je demeure indompté :
Ainsi je veux servir d'un patron de constance,
Comme ma belle fleur d'un patron de beauté.

[5]

Je meurs, et les soucis qui sortent du martyre
Que me donne l'absence, et les jours, et les nuicts
Font tant, qu'à tous momens je ne sçay que je suis
Si j'e[x]pire[8] du tout ou bien si je respire.
Un chagrin survenant mille chagrins m'attire
Et me cuidant aider moy-mesme je me nuis,
L'infini mouvement de mes roulans ennuis
M'emporte et je le sens, mais je ne le puis dire.
Je suis cet Acteon de ces chiens deschiré !
Et l'esclat de mon ame est si bien alteré
Qu'elle qui me devroit faire vivre me tuë :
Deux Deesses nous ont tramé tout nostre sort
Mais pour divers sujet nous trouvons mesme mort
Moy de ne la voir point, et luy de l'avoir veuë.

---

5 DP 1599 : *vigueurs* nous corrigeons en *rigueurs*. *Idem* DP 1604, A 1599.

6 DP 1599 (DP 1604, A 1599) : nous suivons E. Buron (2012, p. 246, n. 1) en supprimant la virgule après *âme*.

7 DP 1599 : *fouillent* nous corrigeons en *souillent* d'après DP 1604 et A 1599.

8 DP 1599 et 1604 : *empire*. Nous corrigeons d'après A 1599.

[6]

Mon Dieu, que je voudrois que ma main fust oisive,
Que ma bouche et mes yeux reprissent leur devoir
Escrire est peu : c'est plus de parler et de voir
De ces deux œuvres l'une est morte et l'autre vive.
Quelque beau trait d'amour que nostre main escrive,
Ce sont tesmoins muets qui n'ont pas le pouvoir
Ni le semblable poix, que l'œil pourroit avoir
Et de nos vives voix la vertu plus naive.
Mais quoy ? n'estoyent encor ces foibles estançons
Et ces fruits mi-rongez dont nous le nourrissons
L'Amour mourroit de faim et cherroit en ruine :
Escrivons attendant de plus fermes plaisirs,
Et si le temps domine encor sur nos desirs,
Faisons que sur ce temps la constance domine.

[7]

Si j'avois comme vous mignardes colombelles
Des plumages si beaux sur mon corps attachez,
On auroit beau tenir mes esprits empeschez
De l'indomptable fer de cent chaines nouvelles :
Sur les aisles du vent je guiderois mes aisles
J'irois jusqu'au sejour où mes biens sont cachez[9]
Ainsi voyant de moy ces ennuis arrachez
Je ne sentirois plus ces absences cruelles.
Colombelles helas ! que j'ay bien souhaité
Que mon corps vous semblast autant d'agileté
Que mon ame d'amour à vostre ame ressemble :
Mais quoy, je le souhaite, et me trompe d'autant,
Ferois-je bien voller un amour si constant
D'un monde tout rempli de vos aisles ensemble ?

9 A 1599 : point en fin de vers.

[8][10]

Ce tresor que j'ay pris avecques tant de peine
Je le veux avec peine encore conserver,
Tardif à reposer, prompt à me relever,
Et tant veiller qu'en fin on ne me le surprenne.
Encor que de mes yeux la garde plus certaine
Auprès de son sejour ne te puisse trouver,
Et qu'il me peut encor en l'absence arriver
Qu'un autre plus prochain me l'empoigne et l'emmaine.
Je ne veux pas pourtant me travailler ainsi,
La seule foy m'asseure et m'oste le soucy :
Et ne changera point pourveu que je ne change.
Il faut tenir bon œil et bon pied sur ce point,
À gaigner un beau bien on gaigne une loüange,
Mais on en gaigne mille à ne le perdre point.

[9]

Si tant de maux passez ne m'ont acquis ce bien,
Que vous croyez au moins que je vous suis fidelle,
Ou si vous le croyez, qu'à la moindre querelle
Vous [n]e faciez semblant de n'en plus croire rien.
Belle, pour qui je meurs, belle, pensez vous bien
Que je ne sente point cette injure cruelle ?
Plus sanglante beaucoup, que la peine eternelle
Où malgré tout le monde encor je me retien.
Il est vray toutesfois, vos beautez infinies,
Quand je vivrois encor cent mille et mille vies,
Ne se pourroyent jamais servir si dignement
Que je ne fusse en reste à leur valeur parfaicte :
Mais croyez-le ou non, la preuve est toute faicte
Qu'au pris de moy, l'amour aime imparfaictement.

10 Les pages 9 et 10 sont manquantes dans DP 1599. Les sonnets 8 à 11 sont transcrits d'après DP 1604.

[10]

Je ne bouge non plus qu'un escueil dedans l'onde
Qui fait fort à l'orage, et le fait reculer,
Il me trouve affermi, qui cherche à m'esbranler,
Deussè-je voir bransler contre moy tout le monde.
Chacun qui voit combien tous les jours je me fonde
Sur ce constant dessein, se mesle d'en parler,
Trouble la terre et l'air afin de me troubler
Et ne pouvant rien plus, pour le moins il en gronde.
Mais, je n'escoute point, que pour le mespriser,
Ce propos enchanteur qui tend à m'abuser
Et me ravir le bien que leur rage m'envie.
Laissons, laissons le dire un seul mot me suffit
Qu'en la guerre d'amour une ame bien nourrie
Emporte tout l'honneur emportant le profit.

[11]

Tous mes propos jadis ne vous faisoyent instance
Que de l'ardent amour dont j'estois embrazé :
Mais depuis que vostre œil sur moy s'est appaisé
Je ne vous puis parler rien que de ma constance.
L'amour mesme de qui j'espreuve l'assistance
Qui sçait combien l'esprit de l'homme est fort aisé
D'aller aux changemens, se tient comme abusé
Voyant qu'en vous aimant j'aime sans repentance.
Il s'en remonstre assez qui bruslent vivement,
Mais la fin de leur feu qui se va consommant
N'est qu'un brin de fumée et qu'un morceau de cendre.
Je laisse ces amans croupir en leurs humeurs
Et me tiens pour content, s'il vous plaist de comprendre
Que mon feu ne sçaurait mourir si je ne meurs.

[12]

Mon cœur[,] ne te rends point à ces ennuis d'absence,
Et quelques forts qu'ils soyent sois encore plus fort
Quand mesme tu serois sur le poinct de la mort
Mon cœur ne te rends point, et reprens ta puissance
Que si tant de combats te donnent cognoissance
Que tu n'es pas tousjours pour rompre leur effort
Garde toy de tomber en un tel desconfort
Que ton amour jamais y perde son essence.
Puis que tous tes souspirs sont ainsi retardez,
Laisse laisse courir ces torrens desbordez,
Et monte sur les rocs de ce mont de constance :
Ainsi dessus les monts ce sage chef Romain
Differa ses combats du jour au lendemain,
Se mocqua d'Hannibal, romp[an]t sa violence[11].

[13]

Tu disois, Archimede, ainsi qu'on nous exhorte[12],
Qu'on te donnast un poinct pour bien te soustenir
Tu branslerois le monde, et le ferois venir,
Comme un faix plus leger de lieu en lieu s'emporte.
Puis que ton arc si beau, ta main estoit si forte
Si tu pouvois encor au monde revenir
Dans l'amour que mon cœur s'esforce à retenir
Tu trouverois ton poinct peut estre en quelque sorte[13].
Pourroit-on voir jamais plus de solidité
Qu'en ce qui bransle moins plus il est agité
Et prend son asseurance en l'inconstance mesme :
Il est seur, Archimede, et je n'en doute point
Pour bransler tout le monde et s'asseurer d'un poinct,
Il te falloit aimer aussi ferme que j'aime.

11 DP 1599 : *rompt*, vers faux corrigé d'après DP 1604. A 1599 : *Se mocquant/rompit.*

12 DP 1599, 1604 : *ainsi qu'on nous fait croire.* Nous corrigerons d'après A 1599 pour la rime.

13 A 1599 : *pour estre en quelque sorte.*

[14]

Quand le vaillant Hector, le grand rampart de Troye,
Sortit tout enflammé, sur les nefs des Gregeois,
Et qu'Achille charmoit d'une[14] plaintive voix
Son oisive douleur, sa vengeance de joye.
Comme quand le Soleil dedans l'onde flamboye
L'onde des rais tremblans repousse dans les toits :
La Grece tout ainsi flottante ceste fois
Eust peur d'estre à la fin la proye de sa proye.
Un seul bouclier d'Ajax se trouvant le plus fort
Soustint ceste fureur et dompta cet effort,
J'eusse perdu de mesme en ceste horrible absence
Mon amour, assailli d'une armée d'ennuis,
Dans le travail des jours, dans la langueur des nuicts
Si je ne l'eusse armé d'un bouclier de constance.

[15]

Ceste brave Carthage, un des honneurs du monde
Et la longue terreur de l'empire Romain,
Qui donna tant de peine à son cœur, à sa main,
Pour se faire premiere, et Rome la seconde :
Après avoir dompté presque la terre et l'onde,
Et porté dans le ciel tout l'orgueil de son sein,
Esprouva mais trop tard, qu'un superbe dessein
Fondé dessus le vent il faut en fin qu'il fonde.
Ceste insolente là la pompe qu'elle aima
Le brasier devorant du feu la consuma :
Que je me ris au lieu, Carthage, de te plaindre.
Ton feu dura vingt jours, et bruslas pour si peu,
Helas que dirois-tu si tu voyois qu'un feu[15],
Me brusle si long-temps sans qu'il se puisse esteindre ?

14 DP 1604 : *d'un.*
15 DP 1604 : absence de virgule en fin de vers.

[16]

Je prens exemple en toy, courageuse Numance,
L'un des grands fleaux de Rome, et comme toy je veux
Pratiquant la valeur, apprendre à nos neveux
Qu'il faut vaincre en l'assaut, mourir en la deffence.
Durant tes quatorze ans, l'insolente arrogance
De tes longs ennemis du bon heur despourveus,
Contre tant de vertu s'arrachoit les cheveux
Et s'arrachoit plus fort encore l'esperance :
En fin on n'eust moyen propre à te surmonter
Que te laisser toy-mesme à toy-mesme dompter,
Et toy tu ne laissas que tes murs et ta cendre :
Ainsi tous ces ennuis dont je vaincs les efforts
S'ils se trouvent en fin plus rusez que plus forts,
J'aime mieux comme toy mourir que de me rendre.

[17]

Je sens dedans mon ame une guerre civile
D'un parti ma raison, mes sens d'autre parti,
Dont le bruslant discord ne peut estre amorti
Tant chacun son tranchant l'un contre l'autre affile.
Mais mes sens sont armez d'un verre si fragile
Que si leur cœur bien tost ne s'en est departi
Tout l'heur vers ma raison se verra converti,
Comme au party plus fort plus juste et plus utile.
Mes sens veulent ployer sous ce pesant fardeau
Des ardeurs que me donne un esloigné flambeau,
Au rebours la raison me renforce au martyre.
Faisons comme dans Rome, à ce peuple mutin
De mes sens inconstans arrachons-les en fin
Et que nostre raison y plante son Empire.

[18]

Ne vous estonnez point si mon esprit qui passe
De travail en travail par tant de mouvemens[16],
Depuis qu'il est banni dans ces esloignemens,
Tout agile qu'il est ne change point de place.
Ce que vous en voyez, quelque chose qu'il face,
Il s'est planté si bien sur si bons fondemens,
Qu'il ne voudroit jamais souffrir de changemens
Si ce n'est que le feu se peust changer de place.
Ces deux contraires sont en moy seul arrestez
Les foibles mouvemens, les dures fermetez :
Mais voulez vous avoir plus claire cognoissance
Que mon espoir se meurt et ne se change point ?
Il tournoye à l'entour du poinct de la constance
Comme le ciel tournoye à l'entour de son poinct.

[19]

Je contemplois un jour le dormant de ce fleuve
Qui traine lentement les ondes dans la mer,
Sans que les Aquilons le façent escumer
Ni bondir, ravageur, sur les bords qu'il abreuve.
Et contemplant le cours de ces maux que j'espreuve
Ce fleuve dis-je alors ne sçait que c'est d'aimer,
Si quelque flamme eust peu ses glaces allumer
Il trouveroit l'amour ainsi que je le treuve.
S'il le sentoit si bien, il auroit plus de flots,
L'Amour est de la peine et non point du repos,
Mais ceste peine en fin est du repos suyvie[17]
Si son esprit constant la deffend du trespas,
Mais qui meurt en la peine il ne merite pas
Que le repos jamais luy redonne la vie.

16 DP 1604 : point final erroné.
17 A 1599 : deux points en fin de vers.

[20]

Les Toscans batailloyent donnant droit dedans Rome
Les armes à la main, la fureur sur le front,
Quand on veit un Horace avancé sur le pont,
Et d'un coup arrester tant d'hommes par un homme.
Après un long combat et brave qu'on renomme
Vaincu non de valeur, mais d'un grand nombre il rompt
De sa main le passage et s'eslance d'un bond
Dans le Tibre, se sauve, et sauve tout en somme[.][18]
Mon amour n'est pas moindre, et quoy qu'il soit surpris
De la foule d'ennuis qui troublent mes esprits,
Il fait ferme et se bat avec tant de constance
Que près des coups il est esloingné du danger,
Et s'il se doit en fin dans ses larmes plonger,
Le dernier desespoir sera son esperance.

[21]

Non, je ne cache point une flamme si belle,
Je veux je veux avoir tout le monde à tesmoin,
Et ceux qui sont plus près et ceux qui sont plus loin
Dites, est-il au monde un amant plus fidele ?
Ces secretes humeurs qu'hipocrites j'appelle[19],
Blasment secrettement à l'oreille en un coin
La peine que je prens d'en prendre tant de soin,
Tandis que chacun d'eux [s]es propres sens recelle[.][20]
Ainsi nous differons, que leurs cœurs sont couverts
Et que le mien fait voir ses mouvemens ouverts :
Ils ont raison, leurs sens sont bien dignes de honte :
Mais je ne puis rougir d'aimer si dignement,
Et plus mon bel amour tous leurs amours surmonte :
Il me le faut encor aimer plus constamment.

---

18 DP 1599, 1604 : virgule. A 1599 : point.

19 A 1599 : *s'appelle.*

20 DP 1599, 1604, A 1599 : *ces* nous corrigeons. En fin de vers, virgule, nous modifions d'après A 1599 (mais *idem* S 20, v. 8).

[22]

On dit que dans le ciel les diverses images
Des astres l'un à l'autre ensemble rapportez
Engendrent ici bas tant de diversitez
Et tantost de profits et tantost de dommages :
Tous leurs estats leur font à leur tour leurs hommages,
L'un baisse l'autre hausse : et tant de dignitez
Ont en maintes façons certains points limitez
Qui leur font et laisser et perdre leurs visages.
Mon amour seul se treuve exempt de ses rigueurs
Si ce n'est pour acroistre encores ses vigueurs,
Mais non pas pour jamais d'un seul moment descendre.
Non pas s'il me falloit descendre dans la mort :
En somme il est, s'il faut par le ciel le comprendre,
Ferme ne plus ne moins que l'estoile du Nort.

[23]

Il est vray mon amour estoit sujet au change,
Avant que j'eusse appris d'aimer solidement,
Mais si je n'eusse veu cest astre consumant
Je n'auray point encor acquis ceste loüange.
Ore je voy[21] combien c'est une humeur estrange
De vivre, mais mourir, parmy le changement,
Et que l'amour luy mesme en gronde tellement
Qu'il est certain qu'en fin quoy qu'il tarde il s'en vange.
Si tu prens un chemin après tant de destours,
Un bord après l'orage, et puis reprens ton cours
Et l'orage aux destours[,] il survient le naufrage[.][22]
Un erreur, on dira que tu l'as merité,
Si l'amour n'est point feint il aura le courage
De ne changer non plus que fait la verité.

---

21 DP 1599 : *vey*, corrigé d'après DP 1604 et les autres recueils.
22 DP 1599 et 1604 : pas de ponctuation dans ce vers. A 1599 : point en fin de vers.

[24]

Mon Soleil qui brillez de vos yeux dans mes yeux,
Et pour trop de clarté leur ostez la lumiere,
Je ne voy rien que vous, et mon ame est si fiere
Qu'elle ne daigne plus aimer que dans les cieux.
Tout autre amour me semble un enfer furieux,
Plein d'horreur et de mort dont m'enfuyant arriere
J'en laisse franchement plus franche la carriere
À ceux qui font[23] plus mal et pensent faire mieux.
Le plaisir, volontiers, est de l'amour l'amorce,
Mais outre encor je sens quelque plus vive force
Qui me feroit aimer malgré moy ce Soleil :
Ceste force est en vous dont la beauté puissante
La beauté sans pareil, encor qu'elle s'absente,
A tué[24] cest amant, cest amant sans pareil.

[25]

Contemplez hardiment tous ceux qui font coustume
De se sacrifier à l'autel des beautez,
Vous verrez que le vent de leurs legeretez
Leur esteint le brasier aussi tost qu'il l'allume.
Mais moy, qui si long temps à vos yeux me consume
Je ne consume point pourtant mes fermetez,
Et d'autant plus avant au feu vous me mettez
Plus l'or de mon amour à durer s'accoustume.
Pour vous, belle, le tout de ce tout ne m'est rien,
Ces biens sont povretez au regard de ce bien.
Et vous servir tant plus que mille et mille empires[25]
S'en trouve qui voudra vivement offencé,
Pour moi j'aimerois mieux mourir en vos martyres,
Que vivre au plus grand heur qui puisse estre pensé.

---

23 DP 1604 : *sont* (coquille).

24 Boase 1978 propose de corriger en *Attire cet amant.*

25 A 1599 met une virgule à la fin du vers 10 et à la fin du vers 11.

[26]

Les vents grondoyent en l'air, les plus sombres nuages
Nous desroboyent le jour pesle mesle entassez
Les abismes d'enfer estoyent au ciel poussez
La mer s'enfloit des monts[26], et le monde d'orages :
Quand je vy qu'un oyseau delaissant nos rivages
S'envole au beau milieu de ses flots courroucez,
Y pose de son nid les festus ramassez
Et rappaise soudain ses escumeuses rages.
L'amour m'en fit autant, et comme un Alcion
L'autre jour se logea dedans ma passion
Et combla de bon-heur mon ame infortunée.
Après le trouble, en fin, il me donna la paix
Mais le calme de mer n'est qu'une fois l'année
Et celuy de mon ame y sera pour jamais.

STANCES (1)

Tel estoit ce bel Astre à son entrée au monde
Et deslors qu'il sortoit de son tendre berçeau,
Clair au poinct qu'on le veit autant que le flambeau
Qui luit le jour dessus, et la nuict dessous l'onde.
Ce feu sur le poignant de sa premiere Aurore
Nous enbasmoit les champs du nectar de ses pleurs,
Et les champs repoussoyent un doux printemps de fleurs,
Encor les pleurs couloyent, les fleurs croissoyent encore.
Les lis croissoyent sur tout, le lis que ce feu mesme
Regardoit d'un rayon si benin de ses yeux
Qu'on soupçonna deslors qu'il aimeroit bien mieux :
On voit de meilleur œil tousjours ce que l'on aime.
La mere des Amours, à demy flestrissante
Veit reverdir son Myrthe[27] en toufeaux ombrageux :
Les palmes qu'elle donne aux Amans courageux

26 Boase 1978 : *de monts.*
27 DP 1604 : *Myrrhe.*

Enlasserent plus fort leur force renaissante.
Mais depuis que du temps la course coustumiere
Anima, de ce feu, les grillantes ardeurs,
Les corps ne sentoyent plus, du Soleil, que froideurs,
Et les ames brusloyent dessous ceste lumiere.
Le pauvre Amour couvert d'un funebre nuage
Des rayons pallissans d'une fausse beauté,
Tout aussi tost qu'il veit brusler ceste clarté
Esclata tout en lustre, et changea de visage.
Il se leve, ravi de ces flammes nouvelles :
Voici, voici, dit-il, du secours à l'Amour,
Et pour luy faire honneur il vollette alentour :
Mais il en fist la preuve et se brusla les aisles.
O presage asseuré, s'escria-il à l'heure,
Que ce flambeau si beau n'esclaire point en vain,
Et qu'il faut, en laissant un travail incertain,
Que ce repos certain me serve de demeure.
Je voy de toutes pars ma torche consumée
Jetter la cendre en terre et l'estincelle aux cieux :
Ce feu, ce feu, tout seul, peut rallumer mes feux :
Car tous les autres feux n'ont que de la fumée.
Deslors Amour perdit franchement sa franchise
Et de tous ces beaux champs en fist un beau desert,
Il maistrisoit naguere, et maintenant il sert,
Mais ce service là valloit bien sa maistrise.
Il met son arc, ses traits, és mains de la Deesse,
Pour un gage certain qu'elle l'avoit soustrait,
Mais gardez vous, dit-il, gardez qu'un jour le trait
Duquel vous blesserez, luy mesme ne vous blesse.
Elle les prend soudain d'aise toute ravie,
Se glisse dedans l'air où sont les demi-dieux,
Eslance tout d'un coup cent flesches de ses yeux
En frappe tout un monde, et leur oste la vie.
Les Nimphes d'alentour comme elles l'apperçeurent
Se cacherent de honte aux ombrages des bois :
Mais elle, qui ne veit rien digne de ses loix,
S'en vint et leur osta la honte qu'elles eurent.
Cependant les beautez luy croissoyent davantage,
Et tous les poincts du jour forçoyent leurs actions
Pour achever le poinct de ses perfections,

Mais elle croissoit plus encore de courage.
Ainsi d'un haut dessein vivement animée
Prend la fleche, qu'Amour luy meme avoit preveu,
Tire à force, fend l'air et va dedans le feu
Où sa fleche luy fust tout d'un coup allumée.
À ce rencontre heureux la belle se sent prise
Accolle sa beauté contre ceste grandeur,
Et trouvant une ardeur pareille à sa grandeur,
Se baigne au beau succez d'une belle entreprise.
Amans ces doubles feux que vous meslez ensemble
Ne sont que le pourtrait de ces deux feux jumeaux
Qui calment les courroux des bouillonnantes eaux,
Et rasseurent la nef des vents dont elle tremble.
Puissiez vous, tout ainsi que ces germaines flammes,
Survivre l'un à l'autre et jamais ne mourir,
Sans pouvoir tour à tour vous entresecourir
D'ames pour vos amours, et d'amour pour vos ames.

CHANSON (1)

Comment pensez vous que je vive
Esloigné de vostre beauté ?
Tout ainsi qu'une ame captive
Au gouffre d'une obscurité,
Qui n'attend tremblante à tout'heure
Que le jour[28] qu'il faut qu'elle meure.
Je ne vois par tout que des ombres,
Je trouve mesme noirs les cieux,
Les jours luisans sont des nuicts sombres,
Les nuicts des Enfers à mes yeux,
Les Enfers mesmes si funebres
Sont beaux, au pris de mes tenebres.
Ce monde plain d'inquietudes
Qui flotte tout[29] autour de moy,

28 M 1599, 1603, P 1618^{A} : *Que le poinct.*
29 M 1599, P 1618^{A} : *tant.*

Ce ne sont que des solitudes
Toutes plaines de mon esmoy,
Mais vuides de la[30] douce vie
Que son[31] absence m'a ravie.

Je fonds comme fondroit[32] la cire
Auprès d'un brasier enflammé,
Et plus de vous je me retire
Je sens plus mon feu ranimé[33],
Mais ce feu tant plus il s'augmente
Helas ! tant plus il me tourmente.

Je meurs il est certain, ma belle,
Et ce peu d'ame que je tiens
Ce n'est que ceste humeur fidelle
De laquelle je l'entretiens :
Le reste d'elle qui s'envole
Ne me laisse que ma parole[34].

La parole helas ! pour me plaindre
Que mes maux sont bien commencez,
Mais je dois bien encor[e][35] craindre,
Qu'ils ne soyent pas si tost passez,
Et que mes fresles[36] destinées
N'ont point leurs bornes terminées.

Mon Dieu ! que ceste heure incertaine
A pour moy de malheurs certains,
Et que ma belle si lointaine
M'en garde[37] les secours lointains !
Peut on jamais sentir ne dire[38]
Pareil martyre à mon martyre[39] ?

Ainsi mon ame repoussée
Paisible à l'abry[40] de son port

30 M 1599 : *ma.*
31 M 1599 : *ceste.*
32 M 1599 : *feroit.*
33 M 1599 : *r'allumé* :
34 M 1599 : *Ne m'a laissé que la parole.*
35 DP 1599 : *encor'* d'où un vers hypométrique que nous corrigeons d'après 1604. M 1599 : *Mais que je dois encore craindre.*
36 M 1599 : *tristes.*
37 M 1599 : *En retient.*
38 M 1599 : *Pour jamais ne sentir ni dire.*
39 M 1599 : point.
40 M 1599 : *Du paisible abry.*

Sera desormais balançée
Dans les tempestes de la mort,
Mais sa nef sera la constance,
Et son estoile l'esperance[41].
Durant ceste triste fortune
La voix de mes gemissemens[42]
À vos oreilles importune,
Y prendra les soulagemens[43],
Et jusques à ce que je vienne
Belle au moins[44] qu'il vous en souvienne.
Lors me rendant en mille sortes
Tant de plaisirs que j'ay perdus
Tant et tant d'esperances mortes
Tant de biens en vain attendus
Trempes au miel de la presence
Les amertumes de l'absence.

CHANSON (2)

[Ô] doux objet de mes desirs[45],
Charme de mon ame seduite[46],
Où vous envollez vous si vite ?
Me laissant dans ces desplaisirs
Où vous m'avez ainsi reduite.
Sera-ce donc à ceste fois
Que la cruelle tragedie
Donra ceste entorce à ma vie,
Et que ma languissante voix
Mourra dans l'air esvanouye ?
Cest[47] offence est hors de pardon :

41 M 1599 : *Et son estoille ta presence.*
42 M 1599 : *mon gemissement.*
43 M 1599 : *M'apportera soulagement,*
44 M 1599 : *Pour le moins.*
45 DP 1599/1604, P 1607/1611 : Vers hypométrique corrigé d'après Boase 1978.
46 DP 1604 : point en fin de vers.
47 DP 1604 : *ceste.* P 1611 : *cest'.*

Car au lieu de prendre les armes
Pour me sauver de ces vacarmes,
Vous me laissez à l'abandon
L'ame aux douleurs les yeux aux larmes[48].

Je le sçay, vous craignez de voir
Ceste orpheline desolée
D'une nuict de chagrins voilée
Heurter au roc du desespoir,
À faute d'estre consolée.

Quand vous serez donques absent
Las d'où voulez vous que je tire
Moyen d'affoiblir mon martire ?
Qui se va sur moy renfonçant
Alors que vostre œil se retire.

J'ay beau de vous me souvenir,
Il faut que je [vous] le confesse[49],
La foule des maux qui m'oppresse
Ne se peut guere soustenir
Par une idée de liesse.

Je n'ay point l'esprit contrefait,
Et n'est possible que j'assemble
Ces deux contraires tout ensemble,
Que je sois pour vous tout à fait,
Et que pour l'autre je le semble.

Mais puis que suyvant vostre arrest
Il faut prouver que je vous aime,
Je voudrois en ce mal extresme,
Qu'au moins quand mon mal sera prest
Mon remede fust prest de mesme.

J'endurerois mille fois mieux
Tout ce mal qu'il faut que j'endure
Mais je suis mise à l'adventure,
Et le beau secours de vos yeux
S'enfuit du mal qui me demeure.

Mais quoy ? je me travaille en vain,
J'augmente par ma doleance
De mes malheurs ma violence,
Et mon remede plus certain

48 DP 1599/1604, P 1607/1611 : présentation fautive sur deux lignes. Nous corrigeons.

49 DP 1599 et 1604. Nous corrigeons le vers hypométrique suivant P 1607 et 1611.

Ne despend plus que du silence.
    Adieu beaux yeux, yeux tant aimez
Allez où vostre ame est poussée,
Chers nourrissons de ma pensée
Je ne vous laisseray jamais
Encor que [vous] m'ayez laissée[50].

CHANSON (3)

        Un bien qu'on desire tant
        Il ennuye à qui l'attend.

    C'est trop, je perds patience
De me voir tant abusé,
Et la longue experience
Me rendra plus advisé :
        Un bien qu'on desire tant
        Il ennuye à qui l'attend.
    Quoy donc ? ce peu de journées
Prises si mal volontiers
Feront elles des années
Mais des siecles tous entiers ?
        Un bien qu'on desire tant
        Il ennuye à qui l'attend.
    Je m'estonne bien encore
En la langueur où je suis
Que le temps qui tout devore
Ne devore mes ennuis :
        Un bien qu'on desire tant
        Il ennuye à qui l'attend.
    Mais c'est que ma belle flame
N'a point d'autre qualité,
Que la qualité de l'ame
Qui court vers l'éternité :
        Un bien qu'on desire tant

50 Vers hypométrique, corrigé d'après DP 1604 et P 1607/1611.

Il ennuye à qui l'attend.
J'ai beau flater de parole
Ce mal sourd comme la mort,
La medecine est trop mole
Et le mal beaucoup plus fort :
Un bien qu'on desire tant
Il ennuye à qui l'attend.
Ceste absence si cruelle
Me met en estrange point,
Je vis d'avoir veu ma belle
Je meurs de ne la voir point.
Un bien qu'on desire tant
Il ennuye à qui l'attend.
S'il est vray ce qu'on raconte
Soleil, de tes premiers feux
Pour Daphné, je fais mon conte
Que nous sçavons bien tous deux.
Un bien qu'on desire tant
Il ennuye à qui l'attend.
Haste donc pour moy la suite
De tes journaliers plaisirs,
Mais prens pour voller plus viste
Les aisles de mes desirs :
Un bien qu'on desire tant
Il ennuye à qui l'attend.
Que si ta course retarde
La fin de mon triste esmoy
Voy ma Belle, et pren bien garde
Qu'elle sente comme moy
Un bien qu'on desire tant,
Il ennuye à qui l'attend.

ELEGIE

Vous languissez mes vers, les glaçons de l'absence
Esteignant vos fureurs au poinct de leur naissance
Vous n'entrebatez plus de souspirs vostre flanc,

Vos arteres d'esprits, ni vos veines de sang :
Et quoy, la mort vous tient ? et ce front teint en cendre
Vous marque les tombeaux où vous allez descendre ?
Si vous pouviez encor revoir dedans les Cieux
Ce feu, qui s'est caché des pointes de vos yeux
Vous vivriez dites vous, mais la clarté ravie
Ravit en mesme temps l'esclair de vostre vie.
Vous ne sçauriez passer vos jours parmi les nuits,
Ni faire beau visage en ces affreux ennuis,
Ce contraire est trop grand vivre auprès de ma Belle
Et n'approcher la mort quand on s'esloigne d'elle.
Il faut donques mourir et par necessité
Qu'à la fin vostre Hyver succede à vostre Esté.
    Papillons bien aimez, nourrissons de mon ame,
Puis que vostre origine est prise de ma flame
Et que ma flame garde encore son ardeur
D'où vous vient d'où vous vient ceste prompte froideur ?
Ce beau feu, dont j'avois vostre vie allumée
Me l'avez vous changé si soudain en fumée ?
Vous me laissez ingrats, et la desloyauté
Recompense l'amour que je vous ay porté.
    Est-ce que vous craignez que vostre tendre veuë
Se rebouche si bien contre la pointe aiguë
Des rayons du Soleil, qu'à l'espreuve du jour
On ne vous juge point des vrais enfans d'Amour ?
Et que ces beaux esprits dont on fait tant de compte
S'il[s][51] vous ont descouvers ne vous couvrent de honte ?
Craindriez vous point qu'encor vostre deformité
Ne despleust d'aventure aux yeux de la beauté
Pour qui vous travaillez, et par trop de coustume
Qu'on sente vos douceurs changer en amertume ?
    Helas ! ne mourez point et servez pour le moins
À ma fidelité de fideles tesmoins,
Que si des Basilics l'œil malin vous offence
Marchant parmi ces fleurs, j'en prendray la deffence
Et du miroir luisant de mon authorité
J'esteindray tout soudain ceste malignité :
Lors qu'on vous poursuyvra je seray vostre Asile
Et quand les vents battroyent vostre nef si fragile

51 DP 1599 et 1604 : *il* (nous corrigeons).

Vous ne sçauriez vous perdre au Phare de mon feu.
Quand à ces yeux à qui vous avez desjà pleu
Ils vous don'ront tousjours, leur veuë toute entiere
Si ce n'est pour la forme, au moins pour la matiere.
Que si vostre langueur ne se peut secourir,
Si vous avez du tout resolu de mourir,
Mourez mourez au moins d'une mort qui soit digne
De vostre belle vie, et faites que le Cygne
Qui charme de ses chants les bords Meandriens
Sur le bord de sa mort, se charme par les miens[.]
Ce dernier feu laissant vostre mourante bouche[52]
Soit semblable au Soleil qui luit quand il se couche
Beaucoup plus doucement que quand au fort du jour
Les brandons qu'il vomit grillent nostre sejour.
Mourez mes vers, mourez puis que c'est vostre envie[53],
Ce qui vous sert de mort, me servira de vie.
L'orage de mes maux, qui me va repoussant
Du bien tant desiré dont je me trouve absent,
Tant s'en faut que son coup m'esbranle ou me renverse
Que je le romps luy mesme, et d'une humeur diverse
À ces esprits qui vont d'onde en onde sautant,
Je pren plus de racine, et mon cœur si constant
Change en un naturel si bien ceste coustume,
Que tous ces monts de flots il les couvre d'escume,
Et sentiront tousjours s'ils veulent m'approcher,
Qu'ils sont mols comme une eau, moy dur comme un rocher.
Mourez mes vers, mourez puis que c'est vostre envie[54].
Ce qui vous sert de mort me servira de vie.
Ce bel or qui nous donne un si bel argument,
Ne se va tant soit peu dans le feu consumant,
Et d'autant plus ce feu dans son ardeur persiste
Tant plus encor cet or s'anime et luy resiste
Et mille fois remis dans le plomb qu'il soustient
Plus brillant et plus beau mille fois il revient :
Mon amour est de mesme, et tous les maux qu'il treuve
Ne lui servent de rien que d'une vive espreuve,
Dont le brasier, encor qu'il se sente cuisant,

52 DP 1604 : virgule en fin de vers.
53 DP 1604 : pas de virgule en fin de vers.
54 DP 1604 : pas de ponctuation en fin de vers.

Luy fait l'ame plus nette et le front plus luisant.
Mourez mes vers, mourez puis que c'est vostre envie
Ce qui vous sert de mort me servira de vie.
    On n'eust jamais cognu le Scevole Romain
Sans le beau desespoir des deux coups de sa main[,][55]
Cæsar sans les Gaulois, Scipion sans Carthage[.][56]
Le sommeillant repos endormoit leur courage,
Et leur nom dans la mort s'alloit desjà plonger
S'il n'eust trouvé sa vie en cherchant le danger.
Mon Amour cherche ainsi, pour se monstrer si brave,
Des perils de l'Amour le peril le plus grave,
À la fin on verra, pour marque de vertu
Qu'il sçait que c'est de batre et non d'estre batu.
Mourez mes vers, mourez puis que c'est vostre envie,
Ce qui vous sert de mort me servira de vie.
    Quand je fus, par malheur, de ma Belle distrait
J'emportay dans mon cœur, non le vulgaire trait
Dont mille ames gisoyent à ses pieds comme mortes,
Mais les traits qui m'avoyent navré de mille sortes
Dont elle mesme encore à l'envy se blessa
Et pour gage certain d'Amour me les laissa.
Comment voulez vous donq, qu'encor que je m'absente,
Je n'en retienne point la memoire recente ?
Et dans ceste memoire, un amour si vivant
Qu'on ne me trouve point pour un homme de vent.
Mourez mes vers, mourez puis que c'est vostre envie,
Ce qui vous sert de mort me servira de vie.
    Tout ainsi que l'on dit de ce mont embrasé,
Dont le souffre et le vent ne peut estre appaisé,
Qu'il ne vomisse en haut, des cavernes profondes
D'un abisme grondant, ses feux à grosses ondes :
La neige d'alentour fondant à gros monceaux
Au lieu de l'estouffer l'enflamme avec ses eaux :
Mon cœur bruslant de mesme en mesme violence
Brandons dessus brandons devers le ciel eslance,
Et quoy que le feu meure en la glace autrement,
Mes feux tout au rebours y trouvent aliment.
Mourez mes vers, mourez, puis que c'est vostre envie

55 DP 1599 et 1604 : point que nous modifions en virgule d'après A 1599.
56 DP 1599 et 1604 : nous ajoutons une ponctuation. A 1599 : virgule.

Ce qui vous sert de mort me servira de vie.
La nature est flottante, et par ses mouvemens
Elle se peint le front de divers changemens :
Et son estre incertain est un certain presage
Qu'ainsi comme elle pert visage après visage
Elle perdra sa vie à la fin par la mort :
Mais mon amour constant qui jamais ne desmord
Ne change point du tout et sa vie estouffée
Ne servira jamais à la mort de Trophée :
En fin j'auray dit vray, ne fust-ce que ce poinct,
Que j'aime de l'esprit et l'esprit ne meurt point.
Mourez mes vers, mourez puis que c'est vostre envie
Ce qui vous sert de mort me servira de vie.
Quand est de nostre absence, helas je sens assez
Que ce mal est contraire à mes plaisirs passez,
Et que je perds beaucoup par mes longues souffrances
Du bon-heur que m'avoyent conçeu mes esperances.
Mais cet amour pourtant dont mon cœur est touché
N'est point par son essence à l'absence attaché,
Ce n'en est point la cause, aussi ne sçauroit-elle
Faire mourir l'effect d'une chose immortelle :
Au contraire le bien dont on s'est retiré
Est d'autant plus aimé plus il est desiré.
Mourez mes vers, mourez puis que c'est vostre envie
Ce qui vous sert de mort me servira de vie.
Je fendray donques l'air par mes gemissemens
Aussi large qu'il est en nos esloignemens :
Mais puis que nos Amours, qui fuyent les ruines,
Sont de roses privez, nourrissons les d'espines[57]
Et changeant de pasture à leur cœurs affamez
Apprenons-leur eux mesme à ne changer jamais.
Dans les esprits bien nez qui sentent bien empraintes
Les flesches de l'amour, de miel et de fiel taintes,
La presence fait naistre un amoureux effet
L'absence le renforce et le fait plus parfait.
Mourez mes vers, mourez puis que c'est vostre envie
Ce qui vous sert de mort, me servira de vie.
Ainsi des Tourtereaux, qui perdent leur ami,
Languit la voix és bois vive et morte à demi,

57 A 1599 : *nourrissons des espines.*

Et ces mignons d'Amour tesmoignent qu'en leur perte
Ils gaignent par leurs feux la perte plus ouverte,
Et tous seuls dans ce dueil qui leur est tant amer
Apprennent doucement que c'est de bien aimer.
Qui n'aime que des yeux et ne sent point blessée
En quelque part qu'il soit jusqu'au vif sa pensée
L'Amour dans ses vergers aveugle le conduit,
Et luy donne les fleurs, et se garde le fruit.
Mourez mes vers, mourez puis que c'est vostre envie
Ce qui vous sert de mort, me servira de vie.

STANCES B.D.F.[58] (2)

Depuis ce[59] triste jour que mon ame captive
S'empestra des liens de vos cruelles loix,
Et que pour vous servir, elle tenoit craintive
La veuë sur vos yeux, l'oreille à vostre voix.

J'arrestay mes desirs du vent de l'inconstance
D'espoir et[60] desespoir tous les jours combatus,
Et pour les mettre, en fin, dessous quelque asseurance
Je leur choisi le port de vos belles vertus.

Il sembloit que l'amour me prestoit la main forte
Tant il avoit son front serain de tous costez,
Vous mesme, en vos discours, monstriez en quelque sorte
Je ne sçay quoy de plus que les divinitez.

Mais ce[61] calme d'Amour me couvoit un orage
Qui me devoit bien tost dissiper le[62] repos :
Et vous sous les douceurs[63] de vostre beau langage,
Desguisiez un esprit contraire à vos propos.

Quand vous me vistes pris, au lieu que ma franchise
Meritoit la faveur d'un aimable recueil,

58 A 1599 : le titre est simplement « Stances ».
59 M 1599 : *le.*
60 M 1599 : *de.*
61 M 1599 : *le.*
62 M 1599 : *mon.*
63 M 1599 : *la douceur.*

Je n'euz, pour le loyer de si belle entreprise,
Que les esclairs tranchans du courroux de vostre œil.

Desdain dessus desdain, martyre sur martyre
Couronnoyent les travaux de ma fidelité,
Quoy qu'autant que j'estois digne de vostre Empire
Je fusse indigne autant de vostre cruauté.

Quand j'eus beaucoup souffert, ma longue patience
Blessée, se changea par contrainte en fureur,
La fureur m'alluma le desir de vengeance
Pouvois-je sans mourir, voir mourir mon honneur[64] ?

L'enfer mesme voyant les langueurs de ma vie
Quoy qu'il soit insensible en print quelque pitié,
Et des sanglans cordeaux de la jalouse envie
Entortilla les nœuds de[65] vostre autre amitié.

Confessez franchement, vous qui sentez ces peines
Et le cruel malheur[66] de vos afflictions,
Qu'en matiere d'Amour, les offences certaines
Sont certaines aussi de leurs punitions.

Toutesfois, vostre mal seul tous mes maux[67] excede
Et je vous plains encor ne fust-ce que[68] ce point,
Qu'à tout le moins pour moy vous sçavez le remede
Mais pour vous mesme, helas ! vous ne le sçavez point.

Peut estre que changeant encores[69] de courage
Vos malheurs envers vous se pourroyent[70] bien changer,
Et que ne trouvant point de sujet davantage
La jalousie auroit honte de me venger.

Je le crois pour le moins, et faites-en l'espreuve
D'autant plus librement qu'il est plus deffendu,
L'attente ennuye bien, mais à la fin on treuve
Qu'un bien fait à propos ne peut estre perdu.

64 M 1599 : *Et recercha pour moy contre vous du mal-heur.*
65 DP 1604 : *des* (coquille).
66 M 1599 : *Et la vive douleur.*
67 M 1599 : *tous les miens.*
68 M 1599 : *qu'en.*
69 M 1599 : *envers moy de courage,*
70 M 1599 : *se pourront.*

SUR LA MORT DU B.D.F. [STANCES 3]

Braves enfans de Mars, nourrissons de Bellonne,
Qui portez dans vos mains les glaives tous sanglans
Dont vous perçez le dos, l'estomac, et les flancs
À ces cruels voleurs des lys de la couronne.
Et vous mon Roy, premier de rang et de courage,
Ame de tous ces corps qui vous vont tous suyvant,
Le tonnerre, et l'esclair, et le foudre, et le vent,
À qui l'Europe un jour doit un entier hommage.
J'apprestois des Lauriers pour ceindre vos victoires
Vos triomphes d'honneur estoyent desjà tous prests,
Mais quoy ! faut il mesler les Lauriers de Cyprez
Et de mon triste dueil la joye de vos gloires !
Où m'avez-vous laissé ces aimables delices,
Ces mielleuses humeurs, ces yeux de mon ami ?
Hé ! cuidez vous qu'on puisse ainsi vivre à demi,
Si ce n'est comme on vit au milieu des supplices ?
Luy qui vous avoit fait si prompte compagnie,
Qui couroit genereux aux dangers comme vous,
A-il tout seul laissé, dans le malheur des coups[71],
L'ame, de luy, de nous et de moy desunie ?
Encor que vostre coup de la coulpe s'exempte,
Et que son meurtrier aille au rang des innocens,
Si faut-il, quel qu'il soit, pour contenter mes sens
Si je ne le condamne, au moins qu'il s'en repente.
Aveugle il a guidé son aveugle fortune,
Et si son cœur n'a fait un si piteux dessein,
L'outil ne s'est trouvé pour le moins qu'en sa main,
Et de luy seul nous vient ceste perte commune.
Mais en quelque façon qu'elle soit advenue
Je vois mon pauvre ami sur la poudre estendu,
Et les glaçons tous froids de ce sang respandu
Où jadis luy boüilloit sa valeur si cognue.
Ces playes, que je voy perçer ainsi ces armes,
Me perçent jusqu'au vif mon esprit tout dolent,

71 DP 1604 : point (erroné) en fin de vers.

Mais dolent de l'effort d'un dueil si violent
Qu'il arreste et devore, et ma voix, et mes larmes.
Lors que la voix, les cris, et l'œil les pleurs nous donne,
Ce sont des maux legers qui s'envolent par là,
Mais ce mal est plus grand que non pas tous ceux là
Un mal sous qui mon sens et s'estouffe et s'estonne.
Mais à ce mien ami, pour marque plus notoire
Que je l'ay tant aimé, je luy garde un tombeau :
Mais un tombeau tousjours esclairé d'un flambeau[,][72]
Le tombeau mon esprit, le flambeau ma memoire.
Ah, que c'est peu de l'homme ! et que ceste lumiere
Qui nous fait vivre peu de peu de vent s'estaint,
Nous avons beau courir, mais la mort nous attaint
Et souvent les premiers la trouvent la premiere.
Heureux qui ne tient point sa vie à l'advanture,
Mais quand la mort s'approche il a tant de bon heur
Qu'il l'attend pour le moins sur le pas de l'honneur
Et pour elle jamais ne change de posture.

STANCES (4)

Ainsi fait le Soleil, quand il monte de l'onde
Il esparpille en l'air sa chevelure blonde
Tout beau, tout rayonneux, tout brillant de clarté,
Esteint les petits feux, espard l'obscurité
Et se donne luy mesme en son triomphe au monde.
Nimphe serois-tu point ceste mesme lumiere,
Qui laisses dans le Ciel ta course coustumiere
À quelque Phaëton qui t'ait importuné ?
Ou bien le monde est-il de deux torches orné
Du Soleil la seconde, et de toy la premiere ?
Ah, que de beaux flambeaux ta face nous allume,
Qui nous donne le jour plus fort que de coustume
Au sortir esclatant de ses sombres rideaux,
Sombres quand ils n'ont plus ces mesmes beaux flambeaux

72 DP 1599 : point en fin de vers. Nous corrigeons d'après DP 1604.

Car à ces beaux flambeaux leur noirçeur se consume.
    À voir tant de splendeur qui de tes yeux flamboye
À voir tout ce bel or qui sur ton dos ondoye,
Tous tremblotans d'Amours, transformez en Zephirs
Et ce sein, qui s'estraint et s'estend de souspirs,
Que nos yeux ont de bien, et nos ames de joye !
    Mais Nimphe c'est des yeux seulement et des ames
Quiconque soit celuy pour lequel tu t'enflames
Il faut qu'il soit quelqu'un d'entre les plus grands Dieux
Les hommes n'ont point part aux regards de tes yeux,
Ce sont glaçons pour nous, et pour luy seul des flammes
    Luy et nous te voyons, mais non pas tout de mesme,
Luy ravy de l'ardeur de son amour extresme
Te voit pour te cherir ou pour te desirer,
Et nous ne te voyons que pour mieux admirer
Les divines beautez qui l'aiment et qu'il aime.
    Le Soleil n'a qu'un monde où sa clarté rayonne,
Tu n'esclaires qu'un Dieu qui tout à toy se donne
Un Dieu seul, tout le reste est gisant dans la nuict,
Ou bien c'est un esclair quand la beauté nous luit
Qui [fend][73] soudain la nuict, et soudain l'abandonne.
    Que vous estes heureux, Nimphe et Dieu tout ensemble,
Puisqu'en vous tout l'amour des amours se rassemble
Nompareille beauté, nompareille grandeur
On ne voit rien ici qui semble vostre ardeur,
Aussi ne voit-on rien au monde qui vous semble.

STANCES (5)

    Ma belle languissoit dans sa[74] funeste couche,
Où la mort ces[75] beaux yeux de leurs traits desarmoit,
Et le feu dans sa moüelle allumé, consommoit[76]
4 Les lys dessus son front, les roses sur sa bouche.

---

73 DP 1599, DP 1604 et A 1599 : *sent.*
74 M 1599 : *la.*
75 M. 1599 : *ses.*
76 M. 1599 : *Et le feu de son mal allumé consumoit.*

L'air paroissoit autour tout noir, des nuits[77] funebres
Qui des jours de la vie esteignent le flambeau :
Elle perdoit[78] desjà son corps dans le tombeau,
Et sauvoit dans le Ciel[79] son ame des tenebres.

Toute la terre estoit du dueil toute[80] couverte
Et son reste de beau luy sembloit odieux :
L'ame mesme sans corps, sembloit moins belle aux Dieux,
Et ce qu'ils en gaignoyent leur sembloit[81] une perte.

Je le sçeus[82], et soudain mon cœur gela de crainte
Que ce[83] rare tresor ne me fust tout ravi,
S'il l'eust esté je l'eusse incontinent suyvi,
Ainsi que l'ombre suit une lumiere esteinte.

Nostre fortune en fin de toutes pars poussée
À force de malheur fut preste à renverser,
Ma belle en se mourant, et moy pour me presser
Moy-mesme de ce mal dont elle estoit pressée.

L'amour qui la voyoit cruellement ravie
S'enflame de colere à voir mourir son feu,
Accourt tout aussi tost en trouve encor un peu
L'esvente de son aisle et luy donne la vie.

Mais l'amour au voler se[84] trouva tout estrange,
Car la douleur tenoit engourdis les Zephirs :
Je les luy r'animois[85] du vent de mes souspirs
Et s'il a fait du bien j'ay part à la[86] loüange[87].

Ma belle cependant recommence à reprendre
Pour les[88] perdus esprits, des esprits tous nouveaux
Qui pourfilent son corps de traits encor plus beaux

---

77 M 1599 : *d'ombres.*

78 M 1599 : *Et devalant desjà.*

79 M 1599 : *Elle sauvoit au Ciel.*

80 M 1599 : *de tristesse couverte,*

81 M 1599 : *leur estoit.*

82 M 1599 : *Je le sens,*

83 M 1599 : *le.*

84 M 1599 : *le.*

85 M 1599 : *Lors je les raviray.* Les *errata* corrigent en *r'animay*, mais les versions suivantes ne retiennent pas la correction. M 1603, M 1606, P 1607, P 1618 : *r'avivay.*

86 M 1599 : *sa.*

87 M 1599 : Strophe ajoutée ensuite : *O mort, dit-il alors, ta force est estouffée, / Tout ce que tu ravis ce n'est rien que du vent : / Mais le feu dont je fay ce corps ore vivant, / Je te garderay bien d'en faire ton trophée.*

88 M 1599 : *ses.*

Et renaist tout ainsi qu'un Phœnix de sa cendre.
Au rapport bien-heureux de si douces nouvelles
L'enfer de mes ennuis dedans l'air s'est perdu :
Que si j'ay du repos pour l'avoir entendu
Qu'aurois-je pour l'avoir s'il me donnoit des aisles[89] ?
N'auroy-je donques point encor que des oreilles ?
Et mes yeux seront-ils encor de vous privez ?
De vous ma belle, à qui les biens sont arrivez,
Où l'amour pour nous deux desploye ses merveilles.
Au moins triste langueur de ma longue distance
Qui m'enchaines les jours comme insensiblement
Trouvez moy quelque fin à mon esloignement
Mais ne me trouvez point de fin à ma constance.

STANCES (6)

N'est-ce donc pas assez que je sois tout en flamme
Tout en flamme de vous, et pour vous mon flambeau,
Si pour mieux me fermer la porte de vostre ame
Vous ne m'ouvriez encor celle de mon tombeau.
Vous n'estes point contente, et j'en ressens les preuves,
Pour tant d'entiers tesmoins de ma fidelité,
Et les rompez plustost, comme de petits fleuves,
À vos rocs endurcis de l'incredulité.
Mais que vous restoit-il, si vous pour tant de geines
Que vous m'avez donné, ne m'avez point perdu ?
Si mesme pour le mal de vos injustes haines
Mon innocent Amour du bien vous a rendu ?
Quand vous dardiez sur moy vos flamesches bruslantes,
Je presentois sur moy mon ame à leurs ardeurs,
Et tant plus je sentois ces ardeurs violentes,
Tant plus je leur rendois de plus douces odeurs.
J'ay languy tout un temps en ce long sacrifice

89 M 1599, v. 34-36 : *D'ennuy en mesme temps et de joye esperdu / Pour voir plustost le bien que j'avois entendu, / D'Amour en mon Amour je desiroy les aisles.* Les deux strophes suivantes sont absentes.

Paisible à vos rigueurs, sur vostre saint Autel,
Et s'il fust onc Martyr de l'amoureux supplice,
Ou jamais il n'en fust, ou n'en fust jamais tel.
Ores que j'attendois que vostre ame appaisée
Print en fin le chemin d'une aimable douceur,
La voila de nouveau remise en sa brisée
Et moy plus esgaré du chemin le plus seur.
Vous m'eschappez encor dans ces tortus Dedales
De deffis ombrageux et d'inconstans soupçons,
Et si nos passions estoyent d'humeurs esgales
Mes feux desjà seroyent estains sous vos glaçons.
Mais quoy ! si je ne meurs moymesme il faut qu'ils vivent
Et que leur sort se trouve avec le mien conjoint,
Que si vos cruautez encores vous poursuyvent
Ils ne peuvent mourir, et moy ne mourir point.
C'est ce que vous cerchez : car m'ostant la creance
Que toute Amante doit par droit à son Amant,
Vous estes proprement à mon feu son essence
Car le feu ne vit point s'il n'a son aliment.
Helas ! ne m'ostez point si promptement la vie
Si les Cieux ont encor mon destin retardé,
Vous seule de moy seul pouvez estre servie
Comme un Soleil de l'Aigle estre bien regardé.

SUR SA FIEVRE

Que faites vous dedans mes os
Petites vapeurs enflammées,
Dont les petillantes fumées
M'estouffent sans fin le repos ?
Vous me portez de vaine en vaine
Les cuisans tisons de vos feux,
Et parmi vos destours confus
Je perds le cours de mon haleine.
Mes yeux crevez de vos ennuis
Sont bandez de tant de nuages,
Qu'en ne voyant que des ombrages

Ils voyent des profondes nuits.
    Mon cerveau siege de mon ame
Heureux pourpris de ma raison,
N'est plus que l'horrible prison
De vostre plus horrible flamme.
    J'ai cent paintres dans ce cerveau
Tous songes de vos frenaisies,
Qui grotesquent mes fantasies
De feu, de terre, d'air et d'eau.
    C'est un chaos que ma pensée
Qui m'eslance ore sur les monts,
Ore m'abisme dans un fond
Me poussant comme elle est poussée.
    Ma voix qui n'a plus qu'un filet
À peine à peine encore tire
Quelque souspir qu'elle souspire
De l'enfer des maux où elle est.
    Las ! mon angoisse est bien extresme
Je trouve tout à dire en moy,
Et suis bien souvent en esmoy
Si c'est moy-mesme que moy-mesme.
    À ce mal dont je suis frappé
Je comparois jadis ces rages,
Dont amour frappe nos courages
Mais, amour, je suis bien trompé.
    Il faut librement que je die
Au prix d'un mal si furieux,
J'aimerois cent mille fois mieux
Faire l'amour toute ma vie.

Fin des Amours du sieur de Sponde.

POÉSIES DIVERSES

ÉPIGRAMME MANUSCRITE [1580]

Epigramma Johanne Spondano auctore in effigiem erectam ἐν βουλευτηρίῳ

Vt uidi haec artus spirantia marmora uiuos
Heus ut rapti oculi disperiere mei !
Quae fuit ista manus ? Phidiaene in Pallade multi ?
An tua clara operis Ictine foemineis ?
An tua iudicio male doctae plebis iniquo
An torua Nemesi dextera uicta Pari ?
An uero haec potius fallentis dextera uacca
In qua uel falli posse et ipse Myron ?
Qualibus ingenium hoc finxit natura latebris,
Vt uinci sese uellet ab artifice ?
Nescio sed generis non horreo stamina nostri.
Si solum hic tractat marmora Deucalion !

Épigramme de Jean de Sponde sur la statue érigée dans la Salle du Conseil

Quand j'ai vu ces membres pleins de vie, ce marbre qui semblait [respirer,
Hélas ! ravis, mes yeux furent perdus !
Quelle main y présida ? celle du fécond Phidias lorsqu'il fit sa Pallas ?
Ou la tienne, illustre, Ictinus, qui fit le Monument des femmes ?
Ou la tienne, Paris, dont triompha, contre une Némésis travestie
l'inique jugement d'une plèbe ignorante ?
Mais n'est-ce pas plutôt la main habile qui fit la vache trompeuse
À laquelle Myron lui-même se laissa prendre ?
Dans quelle retraite la nature a-t-elle conçu ce génie

Pour vouloir être vaincue par l'artiste ?
Je ne sais mais je ne crains pas les destins de notre genre humain.
Que seulement Deucalion puisse toucher ce marbre !

POÈMES LIMINAIRES
IN THEATRUM MUSICUM
[1580]

Theatrum musicum Orlandi de Lassus, aliorumque praestantissimorum musicorum selectissimas cantiones sacras, quatuor, quinque et plurium uocum representans, [Genève], Simon Goulart, 1580.

In Theatrum musicum

Aerias Babylon iactet[1] *licet inclyta turres,*
Pendula Mausolus laude sepulchra uehat,
Pyramidas Memphis, tu Caesaris Amphitheatrum
Roma tui, et celebri carmine, Marce, tona :
Maius opus surgit nostro hoc, mihi crede, Theatro,
Quod modulos solum spirat Apollineos,
Non est diuersa huic suauis symphonia coeli,
Hac torsit uates flumina Threïcius.
Et ne longe abeam, diuinum est hocce Theatrum,
At quod diuinum est censeo maius opus.

I[ohannes] S[pondanus] M[auleonensis]

Que l'illustre Babylone vante ses tours aériennes,
Que Mausole fasse l'éloge de son tombeau suspendu,
Que Memphis loue ses Pyramides, toi, Rome, l'Amphithéâtre
de ton César ! et toi Marcus, fais-le résonner de ton célèbre chant.
Voici surgir une œuvre, crois-moi, supérieure à notre Théâtre,
Qui ne respire que les modulations apolliniennes.

---

1 Dans les éditions consultées, le premier vers porte *jacet*, qui semble une erreur, tant du point de vue du sens que par rapprochement avec l'épigramme de Martial qui l'inspire (*cf.* notes).

Le doux concert du ciel n'y est pas opposé,
Grâce à lui le chantre de Thrace renversa le cours des flots.
En deux mots, il est divin, le Théâtre que voici
Mais parce qu'il est divin, l'œuvre en est supérieure.

POÈMES LIMINAIRES
OCTONAIRES DE LA VANITÉ DU MONDE
[1582]

Le Premier Livre des Octonaires de la Vanité du Monde, Pascal de l'Estocart, Genève, Eustache Vignon, 1582[2].

À Paschal de L'Estocart
rare et tresexcellent musicien

Mon PASCHAL, où prends-tu ceste belle Musique,
Dont tu ravis le cœur à tous tes auditeurs ?
Aprend-on des mortels ces divines douceurs,
Ou si l'on en aprend au ciel la theorique ?
Chantres, si vous n'avez le jugement inique,
Si vous ne captivez sous l'envie vos cœurs,
Ou sous un fol courroux, ou sous autres fureurs,
Jugez-vous pas divin tout cest œuvre harmonique ?
J'en suis là, mon Paschal, la musique des cieux
Logea dans ton esprit ses dons plus précieux,
Puis çà bas te transmit de son séjour céleste.
Pour n'estre pas ingrat, tu prens un argument
Celeste comme l'art. C'est bien fait : mais il reste
Que telle soit la fin que le commencement.

Jean de Sponde

2 Texte vérifié d'après l'édition « vendue à Lyon chez Barthélemy Vincent », disponible en ligne sur BSB Katalog, cote bsb00089919.

POÈMES LIMINAIRES
CENT CINQUANTE PSAUMES DE DAVID
[1583]

Paschal de L'Estocart, *Cent cinquante Psaumes de David mis en Rime Françoise par Clement Marot et Theodore de Beze, et mis en musique à Quatre, Cinq, Six, Sept et Huit parties par Paschal de L'Estocart*, Genève, Jean de Laon, À Genève, on les vend chez Eustace Vignon / À Lyon, on les vend chez Barthélemy Vincent, 1583[3].

Au Roy de Navarre

Sonnet

Sire, encore qu'un Roy ne puisse estre avancé
Des presens qu'un povre homme oseroit bien luy faire :
Quand il s'en trouveroit quelqu'un si temeraire,
Qui vous en feroit un, en seroit-il tancé ?
Non, vous n'en seriez point, je m'asseure, offensé,
Qui avez esgalé par un cœur debonnaire
La gloire d'un Trajan : ains plustost au contraire
Il seroit mieux receu qu'il n'auroit point pensé.
Quand Paschal seroit mien, soubs si ferme asseurance
Je vous en feroy, Sire, un present, pour avance
Du devoir que je tiens à vostre Majesté.
Et quand vous l'auriez prins, un superbe Alexandre
Avec son Timothé, Sparte avec son Terpandre
Auroyent d'estre vaincus le cœur tout despité.

De Votre Majesté tres-humble et tres-obeissant
subjet et serviteur, Jean de Sponde.

3 Exemplaire consulté : Bristish Library, cote A 62, partie Tenor, Lyon, Barthélemy Vincent, 1583.

À mon cher ami et tresexcellent Musicien
de L'Estocart

Mais de quoy servira, mon Paschal, que mes vers
Tesmoignent au Lecteur le los de ta musique ?
Crois-tu qu'elle en sera beaucoup plus authentique ?
J'ay mon advis au tien en cela tout divers.
Le Spartain Antalcide oyant que je me sers
De ma muse en cecy, d'un esprit laconique
M'estimeroit trop vain de la mettre en pratique,
Et plaindroit volontiers tout le temps que j'y pers.
Il ne[4] faut, diroit-il, que le los on entonne
De celuy qui n'est point blasonné de personne.
Il est vray, mon Paschal : N'ay-je pas donques eu
Quelque juste raison d'eviter ceste peine ?
Puis, ores que j'en fisse une œuvre toute pleine,
Quand j'auray dit beaucoup, ce ne seroit que peu.

Jean de Sponde.

POÈMES DE L'ÉDITION COMMENTÉE D'HOMÈRE [1583]

Homeri quae extant omnia, Ilias, Odyssea, Batrachomyomachia, Hymni, Poematia aliquot, Cum Latina versione omnium quae circumferuntur emendatissima aliquot locis jam castigatiore, Perpetuis item justisque in Iliada simul et Odysseam Io. Spondani Mauleonensis Commentariis [...]. Bâle, Eusebius Episcopius, 1583.

POÈMES LIMINAIRES AU ROI DE NAVARRE

Anagramma nominis Regis Navarrae
Mecoenatis mei clementissimi
Henricus Bourbonius
Hic bonus orbi neruus

4 Le texte consulté porte *me*, coquille probable. Nous corrigeons.

Exere pacatos, mitis Rhamnusia uultus,
Nec iura libertatis huic uati eripe.
Aut sta torua : meae praesagia prodita menti.
Securus animi, et conscius ueri eloquar.
ILLE, Meus summo Mecoenas gratus Olympo,
Sceptrum Nauarrae qui ualida quatit manu.
Ille orbi columen dabitur tandem : HIC BONUS ORBI
NERVUS perituro, si quid unquam hinc auguror,
Debetur. Neruis stant membra ualentibus, isto
Valente NERVO hic stabit ORBIS integer.
Huic igitur NERVO tantas, Deus optime, uires
Largire ut hic et ORBIS iste non ruant[5].

Johannes Spondanus faciebat

ANAGRAMME DU NOM DU ROI DE NAVARRE,
mon très clément mécène
Henri de Bourbon,
Le nerf solide qui tient le monde

Montre un visage apaisé, douce Némésis,
et n'enlève pas à ce divin poète les droits de la liberté.
Ou garde ton air farouche. Les présages découverts à mon esprit,
le cœur tranquille, sûr de leur vérité, je vais les dire.
Lui, mon Mécène, qui trouve grâce au plus haut de l'Olympe,
qui brandit d'une main forte le sceptre de Navarre,
c'est lui qu'on tiendra enfin pour le pilier du monde : CE NERF SOLIDE
se doit à un MONDE destiné à périr, si je peux jouer les augures.
Les membres se tiennent grâce à la force des nerfs, grâce à la force
de ce NERF notre MONDE gardera son intégrité.
Donne donc à ce NERF, Dieu si bon, des forces si grandes
que ni lui ni ce MONDE ne s'effondrent.

5 Variantes d'après les *Cent cinquante Psaumes* de Paschal de l'Estocart (1583), exemplaire de la British Library [cote A 62] v. 5 : *Moecenas* ; v. 10 : *VALENTE NERVO* ; v. 11 : *VIRES* ; v. 12 : *ut ille et ORBIS iste.*

ΤΩ ΑΥΤΩ ΒΑΣΙΛΕΙ ΕΝΝΕΑΣΤΙΧΟΝ ΠΡΟΣΦΩΝΗΤΙΚΟΝ

Οἱ μέν σοι, βασιλεῦ, ἵππους προφέρουσιν Ἰβήρους,
Οἱ δὲ κυνῶν τοὺς ὠκυτάτους, ὁ δὲ δίπλακας ἱστούς,
Μαρμαρέους τ᾽ἐσθῆτας ἄγει, ὁ δὲ πλοῦτον ἄπειρον,
Χάλκόν τε, χρύσόν τε, πολύκμητόν τε σίδηρον,
Καὶ τὰ μὲν ἄλλ᾽ἄλλοι. τοιοῦτον σοὶ δ᾽ἐγὼ οὐθὲν
Νὴ Δι᾽ἄγω, κενεός τε ὅμως οὐκ ἔρχομ᾽, ἐπειδὴ
Λώια δῶρα φέρω, καὶ δὴ χαριέστερα κείνων.
Τὶς θάμβει ; τὶς δὲ φθονέει ; σὺ δ᾽ἀοιδὸν ἀοιδῶν,
Ἔξοχον, ὦ βασιλεῦ βασιλήων ἔξοχε, λῆψον.

Ἐν Σπονδαῖς Πίστις.

DÉDICACE AU MÊME ROI EN FORME D'ENNÉASTIQUE

Les uns, ô roi, t'offrent des chevaux d'Ibérie,
D'autres, les chiens les plus rapides ; l'un apporte d'épais tissus
et des vêtements resplendissants, un autre des richesses sans nombre,
du bronze, de l'or, du fer bien travaillé,
et d'autres encore te font d'autres présents. Je n'apporte, moi, rien
de tel, par Zeus, mais je ne viens pas les mains vides !
C'est un présent plus profitable que je t'offre, qui t'agréera davantage.
Pourquoi s'étonner ? Pourquoi être jaloux ?
Accepte, ô roi des rois, le poète des poètes.

Votre serviteur Sponde

TRADUCTION DE *LA SEPMAINE* DE DU BARTAS

Commentaire à l'*Iliade*, IX, [63], éd. citée, t. II, p. 168-170 : traduction en hexamètres latins des vers 821 à 838 du « Second jour » de *La Sepmaine* de Du Bartas.

Quid tibi non prodesse, phrenetica Gallia, possunt
Signa, quibus suadent iam te resipiscere coeli ?
An potes hunc oculis, patiens, aduertere siccis
Prodigiosum ignem, diros crinesque cometae,
Qui coelum horrendum noctes exasperat omnes,
Et terrae, tonitrus tria spicula saeua minatur,

Bella, famen, pestemque, quibus grauis ira Tonantis,
Cum magis exardet, nostrum in caput undique saeuit ?
Sed quid inermis eheu ! potis est ira horrida coeli,
Cum tibi tot scuticae, quae nunc uibice flagellant
Innumera tergus nullos tibi pectore duro
Eliciant gemitus ? tuus est tua pocula sanguis,
Inque tuo tua dira fames se uiscere pascit.
Quae sibi sunt damnosa, placent, nullus tibi sensus
Tanquam lethargo, ipsa tui medicamina morbi
Effugis, et quo te stimulat Deus acrius, illo
Calcitrosa magis cessas, et libera curis
Vulneribus duri pinguescis ad instar aselli.
Nec secus ac cuspis candens aut lamina, quo plus
Tunderis, hoc duros mage dura resistis ad ictus.

Texte original de Du Bartas (éd. Yvonne Bellenger, Paris, STFM, 1993, p. 78-79)

Que ne fais-tu profit, ô frenetique France,
Des signes dont le Ciel t'appelle à repentance ?
Peux-tu voir d'un œil sec ce feu prodigieux
Qui nous rend chasque soir effroyables les cieux,
Cest astre chevelu, qui menace la terre
De peste, guerre, faim, trois pointes du tonnerre,
Qu'en sa plus grand'fureur Dieu foudroye sur nous ?
Mais las ! que peut du Ciel le désarmé courroux,
Puisque tant de durs fleaux qui te playent l'eschine
N'arrachent un souspir de ta dure poitrine ?
Ton sang est ta boisson : ta faim ne se repaist
Que de ta propre chair : ce qui te nuist te plaist :
Tu n'as nul sentiment non plus qu'un lethargique :
Tu fuis ta guerison : plus l'Eternel te picque,
Plus tu fais du restif : franc d'un sacré souci,
Tu t'engraisses de coups comme un asne endurci :
Et tel que le plastron, ou la blanche alumelle
Tu vas plus resistant, quand plus on te martelle.

VERS LATINS DU COMMENTAIRE D'HOMÈRE

Prosopopée de Diomède

Commentaire à l'*Iliade*, XI, [354], éd. citée, t. II, p. 465

Eccui' nam Danaum cedit mea gloria laudi ?
Quae'ue mea non est gloria laude minor ?
Mortales alii uincunt, ego Numina uinco.
Vis me etiam Heroas uincere, Troia, tuos ?
En mihi Priamides solo cadit Hector ab ictu.
Quaeris cur nostra non perit ille manu ?
Scilicet obstabat Iouis inuiolanda uoluntas :
Pars ea me fortem praedicat, ista pium.
Sedisses tantum, Saturni, neuter in Ida,
Graecia Pelidae non eguisset ope.

Ma gloire le cède-t-elle à la louange grecque ?
Mon éloge n'a-t-il pas surpassé toute gloire ?
Ils sont victorieux des mortels, moi des Divinités.
Veux-tu encore, ô Troie, que je vainque tes Héros ?
Il est tombé, le Priamide Hector, d'un seul de mes coups.
Pourquoi, tu le demandes, n'est-il mort de ma main ?
S'y opposait la volonté inviolable de Jupiter.
Cela dit mon courage, et ceci ma piété.
Si, sur l'Ida, ô Saturnien, tu étais resté neutre,
Les Grecs n'auraient pas eu besoin du Péléide.

Prosopopée d'Hélène

Commentaire à l'*Odyssée*, XI, [436], éd. citée, t. III, p. 658.

Inuitam patriis me perfidus hospes ab oris
Abripit, infandi praemia iudicii.
Hinc geminae surgunt acies, pilisque minantur
Pila, et purpureo sanguine rorat humus.
Id doleo : et quod me magis hisce doloribus angit,
Incumbunt raptae crimina belli Helenae.
O caecas mentes, si causat foemina pugnas
Rapta, uiros praeter, quaeso, quis ista facit ?

Un hôte perfide m'arracha aux rivages de ma patrie,
Malgré moi, en récompense d'un jugement inique.
Alors, surgissent deux armées, les piques menacent
Les piques, et la terre se couvre de sang pourpre.
J'en souffre. Mais, angoisse plus vive que ces douleurs,
C'est Hélène ravie qu'on accuse de la guerre !
Ô esprits aveugles, si une femme ravie est cause des combats,
Qui les mène, dites-moi, sinon des hommes ?

Sur les chevaux de l'Aurore

Commentaire à l'*Odyssée*, XXIII, [244], éd. citée, t. III, p. 1262.

Iam Pyrois flammata iugo subducere colla
Tentabat, solitis nec iam parebat habenis
Iam rutilum fessi genna ad praesepe iacebant
Splendens Eous, reliquisque ardentior Aethon
Oceanique Phlegon potans uicinior undas.

Déjà Pyrois tentait de soustraire au joug sa nuque de feu
et refusait les rênes auxquelles il était accoutumé.
Déjà, fatigués, gisaient près de l'étable rougeoyante
Éous l'éclatant et Aéthon, à l'ardeur plus grande,
et Phlégon, plus près de l'Océan, buvant ses eaux.

POÈMES EN L'HONNEUR DE FÉLIX PLATTER [1583]

De corporis humani structura et usu Felicis Plateri Bas[iliensi] medici antecessoris libri III [...] Bâle, Ambrosius Froben, 1583.

Io. Spondanus Mauleonensis Gallus

Compactos hominum, Felix, cur diuidis artus,
Frustatimque Deo uiscera sancta secas ?
Parce mihi, durae sunt haec nimis aspera mentis
Facta, tuoque tua est ars inimica Deo.

Ille hoc tam mira iunxit compagine corpus,
Tu contra iunctum tam male dilaceras.
Quid loquor ? imo huius tantae miracula molis
Haec tua iam nobis detegit una manus.
Conditor ergo Deus, tu nostri dicere doctor
Corporis : inde tibi stat decus, inde Deo.
Quin tu pene Deo facias aequalia, Felix,
Qui tanti arcanum noueris artificis.

Jean de Sponde de Mauléon, Français

Le bel assemblage de nos membres, Felix, pourquoi le diviser ?
Pourquoi couper en morceaux les entrailles que Dieu a sanctifiées ?
Épargne-moi, cruels sont les actes que ton esprit conçoit,
Trop rudes, et ton art est ennemi de ton Dieu.
Lui a fait de ce corps un admirable ensemble
Mais toi, cet assemblage, si cruellement tu le dissèques !
Qu'en dire ? Non, les merveilles de cette grande masse
Ta main seule désormais les découvre pour nous.
Dieu est le créateur, mais toi le connaisseur
De notre corps ; à toi l'honneur, à Dieu aussi.
N'égales-tu pas, ou presque, Dieu, Félix,
Toi qui sais les secrets d'un art si magnifique ?

Idem.

Qui uolet, extollat qualem sibi uendicat artem,
Et studia aliena non probet.
Iste meam liuor mentem non occupet, una
Sitque mihi amica ueritas :
Dixero sola mihi uere studia illa probari,
Hominem homini quae detegunt.
At cum illum ex anima constantem et corpore summus
Rerum crearit artifex,
Hinc solum doctrina duplex mihi perplacet, estque
Animae altera, altera corporis.
Altera dat nobis aeternum uiuere coelo,
Terris salubriter altera.
Illam sola mihi diuina uolumina monstrent,

Hanc tua, Platere, uolumina.
Quis me ita non speret felicem denique, Felix,
Anima futurum et corpore ?

Qu'on vante, si l'on veut, l'art dont on se réclame,
Qu'on méprise les études d'autrui.
Que cette crainte n'occupe pas mon esprit,
Et que seule, la vérité soit mon alliée.
Je dirai que j'approuve seulement les études
Qui dévoilent l'homme à l'homme.
Mais puisque le créateur suprême du monde
L'a créé âme et corps,
Seule me plaît une science double
Qui traite de l'âme, qui traite du corps.
L'une nous donne de vivre éternellement au ciel
L'autre de vivre sainement sur la terre.
La première, les livres sacrés seuls me la montrent,
La seconde, ce sont tes propres livres, Platter.
Qui donc, Félix, ne me souhaiterait de connaître une telle félicité,
Par l'âme et par le corps ?

IDEM.

Sat scio probabit uix mea ullus carmina.
At haec Poetam scribere ne putet bonum,
Testem putet scripsisse fidum et integrum :
Cum uera scribam, quomodo scribem, haud interest.

Je sais bien que personne, ou presque, n'approuvera mes vers.
Mais qu'on ne les juge écrits par un bon Poète,
Qu'on juge qu'ils sont l'œuvre d'un témoin digne de foi.
C'est la vérité que j'écris, comment je l'écris, peu importe !

QVATVOR DAVIDIS PSALMI, LATINO CARMINE EXPRESSI [1584]

ÉPÎTRE DÉDICATOIRE À SON FRÈRE HENRI

Henrico Spondano
Fratri S.

Studes, mi frater, et diligenter satis, ut audio, sed si pietatem minime excolis, non studes. Vt autem id non facias, neque domestica institutio, neque ciuitas ipsa, in qua moraris, pietaticultrix, nec mores denique tui patientur. Amabo te plusquam dici possit si opinionem meam non fefelleris. Sed hic cultus perpetuitatem amat. Stadium hoc nimirum nobis omnibus hic percurrendum est, laurea in coelis obtinenda. Vide porro quam te amem. Et studia tua, et pietatem tuam hoc nouissimo aculeo incito, quem tu, ut spero, non recusabis. Titulus libelluli docuit quid esset, docebit melius lectio. Psalmos nuper cum legerem, nescio quis me poeticus statim inuasit furor, ut a calamo mihi temperare non potuerim. Et ita mihi placuit ut in uno non constiterim. Quatuor selectos Latino uersu scripsi, caeteros scripturus, si hoc specimen quantumuis paucis arriserit. Etiam post tot insignes Poetas, Bezam, inquam, et Buchananum ? Imo eo alacrius, quod summis uiris calcatam hanc semitam uideo. Ego pone sequens, et longe eorum adorans uestigia, illam eandem institi. Hic meus est non inuidiosae aemulationis, sed pietatis feruor. Vt tu idem, me duce, facias, cum uersus uoles scribere (ut autem scribere scias quam maxime opto) author tibi sum. Tu quicquid erit lege, et me ama. Vale Basileæ Rauracorum Calendis Augusti 1584.

À Henri de Sponde son frère,

Tu t'adonnes à l'étude, mon cher frère, avec assez d'ardeur, à ce que j'entends ; mais si tu n'honores pas la piété, ton étude ne vaut rien. Or, que tu ne le fasses pas, ni l'institution familiale, ni la cité elle-même dans laquelle tu demeures, et qui honore la piété, ni tes mœurs enfin ne le souffrent. Je t'aimerai plus qu'on ne peut dire si tu ne trompes pas ma bonne opinion. Mais ce culte aime une assiduité continue. En vérité, s'il nous faut à tous faire la course du stade ici-bas, les lauriers doivent être gagnés dans les cieux. Mais vois comme je t'aime. Ton zèle pour l'étude, ta piété, je les stimule aussi par un tout nouvel aiguillon : j'espère que tu ne le refuseras pas. Le titre de ce petit livre t'en a appris le contenu, sa lecture te l'apprendra mieux. Comme je lisais tout récemment les psaumes, je ne sais quelle fureur poétique m'a subitement envahi, si bien que je n'ai pu m'abstenir de prendre la plume. La chose m'a tant plu que je ne me suis pas borné à un seul essai. J'ai écrit quatre psaumes choisis, en vers latins, j'en écrirai d'autres si cet échantillon te plaît tant soit peu. Même après tant d'insignes poètes comme Bèze et Buchanan ? Bien plus, avec d'autant plus d'entrain que je vois le sentier foulé par les plus grands esprits ! Moi, je les suis, en arrière, j'adore leurs traces de loin, mais je me hâte sur la même voie. Ce n'est pas une envieuse émulation, c'est la ferveur de la piété. Pour que tu fasses de même, sous ma conduite, quand tu voudras écrire des vers (je souhaite au plus haut point que tu saches en écrire), je suis ton garant. Toi, quel que soit l'avenir, lis, et aime-moi. Porte-toi bien.

De Bâle, le premier août 1584.

PSALM. 2.

At quorsum hic strepitus ? quid confluit ista frementum
Scelerosa turba gentium ?
Quorsum isti uana exagitati mente tumultus,
Et consilia haec inania ?
Quorsum conueniunt terrae, facto agmine, Reges,
Deoque Christoque illius
Praelia decernunt ? Quin uincula frangimus, aiunt,
Iugumque collo demimus ?
Ista tamen certa eludit ludibria sanna
Coeli supremus incola.
Imo illos iusta compellans percitus ira,
Furoreque horrendus suo
His externabit uerbis, Ego nempe Sionis
Regem sacrosancti hunc unicum
Vnxi : haec ille, at ego edictum memorabo uerendum
Quod ille de me sanciit.
Tu meus es, dixit, peramatus filius, ista
Charissime te genui die.
Tu modo posce, tuo, quicquid complectitur Orbis,
Regno potenti subdidi.
Tu gentes fraena imperio, populosque coerce,
Virgaque frange ferrea, et
Contere, conteritur facili olla ut fictilis ictu.
At uos Proceres o perditi,
Iam sapite : et uos Orbis latissima longa
Qui fraena cohibetis manu

Iam iam deiecto seruite tremore Tonanti,
Laeti et trepidantes insimul.
Filio et huic meritos exinde rependite honores,
Ne forte si succenseat,
Vos subito e medio auellat, simul illius ira
Praecordiis inarserit.
Quanta est illorum, spem qui in Dominoque Deoque
Suam locant beatitas !

Traduction de Louis Budé [Genève, Jean Crespin, 1551]

Pourquoi se mutinent les gens, et murmurent les peuples en vain ?

Pourquoi s'avancent les Rois de la terre, et consultent ensemble les princes contre le Seigneur, et contre son Christ ?

Rompons, disent-ils, leurs liens, et rejettons de nous leurs chevestres.

Mais celuy qui reside és cieux s'en rira, le Seigneur se mocquera d'eux.

Lors il parlera à eux en courroux, et les estonnera par sa fureur.

Disant : Or j'ai ordonné mon roy sus Zion ma saincte montagne.

Je raconteray l'ordonnance, c'est que le Seigneur m'a dict : Tu es mon filz, je t'ay aujourd'huy engendré.

Demande-moi, et je te donnerai pour ton heritage les gens, et pour ta possession, les bouts de la terre.

Tu les casseras d'un sceptre de fer, et les briseras comme un vaisseau de potier.

Parquoy vous Rois, maintenant entendez, et vous gouverneurs de la terre prenez instruction.

Servez au Seigneur en crainte, et vous esjouyssez en tremblant.

Baisez le Fils, de peur qu'il ne se courrouce, et que ne perisses de la voye : car soudain son ire s'embrase. O que bienheureux sont tous ceux qui ont esperance en luy.

PSALM. 18.

Te toto ex animo, te tota diligo mente
Mi Deus. Ille mihi Deus est tutissima rupes,
Ille meus uindex, meus impenetrabilis umbo,
Arx mea, praesidiumque meum, cornuque salutis,
Ille mihi turris qua hostem deludo ruentem.
Illum ego cum premerent inimicae me undique turmae,
Auxilio, precibus mixta cum laude, uocaui,
Illico opem sensi aduersis fugientibus armis.

Iam me stringebant mortis fera uincula, iam me
Ambibant Stygii contorto uortice fluctus,
Iamque tegi tumulo exanguis pauidusque uidebar,
Sic me oppugnabat lethum undique et undique lethum.
Interea dum me tot dura pericula cingunt,
Celsa Dei supplex penetralia uerbero uoce :
Vocem de solio facilis Deus audiit alto,
Atque meas surda non respuit aure querelas.
Illico humus tremere, et magni fundamine ab imo
Montes nutare, et solida compage moueri,
Horrida enim superum Rectoris inarserat ira :
Illius nigri de nare uolumina fumi
Vndabant, rutilo flammasque uomebat ab ore,
Et rapidas, quibus inflagrabant omnia, prunas,
Subsedere poli, descensuroque Tonanti
Demisere suam coelestia culmina molem :
Subdebant pedibus densa illi umbracula nubes,
Hinc Cherubum tergo mundi per inania uectus
Alipede aereos findebat remige campos.
Ille igitur media nebularum in nocte latebat,
Et sua in obscuris tentoria celsa tenebris
Fixerat, aethereis late circundata nimbis.
At simul illius uultu rutilante coruscus
Emicuit fulgor, fuscae fugere tenebrae,
Et grando rapidis cecidit glomerata fauillis :
Intonuit coelo Deus, atque per aethera uocem
Edidit, et crebrum crebra cum grandine fulmen.
Dissipat emissis hostilia castra sagittis,
Et procul attonita ingeminato fulgure perdit.
Tum patuere soli fundamina uasta retecti,
Et sese in tantos tellus diffidit hiatus
Vt sibi suppositas coelis ostenderet undas,
Tam grauis illa fuit tamque intolerabilis irae
Tempestas, Deus in totum qua fulminat Orbem.
Inde manum coelo in terras protendit ab alto,
Et me comprensum rapidarum gurgite aquarum.
Eripuit, sartumque sero semouit ab hoste,
Elusitque minas, et quas inimica tetendit
Insidias mihi turba hominum, ac conamina fregit.
Hinc me ex angustis spatiosum rebus in aequor

Duxit, et illaesa uoluit superesse salute,
Tanto me ille Pater complectitur almus amore.
Hoc mihi pro merita nempe integritate rependit,
Immunesque manus scelerum hac mercede beauit.
Namque uias Domini rectas insistere amaui,
Nec me illinc unguem impietas deflectere latum,
Iustitiaeque sacro exerrare a calle coegit.
Quin ego sancta Dei studiosa mente reuolui
Mandata, illa meis nec sum discedere passus
Ex oculis, totum sed triui tempus in illis.
Caetera cum Domino purus, fucoque remoto
A prauo rectos compressi tramite gressus.
Ergo mihi Deus ex uitae haec candore rependit,
Immunesque manus scelerum hac mercede beauit.
Tu mitis miti, puro, Deus optime, purus,
Tu iusto iustus, uafro tu denique uafer.
Ergo tuos dura si quando sorte prementur,
Immunes, Deus, instantis tutabere damni :
Grande supercilium contra, fastumque domabis,
Disiiciesque hominis turgentia corda superbi.
Inde mea accendis clara funalia luce,
Ac rutilante meas uincis fulgore tenebras.
Tu mihi praeceleri donasti excurrere planta,
Auxilioque tuo celsissima moenia promptus
Transilio. Plana est Domini uia, et illius igni
Sermo repurgatus : quisquis spem ponit in illo,
Ille suo hunc clypeo securum protegit. Ecquis
Ecquis enim Deus est usquam nisi tu Deus ? ecquis
Aequiparanda Deo iactat sua robora nostro ?
Ille idem ualidis cingit me uiribus, idem
Ille mearum aeque complanat strata uiarum :
Ille meos pedibus ceruinis aequat, et alta
Despiciente procul damnum me in sede reponit.
Tu mi agiles ad bella manus obeunda dedisti,
Tu tantas mihi suppeditas in corpore uires
Vt mea dextra potens chalybeos conterat arcus :
Subque tuae clypeo tu me tutare salutis,
Et fortis tua me labentem dextera fulcit,
Atque amplas mihi semper opes largitur egeno.
Tu mihi, qua nunquam uestigia lubrica lapsent,

Aequalem facilemque uiam tuto aequore sternis.
Si quando forsan fugientes insequor hostes,
Assequor, et sterno, stratos gladioque cruento
Transfodio, ante pedem medio nec ab agmine flecto
Quam iaceant omnes internecione perempti :
Sic profligatos multa ui contero, et illos
Sic pedibus conculco meis, sic denique terrae
Affigo, ut nunquam reparata strage resurgant.
Tu valido siquidem me ad praelia robore cingis
Vt qui me aduersum infensis consurgeret armis
Protinus acciso rueret mihi poplite : tu mi
Deuicti iugulum feriendum porrigis hostis :
Tu quicunque odio mecum eluctantur acerbo
Disperdis. Clamant illi, poscuntque Tonantem
Auxilio, sed stant illi sine uindice, nec tu
Exaudire illas coelo dignare querelas.
Hos ego, ceu tenues tenuis qui iactus in auras
Ventorum insano correptus turbine puluis,
Comminui, et coenum ueluti triuiale subegi.
Tu conturbato me seditionis ad aestu
Eripis, et summo populis pro Principe donas,
Ignotasque mihi gentes mihi subiicis, imo
Audito obsequium solo mihi nomine praestant,
Et fictis animis sese in mea uincula tradunt
Longinqui omnino populi, tremor occupat illos
Ingens, et castris pauitant trepidantque remotis.
Ergo Deus uiuat, mea concelebretur et illa
Rupes, laudeturque meae tutela salutis
Ille Deus, Deus ille mihi qui sub iuga gentes
Mittit. Tu a saeuo securum me asseris hoste,
Atque inimicorum facto eripis agmine, et illo
Immani saeuoque uiro, qui tot mihi uitae
Insidias struxit. Quare te, summe Deorum,
Laudabo, Deus, et gentes celebrabo per omnes,
Nomini et ampla tuo laudum psalteria fundam.
Quippe sui Deus est assertor Regis, et uncto
Non spernenda suo largitur dona Dauidi,
Haecque in uenturam manat Clementia prolem.

Traduction de Louis Budé [1551]

Seigneur qui es ma force, je t'aimeray d'affection.

Le Seigneur est mon roc, et ma forteresse, et mon liberateur, mon Dieu, ma roche, et me confieray en luy : il est mon bouclier et la corne de mon salut, et ma haute retraite.

J'invoqueray le Seigneur en le louant, et seray sauvé de mes ennemis.

Les douleurs de mort m'avoyent environné, et torrens de meschans m'avoyent espovanté.

Les douleurs du sepulchre m'avoyent entouré, et les laqs de mort m'avoyent prevenu.

Mais j'invoquay le Seigneur en ma destresse, et criay à mon Dieu, et il ouyt ma voix de son palais, et ma clameur que je fey devant luy, entra jusqu'à ses aureilles.

Lors la terre s'esmeut et trembla : et branlerent les fondemens des montagnes, et crollerent, pource qu'il estoit courroucé.

Fumée montoit de ses narines, et feu de sa bouche (qui) consumoit, et charbons embrasoyent de lui.

Il baissa les cieux, et descendit : et obscurité noire estoit sous ses pieds.

Il estoit monté sur un cherub, et volloit : et estoit porté sur les ailes du vent.

Il mit pour sa cachette, des tenebres : et pour son tabernacle autour de soy, obscurité d'eaus et nuées espesses.

De la lueur qui estoit devant luy, ses grosses nuées partirent, et gresle et charbons de feu.

Et le Seigneur tonna aux cieux, et le Souverain feit retentir sa voix, avec gresle, et charbons de feu.

Il tira ses fleches, et les mit en route. Il lança des esclairs, et les mit en desarroy.

Et les canaux des eaus apparurent, et les fondemens du monde furent descouvers par ta menace, Seigneur, et par le souffle du vent de ton nez.

Il tendit sa main d'enhaut, et me print, et me tira des grosses eaus.

Il me recourut de mon ennemi puissant et de mes haineux, pource qu'ils estoyent plus forts que moy.

Ils m'avoyent prevenu au jour de ma calamité : mais le Seigneur fut mon appuy.

Et me tira hors en lieu spacieux, et me delivra, pourtant qu'il m'aimoit.

Le Seigneur m'a retribué selon ma justice, et m'a rendu selon la pureté de mes mains.

Car j'avoye gardé les voyes du Seigneur, et ne m'estoye point revolté de mon Dieu.

Ains ay eu tous ses jugemens devant mes yeux, et n'ay point rejetté ses ordonnances arriere de moy.

Et ay esté entier envers luy, et me suis gardé de l'offenser.

Parquoy le Seigneur m'a rendu selon ma justice, et selon la pureté de mes mains qu'il a cognue.

Tu te monstres debonnaire envers le debonnaire : tu es entier envers l'homme entier.

Tu te monstres pur envers le pur, et envers le pervers, tu te monstres pervers.

Car tu sauves le peuple chetif, et abaisses les orgueilleux.

Tu fais aussi luire ma lampe : le SEIGNEUR mon Dieu esclaire mes tenebres.

Aussi en ta vertu j'ay rompu des bandes, et en l'asseurance de mon Dieu, j'ay sailly sur la muraille.

C'est le Dieu, duquel la voye est entiere : la parole de Dieu est affinée : il est bouclier à tous ceux qui s'asseurent en luy.

Car qui est Dieu outre le Seigneur : et qui est fort sinon nostre Dieu ?

C'est le Dieu qui me ceint de vertu, et qui rend ma voye parfaite.

Il rend mes pieds egaux à ceux des chevreux, et m'a posé sur mes hauts lieux.

C'est luy qui dresse mes mains aux armes : si que mes bras mettent en pieces un arc d'acier.

Tu m'as aussi donné le bouclier de ton salut, et m'a soustenu ta dextre, et ta benignité m'a donné accroissement.

Tu eslargis sous moy mes pas, et mes genoux point ne chancellent.

Je poursuis mes ennemis, et les attains, et ne m'en retourne que ne les aye du tout deffaicts.

Je les massacre, et ne se peuvent relever, et tombent sous mes pieds.

Car tu m'as ceint de vertu belliqueuse : tu abbas sous moy ceux qui contre moy s'elevent.

Et as faict que mes ennemis me monstrassent le dos, et ay destruict mes haineux.

Ils crioyent, mais il n'y avoit qui les secourust : mesmes au Seigneur, mais il ne leur respondoit point.

Aussi les ay brisés menu comme poudre qui est jettée par le vent : et les ay foulés comme la fange des rues.

Tu m'as delivré des esmeutes du peuple, tu m'as constitué chef de nations : si que des peuples que je ne cognoissoye, m'ont servy.

Si tost qu'ils ont ouy parler de moy, ils m'ont obey : peuples estranges se sont servilement soumis à moy.

Peuples estranges se sont fletriz : et ont tremblé de leurs prisons.

Vive le Seigneur : et beneit soit mon protecteur, et soit exalté le Dieu de mon salut.

C'est le Dieu qui me donne vengeances : et a rengé des peuples sous moy.

Qui m'a recoux de mes ennemis : voire tu m'eleves par dessus ceux qui se dressent encontre moy : et me delivres de l'homme outrageux.

Pourtant je te loueray Seigneur, parmy les nations, et chanteray Pseaumes à ton nom.

Lequel a fait de grandes delivrances à son Roy, et a exercé benignité envers David son oinct, et envers sa semence perpetuellement.

PSALM. 104.

Euge Dei, mea Mens, immensas dicito laudes,
Euge, Anima, Aeterni Domini praeconia canta.
Ille Deus mihi magnificus, Deus ille uerendus
Augusto sese, et fulgente decore perornat.
Splendida lux illum radioso lumine uestit,
Ille ampli coelos conopei porrigit instar :
Sunt liquidis illi laqueata palatia lymphis,
Pro celeri hinc illinc, uolitantia nubila, curru,
Pro leuibus, uenti uelocior impetus, alis,
Aura illi obsequitur, flammae rapidaeque ministrant.
Ille suo stabilem librauit pondere terram,
Et nullo ruitura illi fundamina saeclo
Concessit. Sedenim uasto illam prosus abysso
Merserat, et celsis fluitabant montibus undae :
At tua terribilis simul ac uox increpat illas,
Et tua suprema sunt mota tonitrua coelo
Illae fulmineo repetunt sua littora cursu,
Montes creuere, et ualles tua iusta sequutae
Mox sese, quam tu posuisti, in sede reponunt.
Protinus aequoreis cancellos praestruis undis
Quos nunquam superent, nunquam facto impete frangant,
Mersura et miseras ructent[6] *stagna horrida terras :*
Tum liquidos fluere in torrentia flumina fontes
Mittis, at illa uno percurrunt agmine ualles,
Vnde sitim campis torrentem animalia sedent,
Pleno ubi uterque Onager sitiens se proluat ore.
Illorum statuunt uolucres ad littora nidos,
Et placidis uacuas implent concentibus auras.
At Deus e supero praecelsos aethere montes
Irrigat, et sterilem stillatis roribus auget,
Ac foecundat humum, et diuersis fructibus ornat,
Prouentuque beat large redeunte colonos.

6 1584 : *ructene* (coquille ?).

Gramina iumentis, nostros olera optima in usus
Procreat, et uaria ex tellure alimenta ministrat :
Hinc generosum hilarans hominis praecordia uinum,
Hinc oleum cuius noster nitet unguine uultus,
Hinc qui homines solido sustentat robore panis.
Quinetiam arboribus saturas humore medullas
Sufficit, et Libani, quas eius dextera, cedros
Conseuit, largo per inania promouet imbre,
Ad uolucrumque domos patulis inolescere ramis
Iussit, et ingentes inducere frondibus umbras :
Hos etiam abietibus rores impertit, ut illis
Tuta suos ponat peregrina ciconia nidos.
Te statuente leues celsis in montibus errant
Dorcades, et quaerit saxosa cuniculus antra.
Per te Luna suos stabilito tempore uultus
Mutat, et occasu pergit se condere Titan.
Hinc Orbem furuis nox circumplectitur alis,
Et tota sparsae nigricant tellure tenebrae.
Tunc exire feras, uastisque erumpere ab antris
Cernimus, ac catulos saeuum rugire leonum,
Et quancunque Deus dederit conquirere praedam.
At simul emicuit solis iubar, ilicet antris
Conduntur rursus, solitas repetuntque cauernas.
Tunc securi homines campo egrediuntur aperto,
Inque manus opus assumunt durante diurnum
Luce, suosque urgent multo sudore labores,
Dum solem fuscis immerserit Hesperus undis.
Heu quam magna tua est manus, o Deus, o tua quanta
Sunt opera ! heu o quanta tua est sapientia per quam
Omnia fecisti ! quam larga et diuite dextra
Dextra diuite opum terras, Deus alme, beasti !
Ipsa tuas quoque opes uaga continet Amphitrite,
Et te munificum spatioso in littore sentit.
Quam multis etenim scatet ingens piscibus aequor ?
Aut quot monstra fouet, magna monstra horrida mole,
Exiguis pariter permista animantibus ? Illic
Incedunt Naues, quas circum immania cete
Lasciuo uitreum conturbant impete marmor.
Omnia te spectant unum, et sua tempore certo
Expectant alimenta, tuae gratissima dextrae

Munera, et accipiunt quae tu illis caelitus offers :
Te pandente manum plene satiantur ab illa.
At simul ille tuus splendor se condidit almus,
Et subtracta tui deprendunt dona fauoris,
Conturbantur, et examines mox corporis artus
Deponunt, uitamque tibi, Pater optime, reddunt,
Ac sese in cineres penitus corrupta resoluunt.
At tu illis animam simul ac, Deus, indere rursum
Dignaris, rursum illa noua ratione resurgunt,
Et sese in uarias permutant uiuida formas.
Gloria summa Deo sit saecula in omnia, factis
Laetetur Deus ipse suis, operumque uerendo
Gaudeat ornatu. Terram simul ille corusco
Inspexit uultu, quatitur magno illa tremore,
Et tactis rutilos de montibus elicit ignes
Permistos fumis. Summo cantabo Tonanti
Dum uiuam, psallamque tibi dum spiritus artus
Hos reget. o utinam quae posthac cantica pangam
Sint accepta illi, mire laetabor in ipso,
Cuncta mea inque Deo statuentur gaudia[7] *solo.*
Impia uos hominum turba hinc discedite longe,
Funditus et tota scelerati absistite terra,
Donec nulla usquam restent uestigia vestri.
Euge Dei, mea Mens, aeternas dicito laudes,
Vos reliquae cantate Dei praeconia gentes.

Traduction de Louis Budé [1551]

Mon ame beny le Seigneur : ô Seigneur mon Dieu, tu es moult grand, tu es vestu de majesté, et de magnificence.

Il s'accoustre de lumiere comme d'un vestement, et tend les cieux comme une courtine.

Il planchoye ses hautes chambres entre les eaus ; il fait des grosses nuées son chariot : il chemine sus les ailes du vent.

Il fait des vens, ses messagers, et du feu bruslant, ses valets.

Il a fondé la terre sur ses bases, si qu'elle ne bougera point à jamais.

Tu l'avois couverte de l'abysme, comme d'un vestement : et les eaus estoyent arrestées sur les montagnes.

7 1584 : *gaudix* (coquille).

Mais elles s'en fuyrent à ta seule menace : et se mirent hastivement en fuyte au son de ton tonnerre.

Les montagnes se dresserent, et les vallées s'abbaisserent, mesme au lieu que tu leur avois estably.

Tu leur as mis une borne, qu'elles ne pourrront passer, et ne retourneront plus pour couvrir la terre.

C'est luy qui fait couler les fontaines par les vallées : tellement que elles courent entre les mons.

Dont toutes bestes des champs sont abbreuvées, et les asnes sauvages en estanchent leur soif.

Les oiseaux du ciel se tiennent aupres d'icelles, et font resonner leurs voix d'entre la ramée.

Il abbreuve les montagnes de ses chambres hautes, et est la terre saoulée du fruict de tes œuvres.

Il fait croistre le foin pour le bestial, et l'herbe par le labeur de l'homme, pour faire sortir du pain de la terre.

Et le vin qui resjouyt le cueur de l'homme, et l'huile pour faire reluire la face, et le pain, qui sustente le cueur de l'homme.

Les hauts arbres en sont rassasiés, et les cedres du Liban qu'il a plantés.

Esquels les oiselets font leurs nids, et la cigongne y a sa maison és sapins.

Les hautes montagnes sont pour les dains, et les roches, le refuge des connils.

Il a faict la lune pour distinguer les saisons, et le soleil cognoist son coucher.

Tu amenes les tenebres, et la nuict vient, durant laquelle toutes les bestes de la forest trottent.

Les leonceaux sont bruyans apres la proye, et pour demander à Dieu, leur pasture.

Puis le soleil se leve : et ils se retirent, et se recouchent en leurs cavernes.

Lors l'homme sort à sa besongne, et à son labeur jusqu'au vespre.

O Seigneur que tes œuvres sont diverses ! tu les as toutes faictes sagement : la terre est pleine de ton domaine.

Ceste mer aussi grande et spatieuse : car là sont des animaux nageans sans nombre, des petites bestes et des grandes.

Illec courent les navires, mesme ceste grande baleine que tu as formée pour s'esbatre en icelle.

Icelles toutes s'attendent à toy, à fin que tu leur donnes pasture au besoing.

Quand tu leur donnes, elles la receuillent : et quand tu ouvres ta main, elles sont rassasiées de biens.

Mais si tost que tu caches ta face, elles sont troublées : et quand tu ostes leur esprit, elles defaillent, et retournent en leur poudre.

Si derechef tu envoyes ton esprit, elles sont créées, et tu renouvelles la face de la terre.

La gloire du Seigneur sera à perpetuité, le Seigneur s'esjouyra en ses œuvres.

C'est luy qui regarde en la terre, et elle tremble : quand il touche les montagnes, elles fument.

Je chanteray au Seigneur toute ma vie : Je diray Pseaumes à mon Dieu, tant que j'auray essence.

Mon dire luy sera plaisant : moy mesme je m'esjouyray au Seigneur.

Que les pecheurs soyent consumés de la terre, qu'il ne soit plus de meschans. Mon ame beney le Seigneur. Louez l'Eternel.

PSALM. 137.

Moesta sedebamus captiuaque turba piorum
Crudelis crudas ad Babylonis aquas.
Stillauere oculis lachrymarum flumina nostris,
Et gemitus mixtis planctibus edidimus :
Scilicet illa animo Solymae iactura redibat,
Et spretus, tantus qui fuit ante, Sion.
Hinc muta ad salices suspendimus organa, et illo
Tempore non tactae conticuere lyrae.
Tunc ferus ille, manum cuius male sensimus, hostis
Laetificum iussit nos resonare melos.
Ipsaque sacra ipsis petiit modulamina uerbis
Quae caneret sancta sanctus in Vrbe chorus.
At qui nos, quaeso, haec alienis cantica terris,
Cantica supremo nempe dicata Deo
Heu ? cantassemus, quin tam grauis error abesto,
Auris ut hos hymnos ulla prophana bibat.
Quin potius sacros opto ut mea nesciat hymnos
Dextera, quam Solymae non memor esse meae.
Haereat ipsa meo prius arida lingua palato
Excidat ex alta quam mihi mente Sion,
Aut me quam ulla hilari pertentent gaudia cantu
Quam qui de Solyma suauiter urbe canit.
At tu horum memor esto, Deus, quae gens fera Idumes
Illa eructauit uerba proterua die,
Qua Solymae excidium miserabile contigit urbis,
Haec haec, clamabant, moenia diruite,
Extirpate, aequate solo, ac fundamine ab imo
Vertite, et hos medio perdite in igne lares.
Atqui olim quoque tu, Babylon, uastabere, et ista,
Quamuis celsa, tamen tu ratione rues.

Felix ille tibi qui nostra haec damna rependet,
Cuius tu ultrices experiere manus :
Quique tuo direpta sinu charissima, toruus,
Illidet saxis pignora sanguineis.

Traduction de Louis Budé [1551]

Nous avons esté assis aupres des fleuves de Babylone, et mesme y avons ploré, en ayant souvenance de Zion.

Nous avons pendu noz harpes aux saux, au milieu d'icelle.

Quand ceux qui nous avoyent menés prisonniers, nous ont demandé parolles de chanterie, et du temps que nostre liesse estoit suspendue, ont dict : Chantez nous quelque chanson de Zion : et nous respondions :

Comment chanterions-nous des cantiques du Seigneur en terre estrange ?

Si je te mets en oubly Jerusalem, que ma dextre oublie l'art de sonner.

Ma langue soit attachée à mon palais, si je n'ay memoire de toy : si je ne prefere Jerusalem au comble de ma liesse.

O Seigneur aye memoire des enfans d'Edom, lesquels disoyent à la journée de Jerusalem. Rasez-la, rasez-la jusqu'aux fondemens d'icelle.

Fille aussi de Babylone, digne d'estre destruite, bienheureux sera celuy qui te rendra la pareille que tu nous as faite.

Bienheureux sera celuy qui prendra tes enfans, et les froissera à la pierre.

PRIÈRE À DIEU

Deo opt[imo] Max[imo]

Haec tibi sacra sacri sectans uestigia Vatis
Quam possum pura succino mente, Deus.
Te mea nam tenuis quantumuis spirat, et ardet
Coelestis uere nominis Vranie.
Hanc ego iamdudum Musis ex omnibus unam
Selegi, ut calami dux foret illa mei.
Tu nobis animos, tu solum suffice uires,
Tu nostris genium suffice carminibus.
Sordida conscribant alii argumenta Poetae,
Vnum est quod placeat mi Pietatis opus.

À Dieu qui est Toute Bonté et Toute Grandeur

Voici des vers, ô Dieu, qu'en suivant les traces sacrées de ton chantre sacré,
je chante pour toi d'une âme pure autant qu'il m'est possible.
Car, toute faible qu'elle est, mon âme aspire à toi, elle brûle,
Uranie au nom céleste, la bien-nommée.
C'est elle seule, entre toutes les Muses, que depuis longtemps
j'ai choisie, pour être le guide de ma plume.
Toi, donne-nous le courage, donne-nous seulement la force,
Toi, donne à nos vers ton génie.
Les autres Poètes composent des fictions méprisables,
La seule œuvre que j'aime est l'œuvre de Piété.

DERNIÈRES LIGNES ADRESSÉES À HENRI DE SPONDE

Habui pleraque alia poemata quae potuissem euulgare, primam praecipue et secundam hepdomadam Bartasi nostri, quas ego quoque Latino carmine fere expressi, sed intra paucos menses integrum opus cum aliis quibusdam, Deo dante, exhibebo. Tu, mi Henrice, interea Vale.

J'ai gardé la plupart des autres poèmes que j'aurais pu mettre au jour, principalement la première et la seconde Semaine de notre cher Du Bartas, que j'ai aussi pratiquement traduites en vers latins ; dans peu de mois je ferai paraître l'ouvrage entier ainsi que quelques autres, si Dieu le veut. En attendant, mon cher Henri, porte-toi bien.

SUR LA CANELLE [1591]

VERS DU SIEUR DE SPONDE Lieutenant général pour le Roi en la ville et gouvernement de La Rochelle

SUR LA CANELLE

Mon cher La Goutte en qui tout Permesse s'esgoutte
Tu dégoutte ces vers et moi quand je les gouste
Je gouste leurs douceurs et comme tout pasmé

De souësves odeurs je me sens parfumé,
Tu me ravis mon ame et mon ame ravie
Trouve dedans l'Europe encor une Arabie.
    On dit, est il point vrai ? que cet arc peinturé
Qui ne ceinct qu'a demy le plancher azuré,
Lors que l'air orageux en nuages s'assemble
L'arbre qu'il frappe plus, plus dous-flairant nous semble,
Et nous semble peut estre, ou doit avoir semblé,
De l'arbre de soy-mesme odorant, et bruslé
Apres l'amas des eaux qui seroient survenues
Dans ce beau demy-rond qui marquette les nuës :
Ce demy-rond encor estonnement des yeux
Se façonne et se peint du beau flambeau des Cieux.
    Mais ce Soleil en toy, c'est le dieu de Patare
Qui rayant à travers de ton esprit si rare,
Faict non un demy-rond mais un rond tout parfaict,
Qui de mille couleurs madré se contrefait,
Et superbe du nom de l'Encyclopedie
Foule à ses pieds la mort, et courtise la vie.
Tu es cet arbre-là de toy-mesme odorant,
Et ces eaux, tes desirs, et ce feu devorant,
Tes devorans travaux qui dans ces eaux s'allument,
Et sans les consumer, nuit et jour les consument.
    D'Apollon du sçavoir, des desirs, des labeurs,
Ton arbre doux-flairant nous rend donc ces odeurs,
Odeurs jadis d'un Lis, ore d'une Canelle,
Qui m'a faict t'estimer transformé tout en elle,
Ou elle tout en toy : si ce n'est l'un des deux,
Vous estes pour le moins l'un de l'autre amoureux,
Et le Bassarien doit avoir pour suspectes
Les glissantes douceurs de vos flammes secrettes.
    Quoi qu'il soit, mon La Goutte, abandonne aux guerriers
Pour en ceindre leur front les craquetans lauriers,
Et de cet arbrisseau que si bien tu façonnes
Façonne toy toy-mesme, un monde de Couronnes,
Dont l'odeur dans l'odeur de tes doucereux vers
La Mephite ignorante estouffe en l'univers,
Et sauvant ton renom des oublieuses ondes
Baume le des odeurs de tes sainctes facondes,
Quand la mort de ta vie esteindra le flambeau,
Tu sentiras encor la Canelle au tombeau.

NOTES SUR *L'ESSAY DE QUELQUES POEMES CHRESTIENS*

Sauf mention contraire, nous citerons d'après les éditions suivantes :

- Calvin, Jean, *Institution de la religion chrétienne* (1541), éd. Olivier Millet, Genève, Droz, 2008, tome I, p. 1-952 et tome II, p. 953-1816, désormais abrégé en *IRC* 1541.
- Sponde, Jean de, *Meditations sur les Pseaumes*, éd. Sabine Lardon, Paris, Honoré Champion, 1996, désormais abrégé en *Med.* 1996.
- Sauf indication contraire, toutes les citations de la Bible sont issues de *La Bible qui est toute la saincte Escripture du Vieil et du Nouveau Testament*, Genève, 1588.

STANCES DE LA CENE

Les « Stances de la Cène » furent publiées pour la première fois dans l'*Essay de quelques poemes chretiens* qui accompagnait les *Meditations sur les pseaumes* (1588). Elles furent réimprimées dans l'*Académie des Modernes Poètes françois* (Paris, Antoine Du Breuil, 1599) sous le titre de « Stances du sacré banquet et convive de Jésus Christ par le sieur de Sponde » sans la strophe 10.

Le terme de stances, employé presque toujours au pluriel, désigne un poème lyrique composé de strophes identiques et dont le sens est complet[1]. Sponde a composé ses « Stances de la Cène » en vingt-six

1 Voir Pierre Laudun d'Aigaliers, *Art poétique* (1598), III, v : « J'estime que le mot de Stance est tiré du verbe *sto, stas, stare*, qui signifie, demeurer ou poser pour ce que à la fin de chaque couplet il y a pose, & fin du sens » (éd. J.-Ch. Monferran, Paris, STFM, 2000, p. 113). Cette forme poétique est très en vogue à partir de Desportes.

strophes de six alexandrins, selon le schéma AABCCB. Il s'agit tout à la fois d'enseigner ce qu'est le sacrement de l'Eucharistie et d'exalter le sacrifice du Christ.

Les « Stances de la Cène » construisent ainsi un itinéraire introspectif pour le fidèle qui s'approche de la « sainte table » de l'Eucharistie, itinéraire en deux temps : d'une part, l'eucharistie proprement dite, c'est-à-dire l'invitation au banquet de la Cène, la communion et ses effets (strophes 1 à 15) et, d'autre part, le récit de ce qu'elle commémore (strophes 16 à 26), c'est-à-dire la Passion du Christ. Par un tel parcours, Sponde illustre les trois « usages » du sacrement selon Calvin, l'usage privé, l'usage public et l'usage didactique : le sacrement « sert à nostre Foy devant Dieu » mais il relève aussi de la « confession exterieure » en tant qu'il est déclaration « que la mort de Jesus Christ est nostre vie [...] ». « Tiercement, nostre Seigneur a voulu qu'il nous soit pour exhortation, qui est telle que nulle autre ne nous pourroit de plus grande vehemence inciter et enflamber à charité, paix et union. Car nostre Seigneur ainsi nous communique là son corps qu'il est entierement faict un avec nous, et nous avec luy[2]. »

Il est plus difficile de déterminer avec précision les étapes des deux parties tant Sponde soigne les liaisons entre les strophes. On proposera la structure suivante en cinq ensembles de cinq strophes. Les cinq premières strophes invitent l'Ame à se préparer pour le banquet de la Cène (la première strophe résume cependant aussi le propos de l'ensemble du poème). Les cinq strophes suivantes (6 à 10) l'exhortent à la communion. Une rupture intervient à la strophe 11 où le poète propose une objection (faut-il manger ce corps ?) à laquelle il répond dans les strophes 12 à 15 en insistant sur les effets de la communion qui ouvre la porte de la vie éternelle. Les strophes 16 à 21 décrivent l'incarnation du Christ qui le conduisit à faire l'épreuve de la mort (la strophe 16 contenant également le résumé du propos de la deuxième partie). Enfin, les strophes 22 à 26 chantent la résurrection, victoire contre la Mort, ainsi que la promesse de vie éternelle qu'elle contient.

Titre : *La Cène* : après le baptême, c'est le second sacrement que reconnaissent les réformés. Calvin la définit ainsi : « L'autre Sacrement donné et institué à l'Eglise Chrestienne est le pain sanctifié au corps de Nostre Seigneur Jesus Christ et le vin sanctifié en son sang, comme les Anciens ont coustume de parler. Et nous l'appellons ou la Cene du Seigneur,

2 Jean Calvin, *IRC* 1541, p. 1366-1367.

ou Eucharistie, pourtant qu'en iceluy nous sommes spirituellement repeuz et nourriz par la benignité de nostre Seigneur, et de nostre part nous luy rendons graces de sa beneficence. » (*IRC* 1541, p. 1331).

v. 1 : *Mon Ame, esveille toy* : voir *Essay* SM 10, v. 10 (« Veille, veille... »).

v. 3 : *et ton vin et ton pain* : les deux espèces sous lesquelles le fidèle participe à la Cène et dont les termes sont fixés par les évangiles (Mt 26, 26-29 ; Mc 14, 22-25 ; Lc 22, 15-20). Voir aussi Paul, 1 Co 11, 16-17. La mention du banquet (v. 2) peut renvoyer à la parabole du festin nuptial (Mt 22, 1-14), comme l'indique la nécessité de revêtir de nouveaux vêtements (v. 8).

v. 6 : *Tu n'auras jamais soif* : reprise des paroles du Christ dans Jn 6, 35 : « Je suis le pain de vie : qui vient à moi, n'aura pas faim : & qui croit en moi, n'aura jamais soif ». Calvin : « Ce n'est donc pas le principal du Sacrement de nous présenter simplement le corps de Jesus Christ ; mais c'est plustost de signer et confirmer celle promesse par laquelle Jesus Christ nous dit que sa chair est vrayement viande, et son sang breuvage, desquelz nous sommes repeuz à vie eternelle. Car il se certifie estre le pain de vie, duquel quiconque aura mengé vivra eternellement » (*IRC* 1541, p. 1334-1335).

v. 7 : *ces vieux haillons de vices* : génitif hébraïque. L'hébreu dispose d'un nombre restreint d'adjectifs, ce qu'il compense par des constructions nominales qu'imitent les auteurs de la Renaissance (par exemple « throsne de gloire », chez Agrippa d'Aubigné, *Les Tragiques*, « La Chambre dorée », v. 33). Sur ce point, voir l'article de Marguerite Soulié, « La Bible et la langue poétique d'A. d'Aubigné. (Étude centrée sur *La Chambre dorée*) », *L'Information grammaticale*, n° 49, 1991, p. 11-15, spéc. p. 12. Le génitif hébraïque s'accompagne ici d'une métaphore *in praesentia* (exprimant le comparant et le comparé) qui remotive sans doute l'expression paulinienne « despouiller le vieil homme » (Eph 4, 22).

v. 8 : *entier* : intact, donc pur. *Robe de délices* : génitif hébraïque. *Sainctеté* renvoie ici, comme la *sanctitas* latine, à la pureté morale nécessaire pour participer au rite.

v. 10 : *Cest innocent Agneau* : le Christ (Jn 1, 29 ; Ap 5, 6-8). F. Giacone signale que la mention de son innocence (état de celui qui est sans péché) provient probablement de Pierre (1 P 1, 19). La notion se retrouve à la fin du poème, v. 131 et 135. Le fidèle, marqué par le péché originel, ne peut lui-même proclamer son innocence, mais seulement en manifester le désir ou la volonté (voir au v. 14 « le désir de bien faire »).

v. 15 : *les desseings plus parfaicts* : comprendre « les plus parfaits » (construction fréquente du comparatif généralisé au XVIe siècle).

v. 16 : *se conduisent* : conduisent, vont. La forme pronominale est plus fréquente à l'époque qu'en français moderne.

v. 17-18 : *rien de toy* : Calvin rappelle que « l'homme n'a point liberal Arbitre à bien faire, sinon qu'il soit aydé de la grace de Dieu, et de grace speciale, qui est donnée aux esleuz tant seulement, par regeneration. » (*IRC* 1541, ch. II, t. I p. 278). *Ce vouloir* : « Car c'est Dieu qui faict en vous / et le vouloir / et le faire / par ung bon propos. » (Paul, Ph 2 B-2, 13).

v. 20 : *au bourbier de ce monde* : l'image vient sans doute du psaume 40, 3. *Cf.* « Meditation sur le psaume XLVIII » : « voyla, Seigneur, nous entrons au bourbier, & tu nous laves : nous regimbons contre toy, & tu nous engraisses de tes liberalitez » (*Med.* 1996, p. 233, l. 691-693).

v. 21 : *guinde toy* : élève-toi.

v. 22 : *ce beau jour* : en ce beau jour (celui du banquet de la Cène).

v. 24 : *humble* : latinisme (*humilis*) comme à la fin du vers, sublime (*sublimis*) qui dit l'opposition de la Terre (*humus*) et du Ciel.

v. 25 : *pouldre* : poussière. *Sublime foy* : c'est-à-dire la foi qui emporte au ciel dans la certitude du salut. Voir la définition qu'en donne Théodore de Bèze dans sa *Confession de la foy chrestienne* : « Or la foy dont nous parlons n'est pas de croire seulement que Dieu est Dieu, et que le contenu de sa parole est veritable : (car les diables ont bien ceste foy, et n'en font que trembler d'avantage) mais nous appelons Foy une certaine science que le Saint Esprit par sa seule grâce et bonté engrave de plus en plus aux cœurs des eleus de Dieu, par lequel un chacun d'iceux estant acertené en son cœur de son election, s'approprie et applique la promesse de son salut en Jesus Christ. La Foy, di-je, ne croit pas seulement que Jesus Christ est mort et ressuscité pour les pécheurs, mais vient aussi à embrasser Jésus Christ, auquel seul elle se fie et s'asseure tellement de son salut, qu'elle n'en doute point. » (Genève, 1559, p. 28-29). Et encore : « Les Sacremens de la Cene nous doyvent servir comme d'eschelle pour monter au ciel par foy » (*ibid.*, p. 300-301).

v. 26 : *cordeaux* : petites cordes.

v. 27 : *sa seureté* : réminiscence du ps 4, 9 « Car c'est toi seul qui es Eternel : tu me feras habiter en asseurance. »

v. 28 : *ceste chair* : le corps.

v. 29 : *ceste saincte Table* : la table de la communion.

v. 30 : *son humilité* : les strophes 4, 5 et 6 décrivent l'attitude que le fidèle doit avoir en s'approchant de la communion, attitude qui montre la conscience qu'il a de son indignité et de son péché. Voir Calvin : « [...] celle est la seule et très bonne dignité laquelle nous povons apporter à Dieu, que luy offrions nostre vilité et indignité afin que, par sa misericorde, il nous face dignes de soy ; que nous soyons confuz en nous mesmes afin d'estre consolez en luy ; que nous nous humilions en nous mesmes afin que soyons exaltez en luy ; que nous accusions nous mesmes afin que soyons justifiez en luy ; que soyons mortz en nous mesmes afin d'estre vivifiez en luy. » (*IRC* 1541, p. 1373).

v. 31 : *qu'estoit ce de toy* : qu'étais-tu / qu'en était-il de toi ; *devant* : avant.

v. 32 : *Ame pleine d'ordure* : voir Paul, 1 Co 4, 13. L'image est reprise dans la « Meditation sur le psaume XLVIII » : « Nous sommes toute mauvaistié, mais tu es toute bonté, Seigneur : nous sommes toute ordure, et tu es toute pureté : nous ne sommes que mort, et tu n'es que vie. » (*Med.* 1996, p. 233, l. 697-699).

v. 34-35 : *s'avance/D'entrer* : se prépare à entrer.

v. 36 : *si tu vois ton peché* : l'expression désigne la première étape de la pénitence. Voir ps 51, 5 : « Car je cognoi mes transgressions, & mon peché est continuellement devant moi » et le développement du verset par Théodore de Bèze (« Méditation sur le LI Psalme commençant, *Miserere mei* », *Chrestiennes Méditations*, éd. Mario Richter, Genève, Droz, 1964, p. 73).

v. 37 : *du sac et de la cendre* : expression fréquente chez les prophètes de l'Ancien Testament (par exemple Es 58, 5 ; Je 6, 26 ; Dn 9, 3, et encore Mt 11, 21). S'étendre sur le sac ou s'en couvrir, comme se couvrir de cendre sont des gestes de pénitence par lesquels on se reconnaît pécheur. *Cf.* « Meditation sur le pseaume XLVIII » : « Despouillons le sac, secouons la cendre » (*Med.* 1996, p. 243, l. 829-830).

v. 42 : *ton rabbaiz* : ton abaissement.

v. 46 : *de la foy la saincte aisle* : cette image de la foi n'est pas sans rappeler la gravure représentant la Religion réformée sous l'apparence d'une femme ailée fréquemment publiée dans la *Confession de la foy chrestienne* de Bèze. Cette même gravure est présente dans le fascicule « Tenor » des *Cent cinquante Psaumes mis en musique* par Paschal de l'Estocart (1583), ouvrage pour lequel Sponde composa un sonnet d'éloge (voir dans cette édition, la section « Poésies diverses »).

v. 49 : *ce Corps brillant de gloire* : le « corps glorieux » est celui du Christ après sa résurrection (Paul, Ph 3, 21). *A force de croire* : la foi est déterminante pour les protestants. Ainsi Calvin, *IRC* 1541, p. 1373 : « [...] celle dignité qui est demandée de Dieu consiste, premierement et principalement, en la Foy, laquelle attribue et colloque tout en Dieu, et rien en nous [...] ». L'union du fidèle avec le Christ, communion toute spirituelle (« au Ciel ») permise par la Cène, est un acte de foi dont les effets cependant sont manifestes (v. 79-84).

v. 51 : *comme tu doibs manger* : sur l'importance des verbes *manger* et *boire*, voir Calvin : « [...] nous sommes vivifiez par la vraye participation qu'il nous donne en soy, laquelle il a signifiée par les motz de boire et menger afin que nul ne pensast que cela gist en simple congnoissance. Car comme menger le pain, non pas le regarder, administre au corps la nourriture, ainsi fault-il que l'ame soit vrayement faicte participante de Christ pour en estre soustenue en vie eternelle. Cependant nous confessons bien que ceste manducation ne se faict que par Foy, comme nulle autre ne se peut imaginer » (*IRC* 1541, p. 1346).

v. 52 : *Hume* : bois.

v. 53 : *des espreuves certaines* : des preuves certaines.

v. 54 : *domestique* : familier, intime, donc élu. Souvenir probable de Paul, Eph 2, 19 : « Par ainsi vous n'estes plus estrangers ni forains, mais combourgeois des Saincts, & domestiques de Dieu ». L'apparition du *je*, corps et âme, dit que la communion (v. 51 et 52), soutenue par la foi (v. 46), confirme l'élection du poète. Pour Calvin en effet, seuls les fidèles sont dignes de recevoir ce don de Dieu. Il n'y a « que les seulx fideles qui en participent, en tant que, par vraye Foy, ilz se rendent dignes d'avoir jouyssance d'un tel benefice » (*IRC* 1541, p. 1353).

v. 56 : *Saoule* : rassasie.

v. 59 : *le visible signe* : Calvin : « Car qu'est-ce que la Cene, sinon une testification visible et manifeste de la promesse qui est au sixiesme de Sainct Jean, à sçavoir que Christ est le pain de vie qui est descendu du ciel ? Il fault donc que le pain visible soit un signe par lequel nous soit figuré le pain spirituel, sinon que nous veuillions destruire tout le fruict du Sacrement, et la consolation que, pour soustenir nostre imbecilité, nostre Seigneur a donnée en cest endroit » (*IRC* 1541, p. 1339). Et aussi : « Or s'il est vray que le signe visible nous est baillé pour nous sceller la donation de la chose invisible, il nous fault avoir ceste confiance indubitable que, en prenant le signe du corps, nous recevons pareillement le corps » (*IRC* 1541, p. 1354-1355). Le verbe *prendre* utilisé dans les vers 59-60 et encore au vers 75, est un écho direct des paroles du Christ : « Prenez, mangez et buvez » (Calvin, *IRC* 1541, p. 1333).

v. 62 *sq.* : *Que je mange ce corps* : l'objection que soulève Sponde est au cœur de la polémique entre catholiques et protestants. Les seconds reprochaient en effet aux premiers de manger leur dieu (la transubstantiation catholique jugeant le Christ présent dans le sacrement de la Cène). Voir sur ce sujet Franck Lestringant, *Une sainte horreur ou le voyage en Eucharistie (XVIe-XVIIe siècle)*, Paris, PUF, 1996, chap. III. Calvin parle de la « scabreuse question » : « comment le corps est de nous avallé et englouty » (*IRC* 1541, p. 1337).

v. 65 : *Esprit de verité* : le Saint Esprit. C'est la réponse à l'objection, qui appelle à la mesure (v. 66 : *modeste*) contre la curiosité excessive à l'égard des mystères divins.

v. 66 : *Sille* : couvre (mes yeux).

v. 69 : *immobile* : ferme, constant, qui n'est pas ébranlé.

v. 74 : *beneficence* : faveur, fait de gratifier d'un bienfait, d'un don (voir *largesse* au v. 77). Voir la note au titre du poème et Calvin, *IRC* 1541, p. 1331.

v. 80-81 : *savoureux* : « ce sacré pain de la Cene de nostre Seigneur est une viande spirituelle doulce et savoureuse à ceux ausquelz il donne à recongnoistre Jesus Christ estre leur vie » (Calvin, *IRC* 1541, p. 1368).

v. 82 : *Hommedieu* : nom composé, peut-être forgé par Sponde. Pour sa part, l'homme est dégradé en chien dans la méditation sur le psaume XIIII ou LIII : « Hommes-chiens, vous dites qu'il n'est point de Dieu. » (*Med.* 1996, p. 119, l. 254-255).

v. 85 : *un si sacré mystere* : à propos de la Cène, Calvin parle des « haulx mysteres qui y sont cachés » (*IRC* 1541, p. 1216) et de « l'excellence du mystère » (*ibid.*, p. 1341).

v. 86 : *charactere* : signe, c'est-à-dire le nom de Dieu inscrit sur le front des élus (Ap 3, 12 et 14, 1).

v. 87 : *Mignons* : amis intimes, ici les élus.
v. 88 : *Vous espoints du desir d'une eternelle vie* : apposition à « Mignons ».
v. 89 : *Nectar* : boisson des dieux d'Homère, comme l'ambroisie est leur nourriture. Autre façon de montrer que la nourriture de la Cène est une nourriture spirituelle.
v. 91 : *en memoire* : pour Calvin, la communion doit « reduire en memoire la passion de Jesus Christ » (*IRC* 1541, p. 1375). Car c'est en la « sacrée Cene » que « nostre Seigneur avoit laissé la memoire de sa passion engravée et imprimée » (*ibid.*, p. 1389). Le montrer est l'objet des neuf strophes qui suivent.
v. 94 : *faillut* : forme du verbe *falloir*. *Idem* v. 130 : *failloit*.
v. 96 : *meurtrir* : tuer (sens fort étymologique).
v. 98 : *premier peché de nostre premier pere* : le péché originel, celui d'Adam.
v. 104 : *le courage* : le cœur (allusion à la colère de Dieu le Père).
v. 106 : *deux passions contraires* : à la colère du Dieu vengeur de l'Ancien Testament répond la douceur et l'amitié du Christ, devenu homme pour racheter les péchés des hommes. Les figures du père et du fils s'opposent comme l'Ancien et le Nouveau Testament.
v. 111 : *Et chargeas leurs pechez* : voir Es 53, 6 : « l'Eternel a fait venir sur lui l'iniquité de nous tous » et 53, 11 : « et lui mesme chargera leurs iniquités ». Pour Calvin, cela signifie « qu'il a esté substitué au lieu des pecheurs, comme respondant et pleige, ou plustost comme debteur principal pour recevoir les peines qui leur debvoient estre imposées » (*IRC* 1541, p. 638). Voir plus loin, « pour avoir pris le fardeau de noz crimes » (v. 133).
v. 114 : *Le vaisseau de son ire* : génitif hébraïque (voir note au v. 7). *Vaisseau* : vase ; *en toy* : sur toi ; *espanché* : répandu.
v. 115 *sq.* : *son aspre disgrace* : Sponde reprend les étapes de la Passion du Christ, annoncées en Es 53, 5 (« or estoit-il navré pour nos forfaits, & froissé pour nos iniquités ») et décrites dans les évangiles. Ce faisant, il suit aussi de près l'explication du symbole des apôtres que donne Calvin au chapitre IV de l'*Institution de la religion chrétienne* dans l'édition de 1541.
v. 116 : *les grumeaux de sang* : c'est la sueur de sang qui saisit le Christ priant au Jardin des Oliviers (« Et luy estant en agonie / prioit plus instamment : & sa sueur devint comme grumeaux de sang decoulans en terre », Lc 22, 44).
v. 117 : *l'Ange* : Lc 22, 43 (« Et un Ange s'apparut du ciel à lui, le fortifiant ») ; *serenoit* : rendait serein ; *courage* : cœur.
v. 118-120 : *subterfuge* : Lc 22, 42 : « Disant, Pere, si tu voulois transporter ceste coupe arriere de moi : toutefois que ma volonté ne soit point faite, mais la tiene. » Chez Matthieu, cette prière est réitérée trois fois (Mt 26, 36-46).
v. 122 : *blémissoient* : faisaient blêmir.
v. 123 : *Quand le fer de ton flanc tiroit le sang et l'eau* : comprendre « Quand le fer tiroit de ton flanc le sang et l'eau ». Voir Jn 19, 34 : « Ains l'un des gendarmes lui perça le costé avec une lance, & incontinent il en sortit sang & eau ».
v. 125 : *Dieu te quicta luymesme* : « Et à neuf heures Jesus cria a haute voix, disant : Eloi /Eloi / lamma sabachthani ? qui vaut autant à dire que, Mon Dieu, mon Dieu, pourquoy m'as tu abandonné ? » (Mc 15, 34). Calvin : « [...] le Christ a soustenu la pesanteur de la vengeance de Dieu, en tant qu'il a esté frappé et affligé de sa main et a experimenté tous les signes que Dieu monstre aux pecheurs, en se courrouceant contre eulx et les punissant » (*IRC* 1541, p. 638-639).
v. 126 : *le tombeau* : pour l'ensevelissement du Christ, voir Mt 27, 57-61 ; Mc 15, 42-47 ; Lc 23, 50-56 ; Jn 19, 38-42.
v. 127 : *jusqu'aux Enfers* : Calvin, expliquant le symbole des apôtres, considère qu'il faut mentionner les Enfers, même si les Pères ne font pas mémoire de la descente du Christ aux Enfers. Car « il falloit aussi qu'il sentist la severité du Jugement de Dieu afin d'interceder

et comme s'opposer que son ire ne tombast sur nous, en satisfaisant à icelle. Pour ce faire, il estoit expedient qu'il bataillast, comme main à main, à l'encontre des puyssances d'Enfer et de l'horreur de la mort eternelle. [...] Ce n'est point donc de merveilles s'il est dict qu'il est descendu aux Enfers, veu qu'il a enduré la mort laquelle est imposée par l'ire de Dieu aux malfaicteurs » (*IRC* 1541, p. 638).

v. 133 : *Ainsi pour avoir pris* : l'agent implicite du verbe à l'infinitif est *t'* (au vers suivant), « pour t'être chargé du fardeau de nos crimes ».

v. 135 : *engloutit* : Paul, 1 Co 15, 54 : « La mort est engloutie en victoire » (écho probable d'Es 25, 8). Mais aussi Calvin : « [...] en sa mort il a devoré et anglouty la mort » (*IRC* 1541, p. 1335).

v. 136-137 : *Deux jours* : voir Lc 24, 7 et Paul, 1 Co 15, 4.

v. 142 : *la puissance estouffée* : « En somme, Jesus Christ, combatant contre la puissance du Diable, contre l'horreur de la mort, contre les douleurs d'Enfer, en a obtenu victoyre et en a triumphé, afin que nous ne craignions plus en la mort les choses que nostre Prince a abolyes et anneanties. » (Calvin, *IRC* 1541, p. 639).

v. 143-144 : *leur* reprend anaphoriquement « tous tes combats » (tous les combats du Christ sont récompensés par le fait d'avoir vaincu la puissance des Enfers et de la Mort et d'avoir acquis le repos céleste).

v. 145 : *la nue* : l'Ascension du Christ après sa résurrection. Voir Ac 1, 9 : « Et quand il eut dit ces choses, il fut eslevé, eux le regardans, & une nuee le soustenant l'emporta de devant leurs yeux. »

v. 146 : *ta seconde venue* : au jour du Jugement, « au jour qu'il separera les aigneaulx des boucz, les esleuz des reprouvez, et n'y aura nul, ne vivant ne mort, qui puisse eschapper son Jugement » (Calvin, *IRC* 1541, p. 645).

v. 147 : *à la dextre de Dieu* : voir Paul, He 10, 12 : « Mais cestui-ci ayant offert un seul sacrifice pour les pechés, est assis pour tousjours à la dextre de Dieu ». Calvin : « [...] il est assis à la dextre du Pere. Laquelle similitude est prinse des Roys, dont les Lieutenans, ausquelz ilz donnent la charge de gouverner, sont comme leurs assesseurs » (*IRC* 1541, p. 642).

v. 149 : *se demeine* : se conduit.

v. 150 : *en un lieu* : Calvin : « Car comme nous ne doubtons point qu'il n'ayt sa mesure comme requiert la nature d'un corps humain, et qu'il ne soit contenu au Ciel, auquel il a esté receu, jusques à tant qu'il viendra au Jugement, aussi nous estimons que c'est une chose illicite de l'abaisser entre les elemens corruptibles, ou imaginer qu'il soit par tout present » (*IRC* 1541, p. 1352). La position calviniste, que reprend Sponde ici, refuse la consubstantiation luthérienne pour laquelle « il y a ubiquité du corps du Christ partout où il y a pain sacramentel » (*ibid.*, note 64). C'est par le « canal » du Saint-Esprit que le Christ agit chez les fidèles.

v. 152 : *Ains* : mais au contraire.

v. 153-156 : *qui ne peut plus perir* : Calvin : « [...] la presence du corps que requiert le Sacrement [...] nous rend certains et asseurez de l'immortalité de nostre chair, laquelle desjà vient à estre vivifiée par la chair de Jesus Christ immortelle, et communique en quelque maniere à son immortalité » (*IRC* 1541, p. 1362).

AUTRE POEME SUR LE MESME SUBJECT

Si les « Stances de la Cène » mettaient sous les yeux du fidèle le mystère du sacrement avant de remonter à son origine, le sacrifice et la passion du Christ, ce deuxième poème adopte un point de vue chronologiquement inverse : il part en effet du Jugement dernier qui distinguera les réprouvés des élus, pour lier étroitement élection et eucharistie. La nourriture spirituelle que le Christ donne à ses élus dans le sacrement de la Cène leur promet la vie éternelle et la rédemption. La définition du sacrement est ainsi encadrée par deux grandes descriptions enflammées : celle du jugement au début, celle du paradis perdu à la fin.

Composé de 170 alexandrins en rimes suivies, ce second poème sur la Cène prend la forme d'une épître adressée aux hommes, « Desloyaux » puis « Agneaux ». Dans une longue première partie qui a fonction d'exorde et s'inspire largement du Jugement dernier, le poète distingue les seconds des premiers afin d'inviter les Agneaux au « savoureux repas de l'immortalité » qui est l'objet du poème (v. 1-100). C'est bien pour prouver que le sacrement « éteint » la mort et « allume » la vie (v. 98-99) que le poète rappelle ensuite le sacrifice du Christ, son « martyre » et sa résurrection, gages du retour promis des fidèles au Paradis, d'où Adam et Ève furent chasssés (v. 101-160). Les dix derniers vers forment une conclusion, voire une péroraison pathétique où la figure centrale est désormais le *je*, impuissant à comprendre la totalité d'un mystère qui le dépasse mais priant Dieu de reconnaître sa bonne volonté.

v. 7 : *son bras fort* : voir Dt 4, 34 (« par batailles & main forte, & bras etendu »). Les vers 7 et 8 sont rapportés. Cette figure, qui remonte à l'Antiquité, superpose à la structure syntaxique une structure paradigmatique qui l'amplifie par une mise en parallèle de termes ou de membres de phrase. Elle combine ainsi « un principe d'accumulation et de répétition » et « un principe de dissociation » (G. Mathieu-Castellani, « Sponde : poétique du sonnet rapporté », *Littérature* n° 15, automne 1986).

v. 8 : *à la mort* : à mort.

v. 9-10 : *Tombez sur nous montagnes* : Ap 6, 15-17, ouverture du sixième sceau : « Et les Rois de la terre, & les princes, & les riches, & les capitaines, & les puissans, & tout serf & tout franc se cacherent és cavernes, & entre les roches des montagnes. / Et disoiyent aux montagnes & aux roches, Tombez sur nous, & nous cachez de devant la face de celui qui est assis sur le throne, & de devant l'ire de l'Agneau. ». Pour une autre utilisation de la même source, voir Agrippa d'Aubigné, *Les Tragiques*, VII, « Jugement », v. 85-90.

v. 12 : *courroux* : voir ps 2, dans la traduction de Marot : « Lors, s'il luy plaist, parler à eux viendra / En son courroux, plus qu'autre espouvantable : / Et tous ensemble estonnez les rendra / En sa fureur terrible & redoutable » (*Les Psaumes en vers français*, ps 2, v. 18 et 20, éd. Pidoux, Genève, Droz, p. 4).
v. 13 : *qui bandez voz yeux* : qui fermez vos yeux comme avec un bandeau.
v. 14 : *aupris* : en comparaison de.
v. 16 : *Les monstres effrontez qu'avortent voz Pechez* : les péchés ne peuvent produire de fruits parfaits, d'où l'emploi du verbe avorter. Ils produisent des monstres.
v. 17 : *martyre* : souffrance.
v. 18 : *Quand le Ciel pour l'Enfer contre vous prend ses flammes* : quand le Ciel s'allie à l'Enfer pour vous combattre. Même idée dans les deux vers suivants (« Quand… l'Enfer envenimé, / S'est à l'envy du Ciel contre vous allumé »). Peut-être un souvenir de Ap 8, 7 : après l'ouverture du septième sceau, sonne la première trompette et « la tierce partie des arbres furent bruslee, & toute herbe verte fut bruslee. » La deuxième : « & comme une grande montaigne ardente de feu, fut jettee en la mer… ». La troisième : « il tomba du ciel une grande estoile ardante comme un flambeau… ».
v. 19 : *Quand pour le Ciel encor l'Enfer envenimé* : Ap 9, 2. Après que la cinquième trompette a sonné, est ouvert le puits de l'abîme : « & une fumee monta du puits comme la fumee d'une grande fournaise : & le soleil & l'air fut obscurci de la fumee du puits. » Voir aussi Ap 11, 7.
v. 21 : *tout bruict* : tout résonne ; *vengeances* : le terme est synonyme de *justices* (v. 2).
v. 22 : *effroyable* : qui provoque la peur et l'épouvante.
v. 23 : *combien de fleaux* : ceux qui sont énumérés dans les chapitres cités de l'Apocalypse. *Fleaux* : une syllabe.
v. 24 : *l'indomptable humeur de voz cœurs obstinez* : ce sont les cœurs de ceux qui ne se repentent pas mais s'endurcissent dans le péché, tels qu'ils sont évoqués en Ap 9, 20-21 : « Et les autres hommes qui ne furent point occis par ces playes, ne se amenderent point des oeuvres de leurs mains […]. Et ne se repentirent point de leurs homicides, ne de leurs empoisonnemens, ne de leur paillardize, ne de leurs larcins. »
v. 26 : *Desloyaux* : les infidèles ; *à ce jour* : le jour du Jugement qui semble se confondre avec celui de la Cène ; *vous abandonne* : voir 2 Ch 15, 2 : « L'Eternel est avec vous tandis que vous estes avec lui : Et si vous le cerchez, vous le trouverez : mais si vous l'abandonnez, il vous abandonnera ».
v. 28 : *Qui s'ennuyant du temps* : regrettant le temps. Le relatif peut être éloigné de son antécédent à l'époque, *qui* reprenant *le Ciel* (v. 26).
v. 32 : *ire* : colère, courroux.
v. 33 : *d'un desespoir* : la marque des réprouvés (v. 36). *Cf.* l'inscription célèbre que Dante a placée sur la porte de l'Enfer : « *Lasciate ogne speranza, voi ch'intrate* » (*Inferno*, canto III, v. 9).
v. 35-36 : *simples Agneaux* : par opposition aux *boucs reprouvez*, qui désignent les pécheurs endurcis, voire les damnés, les Agneaux sont les fidèles. En opposant le bouc (animal diabolique) et l'agneau, Sponde joue sur l'image bien connue de l'évangile : ceux qui suivent le Christ sont les brebis (Mt 9, 35 ; 18, 10-13 *sq.*).
v. 38-39 : vers rapportés. Voir aussi le v. 44, construit sur la même trinité ; *herbage* : ici au sens de nourriture ; *vous semond* : vous avertit.
v. 41 : *qui le gene* : qui le torture.
v. 42 : *franchement se pourmene* : se promène librement.
v. 43 : *où il soule à plaisir* : où il rassasie à volonté.
v. 46 : *vostre Berger* : voir ps 23 dans la traduction de Cl. Marot : « Mon Dieu me paist sous sa puissance haute / C'est mon berger, de rien je n'auray faute » (*Les Psaumes en vers français*, p. 68).
v. 47-48 : *onques ne vous chalust / De…* : jamais vous n'eûtes souci de.

v. 49-50 : *Vous qui ne portez point, [...] / Diverses mœurs au cœur, et sur le front escrites* : différentes selon qu'elles sont écrites « au cœur » ou « sur le front ». Sur cette dénonciation, voir Mt 6, 2-6 et 23, 13-15 (contre les Pharisiens). Dans la méditation sur le psaume L, Sponde accuse longuement les hypocrites : « Contre qui ? contre ton peuple qui s'est desbandé de toy apres les Dieux estranges : qui ne te sert plus que de mine, de qui la robe est blanche, & le cœur noir, & sale a merveilles : de qui la bouche annonce ta Loy, mais les mains brassent l'iniquité : de qui les sacrifices fument sur l'autel, mais les Ames estouffent de puanteur & d'ordure. C'est avec ces hypocrites que tu entres en contestation » (*Med.* 1996, p. 279, l. 271-278). Voir aussi *infra* note au v. 81.

v. 52 : *Les tesmoins recollez* : écho du lexique juridique que Sponde utilise dans les *Meditations* : « *Recoller* : Lire à haute voix la déposition qu'un témoin vient de faire pour que celui-ci la ratifie ou la corrige » (*Med.* 1996, « Index juridique », p. 468).

v. 53 : *le ver des consciences* : voir Aubigné : « Les autres devenus stupides par usance / Font dormir sans tuer la pasle conscience / Qui se resveille et met forte par son repos / Ses aiguillons crochus dans les moëlles des os. » (*Les Tragiques*, VII, v. 95-98).

v. 55 : *au mal distraict* : détourné vers le mal.

v. 56 : *Et quand il vous eschappe au moins il vous desplaist* : et quand il (votre cœur) vous échappe (pour aller vers le mal), au moins cela vous afflige. *Déplaire* peut se conjuguer de manière impersonnelle à l'époque : « *il me desplaist.* Je suis fâché, triste, affligé, mécontent. » (Huguet).

v. 58 : *le Temple mesme* : Paul, 1 Co 3, 16-17 : « Ne savez-vous pas que vous êtes le temple de Dieu & que l'Esprit de Dieu habite en vous ? Si quelcun destruit le temple de Dieu, Dieu le destruira. Car le temple de Dieu est sainct, lequel vous estes. »

v. 59 : *l'heritage* : voir Paul, He 1, 2 et ps 2, 8 (dans la traduction de Marot : « Demande moy : et pour ton heritage / Sujets à toy tous peuples je rendray »).

v. 62 : *plus hautaines* : les plus orgueilleuses (comparatif généralisé, voir StC, note au v. 15). *Cf.* SM 3, v. 10 : les « cimes hautaines » et SM 9, v. 4 : les « Ames d'Ebene ».

v. 63 : *estançonne* : étaye.

v. 64 : *le roc de son appuy* : génitif hébraïque. Voir ps 18, 3 (trad. Marot : « Dieu est mon roc, mon rempart haut et seur »).

v. 66 : *retentit sa parolle* : voir Paul, 1 Thess 1, 8 : « Car la parole du Seigneur a retenti [...] ».

v. 66 : *d'un gosier d'airain* : peut-être écho d'Es 58, 1 (c'est Dieu qui parle au prophète) : « Crie à plein gosier, ne t'espargne point, esleve ta voix comme un cornet, & declare à mon peuple leur forfait, & à la maison de Iacob leurs pechés. » ... et d'Homère qui évoque la voix d'airain d'Achille en *Iliade*, XVIII, v. 222.

v. 72 : *pourprix* : lieu clos, enceinte.

v. 73 : *sogneux* : soigneux, soucieux. Le « sogneux Berger » est le Christ.

v. 74 : *Loup ravisseur* : Ac 20, 29 : « [...] apres mon depart il se fourrera parmi vous des loups, tresdangereux, n'espargnans point le troupeau » (la Bible d'Olivétan porte en marge à 20F : « loups ravissans »).

v. 81 : *qui ne servent pourtant que de masque en l'Eglise* : « Vous avez faict un masque de son Nom a voz feintises, Dieu le vous arrachera » (« Meditation sur le psaume L. », *Med.* 1996, p. 287, l. 394-395) et « Tu leur as donques dit, je ne veux point ces sacrifices ordinaires que vous me presentez, car ils ne servent que de masque a voz ordures » (*ibid.*, p. 331, l. 1092-1094). Voir aussi *supra*, note v. 49-50.

v. 83 : *au rang de ses esleus* : voir Mt 22, 14 : « Car plusieurs sont appelés, mais peu sont esleus. ». *Cf.* v. 82-83.

v. 84 : *quelque marque* : celle des élus (Ap 2, 17 et surtout 7, 3-4).

v. 86 : *nous asseure* : cette assurance vient de la promesse présente dans les paroles du sacrement de la Cène. Voir Calvin : « La promesse qui nous y est donnée monstre clairement à quelle fin il a été institué et à quoy il tend : c'est à ce qu'il nous asseure et confirme que le corps de nostre Seigneur Jesus Christ a tellement esté une fois livré pour nous qu'il est maintenant nostre et qu'il le sera perpetuellement ; aussi que son sang a tellesment esté une fois espandu pour nous qu'il est et sera tousjours nostre » (*IRC* 1541, p. 1331). *Cf.* v. 109.

v. 87-88 : *le premier [...], le second [...], le tiers [...]* : récapitulation. Le premier désigne l'appel, le second la marque supplémentaire, le tiers, la nourriture.

v. 92 : *Le savoureux repas de l'immortalité* : la communion, donc le sacrement de la Cène. Voir Calvin : « [Jesus Christ] nous a rendu la chair qu'il a vestu et prinse, vivifiante, afin que, par la participation d'icelle, nous soyons nourriz à immortalité » (*ibid.*, p. 1349).

v. 96 : *le ventre* : Paul, 1 Co 6, 13 (« Les viandes sont pour le ventre / et le ventre pour les viandes : Mais Dieu destruira / et cestuy et cestes. »).

v. 98 : *En la Manne du Ciel* : la manne est une sorte de pain que Dieu fit tomber du ciel pour le peuple hébreu sorti d'Égypte (Ex 16).

v. 99-100 : *ce vivant flambeau* : après le long exorde qui définit les destinataires de l'appel divin (v. 93), ces deux vers résument l'enjeu du poème : le sacrement de la Cène rend l'élu immortel.

v. 101 : *la vertu vivante* : la vertu qui est source de vie. Voir StC, v. 6 et la note.

v. 103-104 : *C'est le corps... / Le sang : c'est* en facteur commun ; le corps et le sang du Christ crucifié, qui tout à la fois commémorent le sacrifice et représentent la nourriture spirituelle du fidèle (v. 109).

v. 105 : *constant* : supporté avec constance.

v. 108 : *Sans qu'il fust* : s'il n'avait pas été. Dieu, par son ire, aurait renversé l'univers si le Christ ne l'avait soutenu de son corps sacrifié et noyé (donc entièrement recouvert) de son sang.

v. 110 : *garants de la Nature* : c'est-à-dire protecteurs de l'univers que la colère de Dieu aurait pu renverser et détruire.

v. 115 : *rappointer avec Dieu voz accords* : la mort du Christ sur la croix renouvelle l'alliance initiale avec le peuple élu. *Rappointer* : rétablir (avec l'idée d'une réconciliation).

v. 119 : *consommez* : le verbe consommer n'a pas ici le sens, fréquent à l'époque, de consumer, mais celui de parachever, d'accomplir à la perfection (voir le latin *consummare*).

v. 120 : *dans trois jours ranimez* : le Christ ressuscita trois jours après sa mise à mort (*dans* : dans un délai de).

v. 125 : *double Science* : sans doute la connaissance du bien et du mal (Gn 2, 15 et 3, 5).

v. 126 : *estrangez* : éloignés.

v. 127 : *Arbre de vie* : Gn 2, 9 et Ap 2, 7.

v. 129-139 : *la tranchante lame / Qui rouloit à l'entour un tourbillon de flamme* : Gn 3, 22-24 : « Et deschassa l'homme : & logea des Cherubins vers l'Orient du jardin d'Heden, avec une lame d'espee se tournant çà et là, pour garder le chemin de l'arbre de vie ». Voir plus bas « ce fer tranchant » (v. 151). La Bible de 1588 ne mentionne pas la flamme souvent associée à l'épée du Cherubin (Vulgate : « *flammeum gladium atque versatilem* », litt. une épée enflammée et tournoyante ; Bible de Genève, Jean Girard, 1546 : « un glaive flamboyant & voltigeant çà et là »). Le commentaire de Calvin à ce chapitre de la Genèse montre qu'il s'agit d'un problème de traduction : « Et pour l'effrayer [l'homme], il a adiousté un glaive voltigeant, ou trenchant des deux costez, ou bien flamboyant & ardent. Car le mot dont Moyse a usé est deduit de blancheur ou ardeur. » (*Commentaire de M. Jean Calvin sur le premier livre de Moyse, dit Genese*, Genève, Jean Girard, 1554, p. 64).

v. 133-136 : *De peur que que le Sainct fruict d'une si belle plante / Ne remist voz Esprits en leur force vivante, / De peur que de voz yeux les rayons redoublez / En leur fausse moytié ne feussent aveuglés* : plus qu'un simple parallélisme, il y a lien cause à effet entre ces vers. Dieu, ayant chassé l'homme du Paradis, lui en interdit l'accès de peur qu'il ne puisse manger à nouveau du fruit de l'arbre de la connaissance (premier lien, v. 133-134), car alors (second lien, v. 135-136) ses yeux (de l'esprit) seraient dessillés (*redoublez* au sens figuré ici de renforcés, augmentés), alors même que l'homme ne pourrait supporter cette connaissance, étant aveuglé par sa « fausse moitié », c'est-à-dire sa dimension désormais terrestre.

v. 141 : *Espoints de* : piqués, émus par. Les Chérubins sont jaloux de la position privilégiée que l'homme occupait auprès de Dieu dans le paradis terrestre (« le bien de la premiere vie », v. 142).

v. 143 : *Eux que furent jadis voz plus privez amis* : les emplois du pronom relatif *que* en fonction sujet sont désormais rares au XVIe siècle, en particulier avec un sujet animé (S. Lardon, M.-C. Bichard-Thomine, *Grammaire du français de la Renaissance. Étude morphosyntaxique*, Paris, Classiques Garnier, 2009, VI.35). Peut-être s'agit-il d'une coquille pour « qui », plutôt que de la trace d'un usage déjà vieilli ; *privez* : familiers, intimes.

v. 144 : *Depuis* : mise en facteur commun du verbe *être* (*furent*, v. 143) avec changement de temps : *et qui sont depuis*. Ce type de mise en facteur commun (zeugma grammatical) est fréquent dans les *Meditations*.

v. 147 : *guerdons* : rétribution.

v. 148 : *de pointus chardons* : Gn 3, 18 : « Et elle te produira espines & chardons ».

v. 149 : *la bonde* : « bouchon de bois qui ferme le trou par lequel on remplit un tonneau, ouverture du fond d'un étang, d'un bassin, d'un réservoir destiné à faire écouler l'eau » (Godefroy), d'où *lacher la bonde* : donner libre cours.

v. 151 : *rebouché* : émoussé ; *soudain fust rebouché / Qu'il eust des os sacrez de ce corps approché* : tmèse (soudain que). *Soudain que* : aussitôt que.

v. 160 : *pour boisson* : Calvin, « sa chair est vrayement viande, son sang est vrayement breuvage » (*IRC* 1541, p. 1350).

v. 166 : *l'escorce* : métaphore courante pour désigner la dimension superficielle de la connaissance, la surface qui couvre le sens caché. Voir les deux exemples donnés par le dictionnaire de Huguet : « soubs l'escorche est la mouelle » (Fabri, *L'art de rhétorique*, I, 12) ; et « l'escorche de fable poetique » dont parle G. Tory à propos de la chaîne d'or d'Homère (*Chamfleury*, L. II, 26v°).

v. 170 : *Contente toy de moy, mon Dieu, que je le vueille* : Contente-toi, en ce qui me concerne, de ma bonne volonté (voir StC, v. 12 et 13).

STANCES DE LA MORT

Ce long poème est composé de vingt-quatre strophes de six alexandrins dont la thématique est fort proche de celle des douze sonnets sur la mort qui le suivent dans l'édition de 1588, selon un ordre repris également dans les recueils collectifs. La disposition des rimes est la même que dans les « Stances de la Cène » : AABCCB. Le poète souffre de vivre selon la Chair et dans le Monde car son Esprit aspire à « de plus vives lumières » sans pouvoir encore y atteindre. Dans ce cadre, la Mort est « plaisante » car elle ouvre sur la vie éternelle, espérance du poète. Les

« Stances de la mort » mettent donc en scène un combat intérieur entre la Chair et l'Esprit qui prend la forme d'un débat dont l'arbitre est Dieu.

Le poème semble se construire en six temps : la strophe 1 contient la proposition (« je vous ferai voir de plus vives lumières ») ; les strophes 2 à 6 font entendre la plainte du poète, déchiré entre le Monde et le désir du Ciel ; les strophes 7 à 11 montrent l'hésitation et l'impuissance de l'Esprit face à la Chair ; les strophes 12 à 16 en appellent à Dieu pour qu'il donne force à l'Esprit ; les strophes 17 à 21 sont une exhortation à atteindre les plaisirs du Ciel par la mort et les strophes 22 à 24 disent la soumission à la volonté divine.

v. 2 : *flammeuse* : ardente, enflammée ou analogue à une flamme.

v. 3 : *Sillez-vous* : fermez-vous, couvrez-vous.

v. 7 : *Je m'ennuye de vivre* : la formule se retrouve à l'identique au début de la méditation sur le psaume L : « Je m'ennuye de vivre, là où la vie n'est point, mais la mort, ta vie, Seigneur, mais la mort du Monde, où je crain de mourir moy mesme, mourir avec le Monde, estouffer en ses puanteurs, si tu ne m'emportes là où est la vie, là où est le baume de l'intégrité, là où je ne puisse jamais, ni mourir, ni corrompre » (*Med.* 1996, p. 263, l. 32-37).

v. 9 : *au milieu de ma course* : détail biographique ? En 1588, Sponde a trente ans.

v. 10 : *Si n'est-ce pas* : pourtant ce n'est pas (*si* adversatif en tête de phrase entraîne la postposition du sujet).

v. 11-12 : *Desdain de l'advenir* : l'expression est à rapprocher de l'ennui de vivre (v. 7). « Avoir à desdain » signifie être fatigué de, ennuyé de (Huguet, *s.v.*). *Pour l'horreur du passé* : à cause d'un passé qui me fait horreur. Faut-il y voir une allusion aux guerres de religion ou, plus vraisemblablement, au combat spirituel qui va être ensuite explicité ?

v. 16 : *Le gracieux Zephir de son repos* : le possessif renvoie au Monde (v. 15). On a ici une métaphore *in praesentia* : le repos est un gracieux Zéphyr, vent doux et agréable (voir *Odyssée*, IV, v. 567), quand l'Aquilon, qui vient du Nord, est plus violent. L'antithèse entre repos et peine se retrouve au sonnet 19 des *Amours*.

v. 17 : *Aquilon de peine* : génitif hébraïque (voir note StC, v. 7).

v. 18 : *divers* : opposés.

v. 24 : *j'en fay desormais l'amour à leur Beauté* : l'amour, c'est-à-dire la cour. *Cf.* Am, S 3 et S 7.

v. 26 : *Qui faict contre le Ciel le partizan du Monde* : qui se fait le partisan du Monde contre le Ciel.

v. 27 : *Qui noircist ses clartez* : il s'agit des clartés du Ciel (obscurcies par la chair, partisane du Monde) ; *toffu* : touffu.

v. 29 : *Et la chair qui n'est qu'Eau* : voir ps 22, 15.

v. 31 : *La chair des vanités de ce Monde pipée* : la chair pipée (trompée, séduite) par les vanités de ce Monde. Sponde désigne ainsi les séductions du Monde ou, pour parler comme Calvin, « les tentations » qui « esbranlent » le fidèle (*IRC* 1541, ch. IV, p. 532). Dans ce même chapitre IV, qui traite de la foi, Calvin explique que pour comprendre les doutes du fidèle, « il est necessaire de recourir à la division de l'Esprit et de la chair », exprimée par saint Paul en Rm 7-8 et qu'il a déjà évoquée au chapitre II. C'est là en effet qu'il souligne que la nature humaine, bien que désireuse de l'immortalité promise par la rédemption, reste marquée par le péché qui la détourne de Dieu. « De là vient un combat lequel exercite l'homme fidele toute sa vie, en tant que par l'Esprit il est eslevé en hault, par la chair destourné en bas ; selon l'Esprit il tend d'un desir ardent à l'immortalité, selon la chair il est desvoyé en voye de mort ; selon l'Esprit il pense à justement vivre, selon la chair il est sollicité à iniquité ; selon l'Esprit il est conduict à Dieu, selon la chair il est retiré arriere ; selon l'Esprit il contemne le monde, selon la chair il appete les delices mondaines » (*ibid.*, p. 337).

v. 34 : *Ces partis* : ceux, opposés, de la chair et de l'Esprit.

v. 38 : *ce combat* : « Nous voyons donc que la chair et l'Esprit sont comme deux combatans, lesquelz separent en diverses parties l'ame fidele, faisans en elle une bataille [...] » (*IRC* 1541, p. 337).

v. 39 : *regne* : royaume.

v. 43 : *ta main qui façonna le Monde* : voir ps 19, 1, ps 95, 5, et Es 66, 2 : « Car ma main a fait toutes ces choses-la, & toutes ces choses-la en ont eu leur estre, dit l'Eternel. »

v. 45 : *parfaict* : accompli à la perfection.

v. 49 : *la charnelle ruse* : la ruse de la chair.

v. 52 : *Vien donc* : Calvin : « En telles difficultez, il fault que le serviteur de Dieu soit tellement animé que du principal desir de son cœur et de la principalle affection, il aspire à Dieu, s'estudie et efforce de le chercher, et continuellement gemisse et souspire de ce qu'il est empesché de sa chair à ne poursuyvre sa course comme il debvroit » (*IRC* 1541, p. 338) ; *et mets la main* : occupe-toi de (avec le sens positif de mettre bon ordre à).

v. 54 : *appuy* : voir SM 12, v. 5-7. Sponde réécrit ici un adage ancien : « Bon droict a bon besoing d'ayde », répertorié dans les *Proverbes communs* de Jean de la Vêprie (Paris, A. Caillaut, 1492). Accompagné de la traduction latine de Jean-Gilles de Noyer, l'ouvrage connut de très nombreuses éditions au XVIe siècle.

v. 57 : *bouclier de verre* : le verre comme le roseau sont des métaphores de la fragilité de l'homme. Voir la méditation sur le psaume L : « D'où tant de fragilité ? d'où tant d'inconstance ? De la fragilité de ce roseau, de l'inconstance mesme de ce Polype. Je ne puis resoulder ce verre, je ne puis arrester ces torrens. Tout cest homme icy n'est que du vent [...] » (*Med.* 1996, p. 277).

v. 60 : *la vie* : la vie éternelle, une fois le corps mort et enterré au « Tombeau ».

v. 61 : *ceste vermine* : voir encore la méditation sur le psaume L : « Vermine abominable, a qui le Monde ne peult suffire, ne vous suffit-il point qu'il vous faut comparoistre en ce jugement solemnel de vostre Dieu ? » (*Med.* 1996, p. 301, l. 596-599).

v. 66 : *tu te perds* : Jn 12, 24 : « Qui ayme son ame / il la perdra. Et qui hayt son ame en ce monde / il la gardera en la vie eternelle. »

v. 70 : *Que si* : si.

v. 75 : *destours* : voir SM 6, v. 6 : « Je me veux despestrer de ces facheux destours ».

v. 76 : *C'est bien plus* : il y a plus ; *ce que plus tu desires* : ce que tu désires le plus.

v. 77 : *martyres* : souffrances.

v. 78 : *le rebours* : Paul, Rm 7, 15-21 : « Nous savons certes que la loy est spirituelle / mais je suis charnel vendu soubz péché. Car je ne approuve ce que je fay / et ne fay point ce que je vueil : mais je fay ce que je hay. Et si je fay ce que je ne vueil point / je consens a la loy qu'elle est bonne. Or maintenant je ne fay point telle chose / mais c'est le péché habitant en moy. Je scay certes que en moy / cest a dire en ma chair / ne habite point de bien : car le vouloir est avec moy / mais je ne trouve point pour faire le bien : car je ne fay point le bien que je veuil / mais je fay le mal que je ne vueil point. » (en marge : « Le combat de l'esperit et de la chair »). Voir aussi le vers célèbre de Médée chez Ovide, *Métamorphoses*, VII, v. 20-21 : « *Video meliora proboque / Deteriora sequor* ».

v. 79 : *Encor* : qui plus est ; *ce peu de temps* : pendant ce peu de temps.

v. 80 : *poudre* : poussière.

v. 82 : *sauteler* : sautiller, faire de petits sauts ; *les bouillons de ton zèle* : synecdoque d'abstraction pour Fontanier où le concret (*bouillons*) est mis pour l'abstrait (bouillonnement).

v. 83 : *aux cerceaux de ton aisle* : le cerceau désigne ici l'« arc formé par les plumes de l'aile d'un oiseau » (Huguet, *s. v.*, qui cite Ronsard, Belleau, Du Bartas).

v. 85 : *relants* : (adj.) humides, qui sentent mauvais.

v. 87 : *obscureté* : voir la fin de la méditation sur le psaume L : « Cet air obscurci & du Diable, & du Monde, & de la Chair, me jettent je ne sçay quoy de tenebres & de choppement au devant, mais tu m'esclaireras du flambeau de verité [...] » (*Med.* 1996, p. 361).

v. 90 : *Et contrainct à la mort son immortalité* : le sujet de *contrainct* est *ta clarté* ce qui semble paradoxal. De fait, allumée par le vent de Dieu, la clarté de l'Esprit œuvre à l'encontre de Dieu en restant dans l'obscurité du monde (v. 87) et contribue alors à sa propre destruction (v. 89), menant l'Esprit, pourtant immortel, à la mort. Ce paradoxe est une manière de préparer le suivant : la mort nous pousse à la vie. Il faut mourir pour renaître.

v. 91-93 : *Quelle plaine en l'Enfer de ces pointus encombres ? [...]* : la réponse à ces trois interrogations oratoires (*aucune/aucun*) repose sur le principe logique aristotélicien de contradiction ou de contrariété A ≠ non-A. *Cf.* « Rien ne peut estre ce qui est son contraire » (*Med.* 1996, p. 613-614) et S. Lardon, *L'écriture de la méditation chez Jean de Sponde*, 1998, p. 144 *sq.* ; *pointus* : aigus, hérissés de pointes ; *largue* : large (subst.), étendue, espace.

v. 95 : *Toy mouëlle d'un festu perce à travers l'ecorce* : on retrouve ces mêmes images dans la méditation sur le psaume L : « La moëlle de voz sacrifices est fonduë, & je n'en voy plus que l'escorce, encore est elle bien mince & bien seche » (*Med.* 1996, p. 299, l. 581-582).

v. 97 : *que tu cerches d'estendre* : en désirant rester dans le Monde plus longtemps et en craignant la Mort.

v. 101 : *sans la fin mesurée* : sans avoir pris la mesure de la fin.

v. 103 : *ta prison* : « Car cependant que nous sommes encloz en ceste prison de nostre corps, nous portons tousjours avec nous les reliques de nostre chair, lesquelles diminuent d'autant notre liberté » (Calvin, *IRC* 1541, p. 336).

v. 107-108 : vers rapportés.

v. 109-110 : *à la vie* : voir SM 1 et la fin de la méditation sur le psaume XVLIII : « Pour estre donc parfaitement heureux, il faut passer à ceste parfaicte vie. Qui nous y conduira ? La mort. Tu nous conduiras jusqu'à la mort, & la mort nous conduira à la vie » (*Med.* 1996, p. 257).

v. 115-117 : vers rapportés.

v. 122 : *estranges* : qui nous sont étrangères (voir « d'autre Nature » au v. 124).

v. 123 : *Aux accords rapportez* : *rapportez* peut avoir le sens de apporter (par les « diverses voix ») mais aussi celui de mettre en rapport donc en harmonie (voir les vers rapportés dans les strophes précédentes).

v. 125 : *Ce que tu vois icy n'en est pas la peinture* : vision non platonicienne, le monde terrestre n'est pas « la peinture », c'est-à-dire le reflet du Monde céleste. Il en est totalement distinct.

v. 126 : *Ne fust-ce rien sinon pource que tu le vois* : cette construction synthétique, qui associe un irréel du présent et une intention causale, vient directement du latin « *nisi quod* » ou « *nisi quid* ». On pourrait la paraphraser par « ce ne serait rien [à savoir, les plaisirs terrestres], à cette nuance près que tu le vois ».

v. 128 : *manoirs* : lieu où l'on séjourne, demeure.

v. 132 : *travail* : sens fort de souffrance (voir v. 140).

v. 133 : *Mais dispose, mon Dieu, ma tremblante impuissance / À ces pesans fardeaux de ton obeyssance* : fais en sorte, mon Dieu, que malgré ma faiblesse, j'aie la force de t'obéir. On a là un génitif objectif (fardeaux qui tiennent à mon obéissance à ta volonté).

v. 141 : *Tu m'estendras ta main* : tu étendras ta main sur moi ; *pour me guerir* : la main de Dieu qui frappe, mais qui guérit aussi, est un motif biblique récurrent (voir Dt 32, 39 ; Jb 5, 18 ; Es 19, 22). Sponde l'utilise dans sa méditation sur le psaume LXII : « Je me tay pour n'oultrager point la main qui me frappe, mais il faut que je parle de celle qui me guarist » (*Med.* 1996, p. 381).

SONNETS SUR LE MÊME SUBJECT

Les douze sonnets sur la mort qui terminent l'*Essay de quelques poèmes chrestiens* sont sans doute les œuvres de Sponde les plus étudiées depuis la redécouverte du poète dans la deuxième moitié du XXe siècle. Ils constituent en effet un ensemble très cohérent où le poète prend à partie les « mortels » pour leur signifier que la mort est le seul chemin qui mène à Dieu. Si on retrouve là une intention et une orientation déjà présentes dans les « Stances de la mort », la structure d'ensemble est très différente.

On a pu faire l'hypothèse d'une composition en deux temps : les six premiers sonnets formeraient une première partie dominée par la voix d'un poète prédicateur qui exhorte les « mortels » à considérer une existence placée sous le signe de la vanité et de la mort. Les six derniers feraient en revanche entendre la voix du poète méditant qui affirme son propre désir de Dieu et le combat intérieur qu'il subit en ce monde[3]. Cette hypothèse ne rend cependant pas suffisamment compte de l'intention didactique de Sponde qui veut délivrer une leçon aux « mortels » – la mort est bienfaisante car elle nous conduit au Ciel – et les tourner vers Dieu. La parole efficace du poète propose en effet au lecteur un itinéraire balisé qu'il faut ressaisir par un « regard rhétorique[4] ». Sponde proposerait donc au lecteur un parcours qui va des hommes (« Mortels » au sonnet 1) à Dieu (invoqué au sonnet 12). Méditer la mort est un moyen de se rapprocher de Dieu : « Pour vivre au Ciel il faut mourir plustost ici » (SM 11, v. 12), proposition qui était déjà celle des « Stances de la mort ».

On peut ainsi faire apparaître un itinéraire en trois parties, chaque partie associant quatre sonnets autour d'une leçon à méditer : l'orgueil des hommes qui ne songent pas à la mort et oublient Dieu (sonnets 1 à 4), le monde qui nous tient prisonniers malgré la connaissance de Dieu (sonnets 5 à 8), la mort qui est le seul chemin vers le ciel (sonnets 9 à 12). Le sonnet 12, l'ultime du recueil, reprend cette structure ternaire dans ses vers rapportés en un mouvement récapitulatif qui parachève la cohérence de l'ensemble[5].

---

3 Mario Richter, 1973.

4 Le « regard rhétorique » est celui qui perçoit la cohérence du tout derrière les parties, donc la solidité de la construction d'ensemble d'un discours ou d'une œuvre (Fr. Goyet, *Le Regard rhétorique*, Paris, Classiques Garnier, 2017).

5 Pour une analyse plus approfondie, voir C. Deloince-Louette, 2009.

SONNET 1

Malgré un jeu d'assonances particulier, le sonnet est régulier avec un schéma : ABBA ABBA CCD EED. Selon la prononciation de l'époque, la rime A est en [iə] et la rime D en [viə], la rime B en [ɔʀs] et la rime E en [ɔʀt].

v. 1. *Mortels* : ce premier sonnet du recueil semble faire écho au psaume 49 où le psalmiste s'adresse aux « Hommes mortels » pour dénoncer leur amour des richesses et des honneurs qui leur fait oublier la mort. La chute renverse cependant la perspective.

v. 2 : *le tombeau du Corps* : motif platonicien (*Cratyle*, 400c), déjà repris par Marguerite de Navarre et par Calvin qui parle de « ceste prison de nostre corps » (*IRC* 1541, p. 336 et la note). *Cf.* StM, v. 103-104.

v. 3 : *rammoncelez* : amonceler de nouveau.

v. 5 : *entresuyvie* : le verbe « entresuyvre » désigne un continuum (Nicot, 1606). Voir SM 6, v. 8 (*entresuitte*).

v. 7 : *un remors* : un reproche de la conscience.

SONNET 2

v. 1 : *si* : pourtant (l'adverbe adversatif entraîne la postposition du sujet).

v. 2 : *braver de* : parler dédaigneusement de (Huguet *s.v.*).

v. 6 : *Sur le verd de la cire* : Lucius Zeller a montré que l'origine et le sens de l'expression étaient probablement à chercher du côté de l'italien (« Enchaînements, ruptures et signatures chez Sponde », *Jean de Sponde (1557-1595). Un humaniste dans la tourmente*, *op. cit.*, p. 275-276). Les expressions *essere al verde* ou *la candela è al verde* signifient en effet « être au bout, à la fin » comme le prouve un vers de Pétrarque : « *Quando mia speme già condutta al verde* » que Pierre Blanc traduit ainsi : « quand mon espoir, tout près de s'éteindre déjà » (*Canzoniere*, sonnet 33, v. 9, Garnier, 2004). Voir cependant le commentaire à l'*Odyssée*, X, 208 qui rapporte d'après Bodin le procès d'hommes transformés en loups au cours d'une cérémonie diabolique accomplie à la lueur d'une chandelle de cire verte (éd. C. Deloince-Louette, t. III, p. 550-551).

v. 9 : *ces clairs esclairs* : comme le tonnerre, les éclairs sont souvent dans la Bible des manifestations de la colère divine (par ex. 1 Samuel 2, 10).

v. 10 : *Et le tonnerre* : les commentateurs (Baïche, 1988, Keller, 2012) se sont interrogés sur la construction « voir le tonnerre ». Même si le terme peut à l'époque désigner la foudre accompagnée de tonnerre (Keller, p. 276-277), la synesthésie n'est pas impossible. On la trouve dans la Bible (Ex, 20, 18) : « or tout le peuple apperceuoit les tonnerres, les brandons, le son du cornet, & la montagne fumante : le peuple donc voyant cela, trembloit, & se tenoit loin ». Cependant, on peut aussi considérer que « le tonnerre » est sujet du verbe « esclattera » (v. 11) qui aurait alors le sens de « fera éclater ». Dans les deux cas, la modification introduite par A. Boase au v. 11 (« Où d'une, ou d'autre part ») n'est pas nécessaire.

v. 12 : *fondre la neige* : voir ps 147 (*Les Psaumes en vers français*, *op. cit.* p. 486 : « Mais sa glace est soudain fondue / Qu'elle a sa parole entendue, / Et dès la première soufflée / De son vent, l'eau est escoulée »). Le motif des sources ou des torrents qui se tarissent selon la volonté divine se retrouve dans les psaumes 74 et 107. *Ces torrents* : l'*Essay*, A 1599, DP 1604 et P 1607 ont pour leçon *ses torrents*, leçon également pertinente (les torrents issus de la fonte des neiges). Nous avons toutefois choisi de corriger en *ces* d'après DP 1599 afin d'assurer le parallélisme avec le vers 9 et ainsi que le chiasme : « J'ay veu » / « ces torrents » / « ces lyons » / « je les ay veus ».

v. 13 : *Ces lyons rugissans* : l'expression désigne les ennemis du psalmiste (ps 22, dans la trad. de Marot, str. 7 : « Et tout ainsi qu'un lion ravissant, / Apres la proye en fureur rugissant, / Ils ont ouvert dessus moy languissant, / Leur gueule gloute. ») ou les mauvais prophètes (Ez 22, 25). Voir aussi le commentaire au chant X de l'*Odyssée* où le lion rugissant (« *leo ille rugiens* ») désigne le diable (éd. citée, 2018, vol. III, p. 544-545).

SONNET 3

v. 2 : *Et si* : et pourtant ; *guerre* : ce sont les nobles qui sont visés, pour qui la guerre est l'occasion de manifester sa vertu et de gagner la gloire.
v. 6 : *aux effrois* : « sur la Terre [on s'attend] aux effrois… »
v. 7 : *vaisseau de verre* : il s'agit de l'homme. Voir méditation sur le psaume XLVIII : « Dieu les brisera comme ce vaisseau d'argille, dont parle le Prophète » (*Med.* 1996, p. 223).
v. 10 : *Les monts […] dont les cimes hautaines* : voir les « orgueilleuse montagnes qui se relevent pour avoisiner les cieux » de la méditation sur le psaume XLVIII (*Med.* 1996, p. 187).
v. 12 : *Geants* : le terme a un sens péjoratif. Voir la méditation sur le psaume XIV : « Bref, tes enfans, Seigneur, sont amoindris, & ces Geans se multiplient tous les jours. » (*Med.* 1996, p. 161) et la méditation sur le psaume XLVIII : « Ce sont les Geans, dont la face te rend abbatue d'estonnement, ce sont les Tyrans à qui tu fais hommage » (*ibid.*, p. 191). L'appellation renvoie aux Aloades, ces géants évoqués par Homère (*Odyssée*, XI, v. 305-320) qui entassèrent Pélion sur Ossa pour attaquer Zeus. Hésiode en fait des fils de la Terre (*Théogonie*, v. 183), ce qu'indique implicitement le poète dans le dernier vers du sonnet. On consultera également Érasme et son adage « *Gigantum arrogantia* » (*Adages*, III, x, 93). *poudre* : poussière.

SONNET 4

v. 1 : *l'halene* : le souffle.
v. 2 : *Pantelle* : halète.
v. 4 : *du bout de vostre pene* : c'est-à-dire de votre mort.
v. 5-6 : *une emprise* : sans doute au sens d'entreprise ; *Qui de soy court* : qui encourt d'elle-même. L'antithèse *emprise certaine / incertaine rigueur* pose que l'homme possède un esprit d'entreprise certain, mais que cette entreprise encourt l'incertitude du temps (l'homme étant mortel, d'où le vers 7).
v. 8 : *foudroyé* : forme du châtiment divin dans l'Antiquité grecque comme dans l'Ancien Testament. L'idée que les lieux les plus élevés sont plus souvent frappés par la foudre est un lieu commun (par ex. « Les Partiaux, pour un temps exaltez, / Sont comme aux monts les hauts arbres plantez / Qui verdoyants, par le celeste foudre / Le plus souvent sont consommez en poudre. » Jean Vauquelin de la Fresnaye, *Pour la monarchie de ce royaume contre la division*, Paris, Federic Morel, 1563, f. 5r).
v. 9 : *Sceptres*, *Thrones* : métonymies qui désignent les rois, qui ont tout pouvoir de déclencher des guerres (voir *camp* au vers suivant) pour satisfaire leurs « vertus ». *desbattus* : qui font l'objet d'un débat, ou même d'un combat…
v. 11 : *avare* : avide.
v. 13 : *que c'est* : ce que c'est.

SONNET 5

v. 1 : *contez* : comptez.
v. 5 : *orgueilleux* : voir le ps 73, dirigé contre les orgueilleux qui vivent dans la richesse et la puissance mais verront ces dernières « defaillir & se fondre » (str. 10, *Les Psaumes en vers français*, p. 241). Le deuxième hémistiche, qui reprend l'image du tas, entre en résonance avec celle des bâtisseurs présente dans les tercets du sonnet 3.
v. 6 : *outrecuidé* : outrecuidant, présomptueux, vaniteux.
v. 8 : *geine* : torture, supplice ; *et leur fait le procez* : les poursuit comme criminels (Dictionnaire de l'Académie, 1694).
v. 9 : *Mille flots* : la mer est ici le lieu de tous les dangers, conformément à la lecture topique qui veut qu'elle représente le cours tumultueux de la vie humaine. C'est aussi une des lectures traditionnelles de l'*Odyssée*, reprise au XVIe siècle par Dorat, et que le lecteur d'Homère qu'était Sponde ne pouvait ignorer. Le motif est très fréquemment repris dans la poésie contemporaine, par exemple dans le beau sonnet de Duplessis-Mornay : « Barque qui vas flottant sur les escueils du monde » (J. Rousset, *Anthologie de la poésie baroque*, Paris, José Corti, 1988, I, p. 198) ; *font teste* : tiennent tête, résistent.
v. 10 : *rompez à travers* : se frayer un chemin en détruisant les obstacles ; *sans doubte* : assurément, de façon certaine.
v. 11 : *le butin des escueils* : thématique du naufrage, présente aussi dans la méditation sur le psaume XVLIII où elle est associée, cette fois explicitement, à la colère divine (*Med.* 1996, p. 221).
v. 13 : *Bourreaux desnaturez de vostre propre vie* : écho du titre célèbre de la comédie de Térence, *Heautontimoroumenos*, « le Bourreau de lui-même ».
v. 14 : *Qui vit avec la peine, et meurt sans le repos* : le sujet du verbe au singulier est « vostre propre vie ».

SONNET 6

v. 1. *Tout le monde* : écho des premiers mots du *De brevitate vitae* de Sénèque (texte établi et traduit par A. Bourgery, Paris, Les Belles Lettres, 1980, p. 47) : « *Maior pars mortalium, Pauline, de naturae malignitate conqueritur, quod in exiguum aeui gignimur* [...] » (« La majorité des hommes, Paulin, se plaint de la parcimonie de la nature, parce que nous venons au monde pour une courte durée [...] »). *Envie* : « desplaisir que l'on a du bien d'autruy » (Dictionnaire de l'Académie, 1694).
v. 2 : *nos jours* : voir ps 39, str. 3 : « O Eternel, declare-moy ma fin, / Et le temps de ma vie, afin / Que des mes ans j'entende tout le cours : / Voila, tu m'as taillé mes jours / Au demi pied : mon temps de bout en bout / Au pris du tien n'est rien du tout. » (*Les Psaumes en vers français*, p. 127).
v. 4 : *au pied de* : à l'aune de ou au prix de (la vie humaine, qui vaut peu).
v. 5 : *die* : dise (forme du subjonctif présent, marquant l'irréel).
v. 8 : *entresuitte* : suite, succession.
v. 10 : *ne monte qu'un moment* : n'égale, ne vaut qu'un moment en comparaison de l'éternité (Huguet signale *monter à* pour « égaler » et *ne monter rien* pour « ne rien valoir »).

SONNET 7

v. 2 : *Et qu'à l'envy du feu* : en rivalisant avec. Nous suivons la proposition de Boase (*envy* au lieu de *ennuy*). En typographie en effet, la dissimilation *u/v* n'est pas faite (*cf.* AP, v. 20 *enuy* pour *envy*).

v. 4 : *je colle à Terre* : A. Boase corrige en « me colle à Terre » : toutes les leçons donnent toutefois *je colle*, en cohérence avec l'image filée (« je respire », « j'allume », « j'enfle », « je colle »).

v. 6 : *à monceaux* : en abondance.

v. 8 : *travaux* : souffrance, torture (sens fort étymologique), d'où écho à *martyre* au vers 7.

v. 9 : *estrange* : étranger (qui me rend étranger à moi-même) ; *esmoy* : chagrin, trouble.

v. 10 : *effaicts* : effets.

v. 12 : *Voilà comme la vie à l'abandon s'espard* : se divise, se partage sans soin.

SONNET 8

v. 3 : *perd* : tarde, s'attarde.

v. 8 : *s'offence* : se blesse, se fait mal.

v. 9 : *Voire* : en vérité.

v. 12 : *le traict est empenné* : le traict du vers 1, javelot qu'on lance à la main (v. 2), est devenu flèche, munie de plumes.

v. 13 : *le champ de l'orage* : l'orage désigne ici l'agitation et le mouvement d'une vie que l'homme ne maîtrise pas.

v. 14 : *et le monde de Vent* : la chute de ce sonnet est célèbre pour ses images « baroques », relevées comme telles par Jean Rousset dans son *Anthologie de la poésie baroque*. La légèreté de la Plume, emportée par le Vent, contribue à faire de l'homme le jouet de l'inconstance, par opposition à la constance des « beaux séjours » (sonnet 6) du monde divin. Le caractère exhortatif de cette fin n'est cependant pas sans rappeler l'apôtre Paul, 1 Cor 7, 29-31 : « Et si je vous dy ce mes freres : le temps est brief. Il reste que ceulx qui ont femmes / soyent comme n'en ayant point : et ceulx qui pleurent / comme n'en plourans point : et qui s'esjouyssent comme n'estant point joyeux : et ceulx qui achetent / comme ne possedans point : et ceulx qui usent de ce monde / comme n'en usans point. Car l'estat de ce monde passe ». Calvin emploie une image analogue : les fidèles sont frappés de la crainte de Dieu quand « recongnoissantz leur misere, ilz apprennent de totallement dependre de Dieu, sans lequel ilz se voient estre plus caduques et incertains qu'une bouffée de vent » (*IRC* 1541, ch. IV, t. I p. 537).

SONNET 9

v. 1 : *idolatre* : l'idolâtrie est le péché suprême et récurrent du peuple élu d'Israël dans l'Ancien Testament (voir Gn 32) car elle dit la rupture de l'alliance avec Dieu.

v. 4 : *Et ces Ames d'Ebene, et ces faces d'Albastre* : dénonciation des hypocrites, voir AP, notes aux v. 49-50 et 81.

v. 5-7 : *Ces masques* : Sponde vise les courtisans qui oublient de méditer sur la mort, séduits par les « fumées de Court », plaisirs ou biens sans doute dispensés par les Grands. *Court* : cour.

v. 9 : *lovayeurs* : navigateurs qui louvoient ; *du Port* : le Port est sans doute la Mort, comme le laisse entendre la rime. Cette idée vient de l'Antiquité. On la trouve chez Stobée, *Florilège*, *sermo* 120 « *Laus mortis* », dans une sentence attribuée à Sotadès : « *Mors omnium mortalium portus est* ». Voir aussi le commentaire à l'*Odyssée*, XV, [352] (éd. citée, t. III, p. 904-905) à propos de Laerte : « *Et hoc est omnibus pene hominibus a natura insitum, ut malis conflictati eo semper confugiant tanquam ad portum, in quem ab his calamitatum fluctibus deduci debeant* » (« C'est ce que la nature dicte à tous les hommes ou presque ; quand le malheur les submerge, ils trouvent toujours refuge en la mort comme en un port qui vous abrite, loin de ces flots d'infortunes »).

v. 10 : *Hommagers* : qui rendent hommage.

v. 11 : *Dont l'estoille est leur Bien, le Vent leur fantasie* : ces louvoyeurs qui refusent le port prennent pour unique repère (l'étoile qui guide le navigateur) la recherche (illusoire) de leur bien et sont poussés par leur caprice (en guise de vent).

SONNET 10

v. 1 : *qui comme l'eau s'escoule* : ps 22, 15 : « J'ay esté escoulé comme eaue ». Dans la Vulgate, ps 21, 15 : « *sicut aqua effusus sum* ».

v. 3 : *sueil* : seuil.

v. 5 : *saboule* : secoue violemment.

v. 6 : *Sablon* : sable.

v. 10-14 : *Veille, veille* : car nul ne sait quand le Christ reviendra. Voir Mt 24, 42-44 : « Veillez donc : car vous ne savez à quelle heure doit venir vostre Seigneur. / Mais sachez cela, que si le pere de famille savoit à quelle veille de la nuict le larron devroit venir, il veilleroit & ne laisseroit point percer sa maison. / Pourtant vous aussi soyez prests : car le Fils de l'homme viendra à l'heure que vous ne cuiderez point ». L'image du Christ qui vient comme un larron est reprise dans Ap 16, 15 (« Voicy je vien / comme un larron »). Pour une exhortation semblable, mais en prose, voir Théodore de Bèze, *Chrestiennes méditations*, éd. Mario Richter, Genève, Droz, 1964, « Meditation sur le psaume CXXX », p. 92 : « Sois plustost au guet, veillant tousjours sans te lasser ni sommeiller, jusques à ce qu'il apparoisse comme l'aube du jour, dechassant les tenebres esquelles tu es plongé. ».

v. 12 : *Le point* : le moment.

v. 13 : *autheur de vie* : le Christ.

v. 14 : *son dessein* : décrit dans l'argument du chapitre 24 de l'évangile selon Matthieu : « Jesus Christ predit à ses disciples la demolition prochaine du temple, ensemble les autres esclats du jugement de Dieu sur la nation des Juifs : & adjouste cependant que ce sera par ses fideles que l'orage commencera, mais qu'il sera pourveu à leur salut, s'ils persistent en la foy [...] ».

SONNET 11

v. 1-2 : *où la vermine ronge* : Sponde rejoint ici le motif des *memento mori*, fréquent dans la poésie de la fin du XVIe siècle. Voir Jean-Baptiste Chassignet, *Le Mépris de la vie et consolation de la mort* (1594) : « Mortel, pense quel est dessous la couverture / D'un charnier mortuaire un cors mangé de vers, / Descharné, desnervé, où les os descouvers, / Depoulpez, desnouez, delaissent leur jointure ». Mais le spectacle du corps mort ne l'intéresse pas en tant que tel.

v. 3 : *orde* : sale.

v. 6 : *sa part* : le référent du nom est problématique (sa part de vie ?) Il semble y avoir un paradoxe : le corps est sujet actif et étouffe sa part de vie, alors même qu'il est mourant.

v. 7 : *ce beau Nom* : peut-être le renom acquis durant la vie ; *s'espard* : se divise, se partage.

v. 14 : *ny d'Henoch ny d'Elie* : Henoch et Elie furent emportés au ciel sans avoir à passer par la mort (Gn 5, 18-24 pour Henoch et 2 Rois 2, 11 pour le prophète Elie). Voir aussi saint Paul, He 11, 5 : « Par foy Enoch a esté transporté affin qu'il ne veist point la mort et point ne fut trouvé pource que Dieu l'avoit transporté. Car devant qu'il fust transporté il eut tesmoingnage d'avoir pleu a Dieu. Or il est impossible de plaire a Dieu sans foy. Car il fault que celuy qui s'approche a Dieu croye qu'il est et qu'il soit remunerateur a ceulx qui le requierent ». Sponde mentionne Enoch et Elie dans son commentaire à l'*Iliade*, XV, [140], à propos des hommes qui ont accédé sans mourir à la vie éternelle, mais aussi dans sa méditation sur le psaume XIV (*Med.* 1996, p. 159).

SONNET 12

Ce célèbre sonnet, entièrement en vers rapportés, décline à la fois horizontalement et verticalement les trois éléments de la triade que forment « le Monde, et la Chair, et l'Ange révolté ». Sur la poétique du sonnet rapporté, nous renvoyons à l'article de Gisèle Mathieu-Castellani (1986) ainsi qu'à notre bibliographie sur le sonnet 12.

v. 2 : *Et le Monde, et la chair* : voir StM, v. 29-31. L'Ange révolté est le diable.

v. 5 : *dormante* : sourde.

v. 7 : *Ton Temple où vit ta Saincteté* : c'est la « Maison du Seigneur » édifiée par Salomon à Jérusalem, selon la Bible (1 Rois 5, 6).

v. 8 : *Ton invincible main* : celle du Dieu des armées de l'Ancien Testament. Voir par exemple Ez 6, 14 (« J'estendrai donc ma main sur eux, & ferai que leur païs sera desolé & gasté [...] »). *Ta voix si constante* : première occurrence dans les sonnets chrétiens d'un adjectif très présent dans les sonnets des *Amours*. *Constant* signifie ferme, inébranlable, mais aussi immuable (*stabilis* selon Robert Estienne, 1549).

v. 12 : *ton Temple pourtant* : on peut faire l'hypothèse que ce Temple victorieux des forces mauvaises est le fidèle lui-même. Voir Paul, 1 Cor 3, 16 et Calvin, *Huitième sermon sur la première épître aux Corinthiens* : « [...] nous devons estre enseignez en la crainte de Dieu, afin que nous luy soyons comme temples, que nous soyons desdiez à sa majesté, qu'il habite en nous et y règne, que nous lui facions offrande et sacrifice de nos ames et de nos corps. » (*Corpus reformatorum*, tome XLIX, col. 682).

v. 14 : *où se rompra ceste Onde* : la métaphore marine qui clôt à la fois le sonnet et le recueil et que notait déjà A. Boase, fait partie de l'isotopie déjà signalée (sonnets 3 et 9).

NOTES
SUR LES *AMOURS*

Dans l'épître dédicatoire à Henri de Navarre qui ouvre les *Meditations sur les pseaumes* de 1588, Sponde fait allusion à deux reprises, semble-t-il, à une œuvre antérieure, poétique, qui pourrait plaire ou aurait plu au royal dédicataire. Au début de l'épître, il se justifie de ne pas répondre aux attentes du roi : « Vous attendiez volontiers de moy autre besogne que de la Théologie », dit-il avant de conclure en annonçant l'*Essay de quelques poèmes chrestiens* : « Sur la fin j'ay adjousté quelque essay de mes poésies, estimant que vous ne leur fairiez point plus mauvais visage qu'autres-fois. ». À quels poèmes Sponde fait-il ici référence ? À des poèmes profanes ? à sa traduction de quatre psaumes parue en 1584 ?

Dater les *Amours* de Sponde paraît, de fait, chose impossible, en l'absence d'édition du vivant de l'auteur et de témoignages définitifs. La critique sur le sujet se divise en deux camps, avec des raisons qui semblent toutes recevables. D'une part, les partisans d'une datation antérieure à 1588 qui s'appuie sur la parenté spirituelle des sonnets profanes et des sonnets chrétiens – les uns et les autres usent de sources bibliques, voire calvinistes – comme Mario Richter ou Josiane Rieu, et sur les images guerrières des sonnets d'amour qui peuvent évoquer l'univers homérique (Yvette Quenot). D'autre part, les partisans d'une datation tardive, postérieure à 1588, pour qui les poèmes des « Amours de Jean de Sponde » auraient été écrits dans une période courtisane de la vie de Sponde, et pour un autre que lui, peut-être Henri IV lui-même (Emmanuel Buron)[1]. La constance, si nettement affirmée dans le recueil, ne serait plus alors la marque d'un discours abstrait et intériorisé, elle

1 Question annexe, mais qui n'est pas sans relation avec celle de la datation : comment comprendre les références aux psaumes manifestes dans ces sonnets ? simple imprégnation lexicale du poète réformé, nourri de la Bible et des textes de Calvin ? ou expression d'une tension spirituelle qui dit l'amour de Dieu sous l'amour de la dame absente ?

définirait plutôt « une règle de conduite amoureuse » et déterminerait « la *posture* sociale du locuteur[2] ».

Le problème tient sans doute aussi à la composition un peu lâche des *Amours*. À côté du recueil très construit de vingt-six sonnets qu'accompagne une longue élégie sur le même thème (la constance du poète amant dans un monde inconstant), diverses pièces (chansons, stances) chantent avec plus de distance l'amour et la beauté d'une dame. Rien n'empêche donc de faire l'hypothèse que les poèmes variés réunis par Raphaël Du Petit Val (sonnets, élégie, chansons et stances) ont pu être écrits à des époques diverses. C'est à peu près la position tenue par A. Boase qui considère que les six poèmes intitulés « Stances » sont des pièces de circonstance qui remontent au début des années 1590.

Le titre *Les Amours* n'apparaît que dans les recueils Du Petit Val (DP 1599, DP 1604 et T 1611) et en intitulé final : « Fin des Amours du sieur de Sponde ». Ces mêmes recueils sont les seuls à regrouper les poèmes de Sponde rassemblés sous ce titre en un micro-recueil construit, suivi des « Stances de la Mort, faites par le mesme sieur de Sponde » et « Autres sonnets sur le mesme sujet par le dit sieur de Sponde », l'ensemble constituant la section des « Poesies du Sieur de Sponde[3] ». Les recueils Du Petit Val présentent l'ensemble des *Amours* selon l'ordre suivant :

- « Sonnet » [*sic*, au singulier] [numérotés I à XXVI].
- « Stances » [« Tel estoit ce bel astre... »].
- « Chanson » [« Comment pensez vous que je vive... »].
- « Chanson » [« Doux objet de mes desirs... »].
- « Chanson » [« Un bien qu'on desire tant... »].
- « Elegie » [« Vous languissez mes vers... »].
- « Stances B.D.F. » [« Depuis ce triste jour... »].
- « Sur la mort du B.D.F. Stances » [« Braves enfans de Mars... »].
- « Stances » [« Ainsi fait le Soleil... »].
- « Stances » [« Ma belle languissoit... »].
- « Stances » [« N'est ce donc pas assez... »].
- « Sur sa Fievre ».

---

2 E. Buron, « 'Dites, est-il au monde un amant plus fidèle ?'. L'éthique de la constance et la pratique de la poésie dans les *Amours* de Jean de Sponde », *Jean de Sponde. Un humaniste dans la tourmente*, *op. cit.*, p. 237-266. Il faut également mentionner, en faveur d'une datation tardive, les jeux littéraires et amoureux d'Henri IV et de Gabrielle d'Estrées qui se nommait elle-même la Princesse Constance (cité par Jean-Pierre Babelon, *Henri IV*, Paris, Fayard 1982, rééd. 2009, p. 633).

3 Sur ce point et pour plus de détails, nous renvoyons *supra* à l'Introduction, « Sponde poète », « Les poèmes "recueillis" ».

L'*Academie* suit le même ordre (sans mention d'un intitulé « Amours ») en omettant les trois chansons et les stances « Sur la mort du B.D.F. ».

SONNETS

Les vingt-six sonnets forment un tout cohérent : la constance, attribut de son « amour extrême » est le fil conducteur d'un propos qui glorifie l'amant poète et son amour à travers les épreuves qu'il surmonte. Car loin d'être seulement fidélité à la femme aimée, la constance est une vertu spirituelle qui « trempe » l'amour de l'amant et lui confère un statut exemplaire. L'amour, ainsi conduit à la perfection, apporte au poète un bonheur éternel en même temps qu'il témoigne, pour le public, des bienfaits de la vertu de constance. C'est ce point qui fait sans aucun doute l'originalité de ce petit recueil dans le paysage poétique contemporain. Car, de Philippe Desportes à Estienne Durand, c'est plutôt l'inconstance que chantent les poètes de la fin du XVIe siècle lorsqu'ils parlent d'amour. « Je veux bâtir un temple à l'inconstance », déclare ainsi Jacques Davy Du Perron qui se peint en « amant variable[4] », quand Durand, dans ses célèbres « Stances à l'Inconstance » s'incline devant la puissance de la « Deesse qui par tout et nulle part demeure » et règne sur des hommes dont l'esprit « n'est que vent[5] ». Comment comprendre cette originalité ? L'influence de Sénèque a sans doute joué un rôle non négligeable. Florimond de Ræmond en est témoin, qui rapporte que Sponde travaillait avant sa mort à une traduction du philosophe latin que le poète citait déjà à de nombreuses reprises dans son commentaire à Homère. De fait, l'attitude de l'amant est proche ici de celle du sage sénéquien pour qui la constance est fermeté d'âme, maîtrise de soi, patience et mépris de fortune[6].

4 « Le Temple de l'Inconstance », *Recueil des poésies de M. Du Perron*, Actes Sud-Papiers, 1988. *Cf. Anthologie de la Poésie Amoureuse de l'âge baroque (1570-1640)*, éd. G. Mathieu-Castellani, Paris, Librairie générale française, 1990.

5 Étienne Durand, « Stances à l'inconstance », respectivement v. 6 et v. 16 (*Poésies complètes*, éd. H. Rogers et R. Rosenstein, Genève, Droz, 1990).

6 Sénèque, *De constantia sapientis* / *De la constance du sage*, Paris, Les Belles Lettres, 1970, VIII-XI. Notons que Juste Lipse fait paraître son *De constantia* en 1583 et que Guillaume du Vair publie *De la constance et consolation és calamitez publiques* en 1594.

Seuls l'*Academie* de 1599 (A 1599) et les recueils de Raphaël Du Petit Val (DP 1599, DP 1604 et T 1611) donnent les vingt-six sonnets. Dans les recueils de Raphaël Du Petit Val, la section des « Poesies du sieur de Sponde » s'ouvre sur ces sonnets, avec un titre générique au singulier, « Sonnet », et une numérotation (de I à XXVI) ; dans l'*Academie*, un premier groupe des poèmes de Sponde[7] s'ouvre sur les « Sonnets par le sieur de Sponde » (f. 37r *sq.*) également numérotés. Parmi les autres recueils, seul F 1599 cite des sonnets, en n'en retenant que trois : les sonnets 19 (« Je contemplois un jour le dormant de ce fleuve »), 22 (« On dit que dans le ciel, les diverses images ») et 26 (« Les vents grondoyent en l'air,... »).

SONNET 1

v. 1-4 : Ces deux hypothèses sont empruntées aux philosophes de l'école de Milet que Sponde a pu connaître par Aristote (voir *Métaphysique*, I, III, 983) ou par Plutarque (*Opinions des philosophes*). Pour Thalès en effet, la terre, plate, repose sur les eaux ; pour Anaximène, elle flotte dans l'air qui la soutient. Voir aussi le commentaire à l'*Iliade* (Bâle, 1583), XX, [58], qui décrit la terre posée sur les eaux (éd. citée, t. II, p. 987). Mais Yvette Quenot (« Sur l'intertextualité dans les sonnets d'amour de Jean de Sponde », ABDO, Dijon, 1992) a montré que ces questions initiales pouvaient être rapprochées du commentaire de Calvin au premier verset du psaume 93 ou au verset 5 du psaume 104 : « Yci le Prophete exalte la gloire de Dieu en la fermete & stabilite de la terre. Car comment est-ce qu'elle se tient en sa place sans se mouvoir, veu qu'elle est pendue au milieu de l'air, et qu'elle est appuyee seulement sur les eaux ? » (*Le livre des Pseaumes*, Genève, 1588, p. 650). Sponde avait publié une traduction latine du psaume 104 en 1584 (reproduite *supra*, p. 165-167). v. 1 : *pressée* : appuyée ; v. 4 : *qui* : peut avoir le sens de « qu'est-ce qui » (de même au v. 7).

v. 5 : *balancée* : conservée en équilibre (Furetière).

v. 6 : *divers* : opposé ; *branslement* : mouvement.

v. 7 : *cet Element* : la terre.

v. 11 : *nompareil* : au sens propre, ce miracle serait extraordinaire et sans égal si mon amour n'en fournissait un semblable exemple.

v. 14 : *ces legeretez* : l'illustration de la constance par le paradoxe qui veut qu'un élément stable soit soutenu par des éléments instables se retrouvera aux sonnets 13 et 26, donc au milieu et à la clôture du recueil.

SONNET 2

v. 1-2 : *de ce grand Alexandre, / D'un Cesar* : Alexandre et César, souvent associés depuis le parallèle qu'en a dressé Plutarque dans ses *Vies*, sont les exemples traditionnels du conquérant à la Renaissance (voir Rabelais, *Gargantua*, chap. XLVI et Montaigne, *Essais*, III, 6) ; *comblé* : rempli à l'excès.

v. 8 : *Qui voyent le Soleil* : la périphrase hyperbolique désigne les nations d'Orient et d'Occident, donc l'ensemble des nations de la terre (voir Gn 28.14) ; *voyent* : deux syllabes.

7 Se reporter à l'Introduction, « Composition d'*Académie* 1599 », pour le détail.

v. 9 et 10 : *Encor que… / Que* : les deux conjonctions *que*, sur le même plan, dépendent, en facteur commun, de *encor.*

v. 12 : *tournent* : penchent (Cotgrave 1611 « *also, to bow, bend, or incline* »), d'où se tournent.

v. 13 : *Ces tirans-là* : *cf.* « ces tyrans qui foulent tout le monde » (méditation sur le psaume XIV ou LIII, *Med.* 1996, p. 107).

v. 14 : *je triompheray* : allusion possible aux *Trionfi* de Pétrarque ; *de ce que* : du fait que.

SONNET 3

v. 2 : *pourpris* : enceinte, tour ; *sec element* : la terre.

v. 3 : *de tout* : cette leçon, donnée par tous les recueils (DP 1599, 1604 et A 1599), mais corrigée par A. Boase (1978) en *le Tout*, a été justifiée par Gisèle Mathieu-Castellani (« Le paysage imaginaire de Sponde », *Jean de Sponde. Un humaniste dans la tourmente*, *op. cit.*, p. 220). La première vision (le tout est un point) est une erreur que corrige le second quatrain. Voir la méditation sur le psaume XLVIII : « Car qu'est-ce de tout cest univers […] ? Tu vois ceste lourde masse de la terre, tu la juges en soi comme infinie, tu n'en sçaurois voir le bout […]. Mais quand tu rapportes la moindre des estoilles fixes a la Terre, tu dis encore, Ô que la terre et l'Océan sont bien encore moindres ! C'est bien jugé, mais ce ne sont pas tes yeux simplement qui t'en ont baillé l'instruction : car ce n'estoit qu'un point a tes yeux » (*Med.* 1996, p. 120).

v. 5 : *courtine* : rideau ; *bluë* : bleue. Voir ps 104, verset 2 (« Il s'enveloppe de lumière comme d'un vestement, il estend les cieux comme une courtine »). Dans la traduction latine de ce psaume (1584), Sponde écrit : « *Splendida lux illum radioso lumine uestit, / Ille ampli coelos conopei porrigit instar* ». Voir *supra*, p. 165.

v. 6 : Le *cercle de cristal* ou *doré firmament* désigne la sphère des étoiles fixes, dans le cosmos de Ptolémée.

v. 10 : *bandé* : fixé, tendu.

v. 11 : *la pointe aiguë* : le regard perçant. Comprendre : si je relâche la tension de mon regard vers le ciel et contemple le reste…

v. 13 : *Du monde d'Epicure* : que le monde d'Épicure soit sous une nuit s'explique par la position surplombante du poète (voir la « nuë » du v. 4). Pour Épicure, « les principes des êtres sont des corpuscules visibles par la raison, privés de vide, incréés et incorruptibles », les atomes (Aetius, I, 3, 18, cité par Jean Brun, *Épicure et les épicuriens*, textes choisis, Paris, PUF, 1961). Le participe « reduit » (au sens de ramené) a sans doute une valeur péjorative, de même que la mention du philosophe grec pour qui l'âme est corporelle et mortelle. Si Sponde accepte le physicien, il condamne l'impie (voir son commentaire à l'*Odyssée*, IV, [561]), comme le laisse entendre, au dernier vers, l'opposition entre l'amour terrestre et l'amour céleste du poète.

SONNET 4

v. 2 : *courage* : cœur.

v. 3-4 : *dans mes os* : *cf.* Ronsard, *Le Premier livre des Amours*, VII, v. 4 (éd. J. Céard, D. Ménager, M. Simonin, Paris, Gallimard, 1994) : « Le feu cruel pour mes os consumer ». L'affirmation d'un amour destiné à « une seule beauté » est aussi un souvenir de Pétrarque (*Canzoniere*, 126, v. 3 : *colei che sola a me par donna*), relayé sans doute par les pétrarquistes français.

v. 7-8 : *Alterent moins mon ame encor que mon propos* : nous suivons la proposition d'E. Buron (2012, p. 246, n. 1) de supprimer ici la virgule, de manière à privilégier la comparaison d'infériorité valant pour surenchère (et non une construction concessive). *Discrets* : sages, avisés, dotés de discernement.

v. 9 : *Chatouilleuses* : sensibles au plaisir, délicates (Huguet).
v. 10 : *ces esprits flotans :* ce sont les inconstants, dans un discret rappel de la métaphore « baroque » de l'eau changeante et toujours en mouvement repérée par Jean Rousset. Le terme et le thème renvoient à l'inconstance constitutive du monde terrestre : voir par exemple le célèbre sonnet de Du Plessis-Mornay (« Barque qui vas flottant sur les escueils du monde … ») ou le sonnet 5 du *Mépris de la vie et consolation contre la mort* de Jean-Baptiste Chassignet (« Assies toy sur le bord d'une ondante riviere… »). *Cf.* sonnet 10 et El, v. 119.
v. 13-14 : *patron* : modèle.

SONNET 5

v. 1 : *Je meurs* : pour une ouverture identique, voir Ronsard, *Le Premier Livre des Amours*, LXXXII [1584], mais aussi Étienne Jodelle, *Les Amours*, XXI et Louise Labé, *Œuvres*, sonnet VIII.
v. 3 : *je ne sçay que je suis* : le *que* peut valoir à l'époque pour « ce que » ou pour « qui ».
v. 6 : *me cuidant* : me croyant.
v. 7 : *mes roulans ennuis* : évocation implicite du châtiment de Sisyphe au Tartare, condamné à rouler jusqu'au sommet d'une montagne un rocher dont le poids le ramène sans cesse à son point de départ. Ronsard, lui, voulait être Tantale ou Ixion (*Le Premier Livre des Amours*, XLV) ; *ennuis* : tourments (sens fort).
v. 9 : *cet Acteon* : pour avoir vu Diane nue se baignant, le chasseur Actéon fut transformé en cerf et mis en pièces par ses propres chiens (Ovide, *Métamorphoses*, III, v. 138-252). Le mythe d'Actéon a été beaucoup traité à la Renaissance et à l'âge baroque : Gisèle Mathieu-Castellani y consacre une rubrique dans son *Eros baroque. Anthologie thématique de la poésie amoureuse*, Paris, UGE, 1979 et Hélène Casanova-Robin un ouvrage entier (*Diane et Actéon. Éclats et reflets d'un mythe à la Renaissance et à l'âge baroque*, Paris, Champion, 2003). Le déchirement peut renvoyer au *dissidio* pétrarquiste dont Sponde donnerait ici une formulation originale.
v. 11 : *Qu'elle* : que celle.
v. 14 : *Moy de ne la voir point, et luy de l'avoir veuë* : zeugma grammatical (*la* et *l'* renvoient de manière distributive à *Deux Deesses*).

SONNET 6

v. 7 : *poix* : poids.
v. 8 : *la vertu plus naive* : naturelle, originelle, immédiate (sans médiation). *Naive* : deux syllabes (naïve).
v. 9 : *n'estoyent encor :* s'il n'y avait pas. L'amour constant du poète se nourrit des vers qu'il écrit, faible satisfaction qui ne compense qu'à demi (les « fruits mi rongez ») l'absence de la dame ; *estançons* : appuis, soutiens.
v. 11 : *cherroit* : tomberait ; *ruine* : deux syllabes.

SONNET 7

v. 1 : *Si j'avois* : voir ps 55, verset 7 : « Dont j'ai dit, O qui me donneroit des ailes de pigeon ? je m'envoleroye, & me poseroy quelque part. » (Bible de Genève, 1588). Dans la traduction de Théodore de Bèze : « Las ! qui me donnera des ailes, / Comme aux craintives colombelles, / Afin de m'envoler bien viste, / Et me reposer ? » (*Les Psaumes en vers français*, p. 176). Le psalmiste réclame des ailes pour fuir les tourments et les outrages, Sponde réoriente la requête : les ailes lui permettraient de gagner le séjour céleste « où [ses] biens sont cachés » ; *colombelles* : petite colombe. Rappelons cependant que la colombe est aussi, depuis l'Antiquité, associée à Vénus-Aphrodite.

v. 3 : *empeschez* : gênés, embarrassés.

v. 5 : *Sur les aisles du vent* : l'expression se trouve au verset 3 du ps 104 (« il fait des grosses nuees son chariot, il se pourmene sur les ailes du vent »). Dans la traduction de Sponde : « *Pro leuibus, uenti uelocior impetus, alis, / Aura illi obsequitur, flammae rapidaeque ministrant.* » (voir *supra*, p. 165).

v. 6 : *sejour* : *cf.* Du Bellay, *L'Olive*, CXIII, v. 5-8 : « Que songes-tu mon ame emprisonnée ? / Pourquoy te plaist l'obscur de nostre jour, / Si pour voler en un plus cler sejour, / Tu as au dos l'aele bien empanée ? ».

v. 9 : *autant d'agileté* : latinisme (abl. de qualité) pour « aussi agile que ».

v. 13-14 : voir sonnet 1, v. 7-8, pour une illustration analogue de la constance.

SONNET 8

v. 1 : *Ce tresor* : plus que la dame, le terme désigne l'amour de la dame, dont le poète est certain (sonnet 11, v. 3) mais qui est menacé par son absence même.

v. 3 : *Tardif* : lent.

v. 4 : *Et tant veiller* : le motif de la veille se retrouve dans l'*Essay de quelques poemes chrestiens* (SM10, v. 10-14).

v. 5 : *Encor que* : la locution conjonctive est à mettre en regard de *pourtant* (v. 9), de façon à introduire un parallèle entre la garde des yeux (la *plus certaine*) et celle de la *foy* (v. 10) ; *certaine* : assurée.

v. 6 : *son sejour* : le lieu où se trouve le trésor.

v. 8 : *prochain* : proche.

v. 9 : *me travailler* : me tourmenter.

v. 12 : *Il faut tenir bon œil et bon pied :* contamination de plusieurs locutions, « avoir bon pied bon œil », « tenir l'œil » et « tenir bon ». Voir *Dictionnaire de l'Académie* (1694) : « On dit figur. [...] qu'*Il faut avoir bon pied bon œil avec quelqu'un*, pour dire, qu'Il faut estre extrémement alerte pour s'empescher d'en estre surpris. » (s.v. *pied*) ; « On dit, *Tenir l'œil, tenir la main à quelque chose*, pour dire, Prendre garde à quelque chose, avoir soin que quelque chose se fasse comme il faut » ; « Et On dit, *Tenir bon, tenir ferme*, pour dire, Resister, se deffendre » (*s.v.* tenir).

SONNET 9

v. 4 : *Vous [n]e faciez semblant* : indique une situation de « comédie amoureuse », dit Josiane Rieu (1988, p. 221) qui rapproche ce sonnet du sonnet XLV du *Premier Livre des Sonnets pour Hélène* de Ronsard : « Doux desdains, douce amour d'artifice cachee, / [...] / Sans me voir sans m'escrire et faire la faschee » (v. 1-4).

v. 7 : *peine eternelle* : c'est-à-dire la souffrance d'un amour pour une absente, dite sur un mode hyperbolique (*cf.* « vos beautez infinies » au v. 9).

v. 8 : *encor je me retien* : je me tiens encore.

v. 11 : *servir* : le terme évoque le service d'amour de la courtoisie médiévale, de même que l'idée de la perfection de la dame exprimée au v. 12. La notion de service amoureux est également topique dans la poésie pétrarquiste.

v. 14 : *au pris de moy* : en comparaison de moi.

SONNET 10

v. 1-4 : *Je ne bouge non plus qu'un escueil* : la constance se dit ici par l'antithèse du roc et de l'orage, qui reprend la dialectique du stable et de l'instable vue au sonnet 1, dans une comparaison d'origine sénéquienne (*De la constance du sage*, III, 5). Cependant le « monde » peut ici désigner la cour où l'inconstance est de mise et où le poète fidèle doit affronter les « envieux » ou médisants.
v. 2 : *Qui fait fort* : qui agit avec force, résiste.
v. 6 : *se mesle d'en parler* : le personnage du médisant, héritier du *losengier* médiéval, qui cherche à semer la zizanie entre le poète et sa belle en la critiquant, est topique. La critique vise toutefois ici non pas la belle mais le *constant dessein* du poète.
v. 8 : *il en gronde* : idée de réprimande, de reproche.
v. 10 : *Ce propos enchanteur* : les paroles trompeuses de l'envieux qui veut détourner le poète de sa belle. Ce propos vante peut-être l'inconstance.
v. 11 : *le bien que leur rage m'envie* : c'est-à-dire l'amour et la confiance de la belle.
v. 13 : *bien nourrie* : bien instruite, bien formée (*en la guerre d'amour*).

SONNET 11

v. 1 : *instance* : insistance (*faire instance* : insister sur).
v. 3 : *votre œil sur moy s'est appaisé* : la réciprocité de l'amour est clairement affirmée ici (*cf.* sonnet 9).
v. 4 : *parler rien que* : parler de rien si ce n'est de.
v. 6-7 : *est fort aisé / D'aller* : va facilement.
v. 8 : *repentance* : repentir (terme du lexique religieux).
v. 9 : *Il s'en remontre* : il s'en fait voir.
v. 10 : *consommant* : consumant.
v. 12 : *croupir en leurs humeurs* : selon la théorie des humeurs, telle qu'elle est précisée par Ambroise Paré, l'humeur de ceux qui « bruslent vivement » ne peut être que la bile jaune ou cholère amère, celle qui anime les envieux. Les hommes chez qui elle domine « sont aussi felons, audacieux, convoiteux de gloire, aspres, vengeurs des injures à eux faites » (A. Paré, *Introduction ou entrée pour parvenir à la vraye connaissance de la chirurgie*, *Œuvres complètes*, éd. J.-F. Malgaigne (1841), Genève, Slatkine Reprints, 1970, p. 47). Voir sonnet 21, v. 5.

SONNET 12

v. 7 : *desconfort* : découragement, douleur.
v. 9 : *Puis que* : puisque (voir sonnet 13 v. 5).
v. 12-14 : *ce sage chef Romain* : Fabius Cunctator, qui vainquit le Carthaginois Hannibal en opposant à son désir de combattre l'attente et la temporisation. *Dessus les monts* : Fabius surveillait Hannibal du haut des montagnes (Plutarque, *Vies parallèles*, « Vie de Fabius Maximus », V, 2-4). Pour E. Buron, la comparaison de l'amant avec le général romain justifie qu'on puisse voir dans cet amant le roi Henri IV (*cf.* St1, v. 9 et v. 61-62 ; St4, v. 23 ; St6, v. 40). La comparaison du sage et de l'homme de guerre est cependant présente chez Sénèque (*De la constance du sage*, III, 4 et IV, 3). *Rompant* : empêchant.

SONNET 13

v. 1 : *Archimede* : voir Plutarque, *Vies parallèles*, « Vie de Marcellus », XIV, 12 : Archimède « s'estans vanté, à ce qu'on dit, [...], que s'il y eust eu une autre terre, il eust peu remuer ceste-cy en passant en l'autre » (*Les Vies des hommes illustres grecs & romains [...] translatée de grec en françois par M. J. Amiot [...]*, Paris, Jean Richer, 1587, t. I, p. 594).

v. 2 : *te soustenir* : prendre appui.

v. 3 : *Tu branslerois* : tu ferais mouvoir, tu ébranlerais (voir v. 13).

v. 5 : *Puis que ton arc* : zeugma grammatical avec mise en facteur commun du verbe *estoit* pour les deux hémistiches. Nous conservons la leçon *arc*, qui est celle de DP et A 1599, car le terme pourrait faire écho au principe du levier d'Archimède qui consiste à s'arc-bouter pour ébranler une masse. Cependant la correction proposée par A. Boase (1978) – remplacer *arc* par *art* – est également intéressante : la traduction par Amyot de la « Vie de Marcellus » évoque explicitement l'art d'Archimède.

v. 7 : *s'esforce à retenir* : il s'agit tout ensemble de retenir un amour qui s'en va, et de dire l'effort même de la constance.

SONNET 14

v. 1-2 : *Quand le vaillant Hector [...] / Sortit tout enflammé* : *Iliade*, XVI, v. 114-123.

v. 2 : *Gregeois* : Grecs.

v. 3 : *Et qu'Achille charmoit* : *Iliade*, IX, v. 186-189. Les ambassadeurs envoyés par les Grecs auprès d'Achille le trouvent en train de chanter en s'accompagnant de la cithare.

v. 4 : *oisive* : après l'injure que lui a faite Agamemnon en lui enlevant Briséis, sa part d'honneur, Achille a refusé de combattre (*Iliade*, I).

v. 6 : *rais* : rayons.

v. 5-8 : *Comme quand le soleil* : la comparaison est empruntée à Virgile, *Énéide*, VIII, v. 22-25 (« *sicut aquae tremulum labris ubi lumen aenis / sole repercussum aut radiantis imagine lunae / omnia peruolitat late loca iamque sub auras / erigitur summique ferit laquearia tecti* » ; « ainsi dans un bassin de bronze, l'éclat tremblant de l'eau renvoyé par le soleil ou par l'image rayonnante de la lune, volette sans se fixer dans toute la pièce, et voilà maintenant qu'il s'élève dans les airs et frappe les panneaux du plafond », trad. J. Perret, Les Belles Lettres, 1978). Mais Montaigne, qui cite ce passage de Virgile au chapitre 8 du livre I des *Essais* (« De l'oisiveté ») est peut-être ici la véritable référence de Sponde (E. Buron).

v. 9 : *Ajax* : c'est à la fin du chant XV de l'*Iliade* qu'Ajax défend les navires grecs contre Hector, mais c'est au chant VIII qu'Homère décrit le bouclier d'Ajax (v. 267 *sq.*). Dans son commentaire du passage, Sponde rappelle que « le bouclier d'Ajax » est passé en proverbe. *bouclier* : deux syllabes (comme au v. 14).

v. 12 : *armée* : trois syllabes.

v. 13 : *travail* : souffrance.

v. 14 : *bouclier de constance* : l'expression se trouve chez Calvin, *Le Livre des Pseaumes*, Genève, 1558, p. 15, commentaire au verset 3 du ps 4 : « Au reste, il nous faut prendre de ce passage un bouclier de constance invincible, toutes les fois que nous nous voyons surmontez en prudence et astuce par les meschans. » (Y. Quenot).

SONNET 15

v. 1 : *Carthage* : nouvelle comparaison empruntée au contexte des guerres puniques. L'association de Carthage et de Numance (sonnet 16) est topique : voir par exemple *Rhétorique à Hérennius*,

IV, 19 et 37 et Sponde, *Commentaire aux poèmes homériques*, commentaire à l'*Odyssée*, III, [265], éd. citée, t. III, p. 151.

v. 6 : *porté* : transporté.

v. 9 : *pompe* : les apparences brillantes de la gloire ; *la consuma* : Carthage fut incendiée et rasée en 146 av. J.-C. par Scipion Émilien (Appien, *Histoire romaine*, « Le livre carthaginois », CXXVIII-CXXXII).

SONNET 16

v. 1-5 : *Numance* : capitale des Espagnols Celtibères, en Espagne Tarraconaise, la ville fut prise et détruite en 133 av. J.-C. par Scipion Émilien après une guerre de quatorze ans (Appien, *Histoire romaine*, « Le livre ibérique », XCV-XCVIII).

v. 2 : *fleaux* : une syllabe.

v. 3 : *valeur* : courage ; *neveux* : ceux qui naîtront après nous (Richelet).

v. 6 : *tes longs ennemis* : les Romains. Hypallage pour « des ennemis qui t'assaillirent longtemps ». *bon heur* : chance favorable.

v. 10 : *à toy-mesme dompter* : *cf.* Appien, XCVII, 422.

v. 13 : *plus rusez que plus forts :* les deux adjectifs renvoient aux deux manières de faire la guerre, par la ruse ou par la force. C'est encore un sonnet qui rappelle que la constance, ou fermeté d'âme, peut désigner la valeur militaire en tant qu'elle s'associe au courage tel que le définit Aristote (*Éthique à Nicomaque*, III, 1115b 1).

SONNET 17

v. 1 : *une guerre civile* : pour une comparaison analogue, voir Agrippa d'Aubigné, *Hécatombe à Diane*, VIII (« Ouy mais ainsi qu'on voit en la guerre civile », éd. J. Gœury, Publications de l'Université de Saint-Étienne, 2007). La source première du combat entre deux instances intérieures du poète est sans doute Pétrarque (voir *Canzoniere*, 140, v. 1-4 : « *Amor, che nel penser mio vive et regna / e 'l suo seggio maggior nel mio cor tene, / talor armato ne la fronte vène, / ivi si loca, et ivi pon sua insegna.* » (éd. P. Blanc [1988], Paris, Classiques Garnier, 2004).

v. 3 : *discord* : discorde.

v. 5 : *armez* : munis.

v. 6 : *leur cœur* : leur courage, leur ardeur (*animus*) ; *ne s'en est departi* : ne s'en est séparé ; « en » reprend le « verre si fragile ». Si l'ardeur des sens n'abandonne pas vite (*bien tost*) les armes de verre (au profit sans doute d'armes plus solides), la victoire de la raison est assurée.

v. 7 : *heur* : tout le succès de la lutte reviendra à la raison.

v. 9 : *Mes sens veulent ployer* : c'est-à-dire abandonner la constance (voir v. 13). Le martyre (v. 11) consiste en revanche à tenir bon, donc à supporter l'absence de l'objet aimé.

v. 12 : *comme dans Rome* : allusion à la révolte provoquée par la loi agraire de Tibérius Gracchus qui s'acheva par l'assassinat de ce dernier, assassinat que Scipion Émilien aurait approuvé alors qu'il était devant Numance (Plutarque, « Vie de Tibérius Gracchus », XXI, 6 et Appien, *Histoire des guerres civiles à Rome*, I, 19-20). Les trois sonnets 15, 16 et 17 sont donc associés par la chronologie et par le personnage de Scipion Emilien qui, victorieux de Carthage et de Numance, s'opposa ensuite à la plèbe romaine. *Mutin* : révolté, séditieux.

v. 13 : *arrachons-les* : le pronom renvoie ici aux « ardeurs » (v. 10), qu'il faut arracher aux sens et associer à la raison.

SONNET 18

v. 1 : *Ne vous estonnez point* : plutôt qu'à la femme aimée, le poète semble s'adresser ici à un public qu'il prend à témoin de la grandeur de son amour constant.
v. 2 : *travail* : souffrance, épreuve.
v. 3 : *banni* : le terme semble évoquer un châtiment de la part de la dame. Ou s'agit-il d'un simple renversement de perspective ? Ce n'est alors plus la dame qui est absente, mais le poète qui est loin.
v. 5 : *Ce que vous en voyez* : c'est ce que vous voyez.
v. 10 : *fermetez* : assurances.
v. 14 : *Comme le ciel* : la comparaison est empruntée à la cosmogonie de Ptolémée. Le *poinct* est la terre. Voir sonnet 3, v. 14, où le poète évoquait son amour « tout celeste ». Pour un observateur terrestre, l'étoile Polaire paraît immobile du fait de sa position dans le quasi alignement de l'axe de rotation de la Terre, et les autres étoiles semblent tourner autour d'elle.

SONNET 19

v. 1 : *le dormant de ce fleuve* : hypallage pour « ce fleuve dormant (c'est-à-dire lent) ».
v. 3 : *les Aquilons* : vents du Nord, violents et froids.
v. 6 : *que c'est* : ce que c'est.
v. 10-14 : *de la peine* : sur cette dialectique de la peine et du repos, *cf.* SM 5, v. 14.

SONNET 20

v. 1 : *Les Toscans* : les Étrusques.
v. 3 : *un Horace* : Horatius Coclès, défendant contre les Étrusques le pont Sublicius, et donc l'accès à Rome, en 508 av. J.-C (Tite Live, *Histoire romaine*, II, 10).
v. 5 : *qu'on renomme* : qu'on tient en réputation.
v. 6 : *valeur* : courage.
v. 8 : *Dans le Tibre* : Horatius Coclès demanda qu'on coupe le pont derrière lui et plongea dans le Tibre d'où il sortit sain et sauf, ayant sauvé Rome. Voir aussi Plutarque, *Vies parallèles*, « Vie de Publicola », XVI, 8.
v. 9 : *surpris* : sens militaire.
v. 10 : *ennuis* : tourments, chagrins.
v. 11 : *Il fait ferme* : il tient ferme.
v. 14 : *Le dernier desespoir* : le paradoxe qui fait la pointe se trouve déjà, inversé, chez Ronsard : « Que doibs je faire ? Amour me fait errer / Si hautement, que je n'ose esperer / De mon salut que la desesperance. » (*Le Premier Livre des Amours*, 11 [1553]).

SONNET 21

v. 2 : *à tesmoin* : fait écho à la renommée d'Horatius Coclès au sonnet précédent.
v. 5 : *Ces secretes humeurs* : voir note au sonnet 11, v. 12. Ce deuxième quatrain dépeint l'attitude des envieux ou médisants qui se plaisent au secret quand l'amant veut au contraire proclamer « une flamme si belle ».
v. 8 : *sens* : sentiments ; *recelle* : cache.
v. 12 : *si dignement* : c'est le code courtois, celui du parfait amant, mais fondé ici sur la constance comme le rappelle le v. 14. Cette constance confère à l'amant dignité et honneur, à la différence des médisants qui ont pour apanage le secret et la honte.

SONNET 22

v. 1-4 : *On dit que* : l'astrologie suppose une influence des astres non seulement sur les tempéraments mais sur les événements humains. Voir Ronsard, *Hymne des Astres* [1555] : Jupiter « ficha » les Astres dans le Ciel « Puis il leur mist es mains le fil des Destinées / Et leur donna pouvoir sur toutes choses nées, / Et que par leurs aspectz fatalisé seroit / Tout cela que Nature en ce Monde feroit » (v. 89-92).
v. 2 : *rapportez* : mis en relation.
v. 5-6 : *leurs estats* : les conditions des hommes qui leur sont soumises ; *tour à tour* : évocation implicite de la roue de la Fortune ; *hausser* : sens pronominal.
v. 8 : *visages* : apparence ; *cf.* El, v. 122.
v. 9 : *exempt de* : qui n'est point astreint à ; *ses rigueurs* : le possessif renvoie à l'amour. On peut gloser ainsi le sens, très concentré ici : mon amour seul n'est pas astreint à la course fixée d'avance (*rigor* en latin désigne ce qui est rigide) qui est d'ordinaire celle de l'amour soumis à l'influence des astres comme tous les « estats ». De fait, il ne fait que croître et non « descendre ». Le pluriel de « rigueurs » est probablement appelé par le parallélisme avec « vigueurs ».
v. 11 : *d'un seul moment* : un seul instant.
v. 12 : *Non pas* : pas même ; *descendre dans la mort* : allusion possible à Orphée, descendu par amour aux enfers pour y chercher son épouse Eurydice. Voir cependant El, v. 5-6 : « Et quoy, la mort vous tient ? et ce front teint en cendre / Vous marque les tombeaux où vous allez descendre ? ».
v. 14 : *l'estoile du Nort* : l'étoile du Nord ou étoile polaire permettait aux navigateurs de se repérer depuis l'Antiquité (pour son immobilité apparente, se reporter *supra*, note au sonnet 18, v. 14). *Cf.* Aubigné, *L'Hiver*, « Prière du soir » v. 1-4 : « Dans l'espais des ombres funebres, / Parmi l'obscure nuit, image de la mort, / Astre de nos esprits, sois l'estoile du Nort, / Flambeau de nos ténèbres » (*Petites œuvres meslées*).

SONNET 23

v. 1 : *change* : changement.
v. 2 : *solidement* : voir sonnet 13, v. 9.
v. 3 : *cest astre consumant* : la femme aimée.
v. 4 : *loüange :* voir sonnet 8, v. 13.
v. 6 : *mais* : ou plutôt de (épanorthose) ; vivre parmi le changement, c'est mourir.
v. 8 : *quoy qu'il tarde* : lointain écho d'un opuscule moral de Plutarque, *Sur les délais de la justice divine*, que Sponde cite dans son commentaire à l'*Odyssée* (XXII, [417]).
v. 9 : *un chemin* : la voie droite, opposée au détour. Le poète oppose une conduite amoureuse hésitante, digressive, qui peut entraîner perte (erreur) ou naufrage, à l'amour solide et constant.
v. 10-11 : *et puis reprens ton cours / et l'orage aux destours* : zeugma. En reprenant la mer, le « tu » retrouve l'orage dans les détours et subit alors le naufrage ; *le naufrage* : le topos de la navigation amoureuse se trouve chez Pétrarque (par ex. *Canzoniere*, 126, v. 20-25), tout comme chez Ronsard (*Premier livre des Amours*, sonnet 93) et chez Aubigné (*Hécatombe à Diane*, 1).
v. 12 : *Un erreur* : le terme (du latin *error*, s. m.) est indifféremment féminin ou masculin au XVIe siècle. Il signifie à la fois errance et erreur de jugement. D'où la condamnation consécutive.

SONNET 24

v. 1 : *de vos yeux* : les rayons de ce « Soleil » (la dame) ont leur source dans les yeux de la dame, ce qui s'inscrit dans la continuité de l'*innamoramento* pétrarquiste.
v. 2 : *pour trop de clarté* : à cause de leur clarté trop forte.
v. 4 : *dans les cieux* : voir sonnet 3, v. 14.
v. 7 : *franche* : libre.
v. 8 : *et pensent faire mieux* : nouvelle allusion aux amours inconstantes des courtisans, peut-être confondus avec les médisants du sonnet 21.
v. 10 : *vive force* : voir sonnet 6, v. 8.
v. 11 : *malgré moy* : derrière cette formule qui peut simplement évoquer la force de l'amour, on a pu lire l'idée d'une élection spirituelle, analogue à la prédestination calviniste (M. Richter). Dans cette lecture, qui fait de la belle une figure de Dieu, la « plus vive force » serait la grâce divine.
v. 14 : *A tué* : et non pas *Attire* comme écrivait A. Boase. Voir E. Buron : « l'équivalence entre aimer et mourir est fréquente dans la tradition pétrarquiste : l'esprit de l'amant s'attache à la dame, si bien que, corps dépossédé de son âme, il est comme mort » (art. cité, p. 255). Voir aussi El, v. 97.

SONNET 25

v. 1 : *hardiment* : avec assurance (Richelet).
v. 2 : *l'autel* : le thème du sacrifice sur l'autel de l'amour se trouve chez Aubigné, *Hécatombe à Diane*, sonnets 96 et 97.
v. 3 : *legeretez* : inconstances ; voir sonnet 1. v. 14. *Le vent de leurs legeretez* : génitif hébraïque et métaphore *in presentia*.
v. 5 : *si long temps* : depuis si longtemps.
v. 7-8 : *au feu* : la qualité de l'or s'éprouve par le feu (voir El, v. 71-75). Notons que l'image est présente dans la première épître de Pierre, 1, 7. Le chrétien doit se réjouir malgré les épreuves dont il est affligé : « afin que l'espreuve de vostre foy, beaucoup plus precieuse que l'or, (qui perit, & toutesfois est esprouvé par le feu) vous tourne à louange, & honneur, & gloire, quand Iesus sera revelé ».
v. 8 : *à durer s'accoustume* : voir Sénèque, *De la constance du sage*, III, 5 (« *quemadmodum quaedam non possunt igne consumi, sed flamma circumfusa rigorem suum habitumque conseruant* » : « tout comme certains corps ne peuvent être consumés par le feu, mais conservent leur fermeté et leur état au milieu des flammes »).
v. 9 : *Pour vous* : auprès de vous ; *le tout de ce tout* : le monde dans sa totalité. Il y a là peut-être une réminiscence de la langue latine. Sponde jouerait avec les deux sens du mot « tout » : la totalité (*totus*) et l'ensemble des parties constitutives (*omnia*), au sens de : l'ensemble des parties qui forment la totalité. Mais la formule rappelle aussi le superlatif hébraïque (le saint des saints, le cantique des cantiques) qui renforce l'antithèse avec « rien ».
v. 11 : *tant plus* : plus ; *empires* : au sens d'*imperium*, domination, pour préserver l'antithèse avec *servir*.
v. 12 : *offencé* : nouvelle allusion aux médisants qui blâmaient l'amant dans le sonnet 21.
v. 14 : *heur* : bonheur.

SONNET 26

v. 4 : *la mer s'enfloit des monts, et le monde d'orage* : mise en facteur commun de *s'enfloit*. Boase propose, sans nécessité : « la mer s'enfloit de monts », où les monts seraient donc la métaphore des vagues, quand le pluriel suggère plutôt le monde à l'envers ; *pesle mesle* (v. 2) nous invite en effet à lire les vers 3 et 4 comme l'évocation d'un monde inversé.

v. 5 : *un oyseau* : nommé seulement au v. 9, l'Alcyon est connu pour faire son nid sur les eaux au beau milieu de l'hiver. Montaigne (*Essais*, II, 12, éd. Naya, Reguig, Tarrête, p. 221) : « [...] mais Dieu a voulu que toute la mer fût arrêtée, affermie et aplanie sans vagues, sans vents et sans pluie, cependant que l'alcyon fait ses petits : qui est justement environ le solstice, le plus court jour de l'an : et par son privilège nous avons sept jours et sept nuits, au fin cœur de l'hiver, que nous pouvons naviguer sans danger. » L'oiseau est important dans la mythologie antique, où il est associé à l'amour conjugal, et dans la mythologie chrétienne, où il est, comme le Phénix, une figure du Christ. Ovide raconte l'histoire de Céyx et d'Alcioné dans les *Métamorphoses* (XI, v. 410-748). Céyx, parti sur la mer pour consulter un oracle, avait fait naufrage. Son corps fut rapporté par les eaux à son épouse Alcioné qui, éplorée, se jeta à son tour dans la mer. Les dieux métamorphosèrent les deux époux en oiseaux, pour récompenser la fidélité de leur amour. Dans ce dernier sonnet, Sponde proclame aussi la constance d'un amour payé de retour qui apporte enfin la paix à l'amant. Chez Sénèque, la constance du sage le conduit au bonheur (le mot se trouve au v. 11).

v. 7 : *ramassez* : rassemblés et mis ensemble pour ne faire qu'un seul corps (Richelet).

v. 8 : *rappaise* : apaise ; *escumeuses* : pleines d'écume.

v. 10 : *passion* : agitation, trouble.

v. 14 : *pour jamais* : cette paix éternelle oblige à reprendre en compte une possible lecture allégorique du recueil. Si la belle absente est une figure de Dieu, absent mais aimant, l'Alcyon peut être compris comme une figure du Christ et c'est l'amour divin, la grâce, qui vient récompenser la constance du chrétien. C'est aussi la structure des *Triomphi* de Pétrarque.

STANCES (1)

Peut-être composé pour Henri IV et Gabrielle d'Estrées, le poème raconte, en dix-huit quatrains aux rimes embrassées, la naissance d'un « bel Astre » (v. 1), nouvelle « Déesse » (v. 41), dont la beauté est séduite par une « grandeur » (v. 62) qui n'est pas nommée. Les deux dernières strophes exhortent les amants à une harmonie éternelle.

Ces stances sont reproduites dans l'*Academie* (A 1599), *Les Fleurs des plus excellens poetes de ce temps* (F 1599) et dans les trois recueils de Raphaël Du Petit Val (DP 1599, DP 1604 et T 1611). Notons que dans ces derniers, les stances suivent immédiatement les sonnets et sont donc dissociées des autres stances qui traitent le même sujet – peut-être pour placer les poèmes qui suivent sous l'égide de ce nouveau couple amoureux, qui n'est plus, comme dans les sonnets, le poète et sa belle.

v. 3 : *le flambeau* : le Soleil.
v. 5 : *le poignant* : qui commence à poindre, à paraître, d'où *sur le poignant* : sur le point.
v. 9 : *Les lis* : le lis, emblème des rois de France, pourrait renvoyer ici à Henri IV. Voir aussi *infra* v. 61-62. *Cf.* S12, v. 12-14 ; St4, v. 23 ; St6, v. 40.
v. 11 : *qu'il aimeroit bien mieux* : qu'il le préférerait.
v. 13 : *flestrissante* : en train de se flétrir.
v. 14 : *Myrthe* : le myrte est traditionnellement associé à Vénus (« la mère des Amours ») et à l'amour depuis l'Antiquité (voir Virgile, *Énéide*, VI, v. 443) ; *toufeaux* : touffes ou bouquets.
v. 29 : *à l'heure* : aussitôt ; *s'escria-il* : à l'époque, le t euphonique peut se prononcer même s'il ne s'écrit pas (voir Jacques Peletier, *Dialogue de l'orthographe*, réf. spéc. p. 57 et p. 126).
v. 39-40 : *Il maistrisoit* : il était maître ; *sa maistrise* : son statut de maître.
v. 48 : *et leur oste la vie* : *cf.* SM24, note v. 14.
v. 54 : *forçoyent* : poussaient au-delà de leurs forces (Furetière).
v. 61-62 : *rencontre* : masculin au XVIe siècle en contexte militaire ; cette allégorie générique de l'amour peut également se lire, en contexte, comme une allégorie spécifique où *ceste grandeur* désignerait alors Henri IV et *la belle* Gabrielle d'Estrée.
v. 66 : *pourtrait* : portrait ; *feux jumeaux* : Castor et Pollux, fils de Zeus et de Léda, frères d'Hélène de Sparte (voir aussi *germaines flammes*), considérés comme protecteurs des marins. Selon Pline, ils sont associés aux deux étoiles qui apparaissent en mer sur les navires (feux Saint-Elme) et annonçaient, croyait-on, une heureuse navigation (*Histoire naturelle*, II, 37). À rapprocher de l'image de l'Alcyon, au sonnet 26 des *Amours*.
v. 71 : *vous entresecourir* : vous secourir mutuellement.

CHANSON (1)

Cette chanson, tout comme les deux suivantes, n'est pas reproduite par A 1599. Elle figure dans les trois recueils Du Petit Val (DP 1599, DP 1604 et T 1611), dans *Les Muses françoises* (M 1599, 1603, 1606 et 1609) et dans le *Parnasse* (P 1607 et 1618), ce qui en fait le troisième poème le plus reproduit de Sponde dans les recueils collectifs (neuf recueils), après « Ma belle languissoit… » (dix recueils) et les stances B.D.F. (onze recueils). Seuls les recueils de Raphaël Du Petit Val l'identifient comme « Chanson ». Dans M 1599, le poème porte le titre générique de « Stances », auquel s'ajoute une précision thématique à partir de 1603 : « Plainctes de l'absence. Stances. » (M 1603, M 1606, P 1607, M 1609 et P 1618). Le thème est proche des poèmes précédents : l'amant poète ne sait comment vivre loin de la « beauté » qu'il aime car l'absence exacerbe sa flamme et donc sa souffrance. A. Boase rapproche à juste titre le poème du sonnet 6 des *Amours*.

Composée de dix strophes de six octosyllabes selon le schéma ABABCC, cette chanson a été mise en musique par Claude Le Jeune dans *Le Printemps* (1600) dont elle constitue la huitième pièce. Le musicien se trouvait à La Rochelle dans les premières années de 1590 et a peut-être rencontré Jean de Sponde à cette occasion.

v. 6 : *le jour que* : le jour où.

v. 15 : *solitudes* : lieux déserts.

v. 43-44 : *mon ame repoussée / Paisible à l'abry de son port* : inversion temporelle et suppression de la subordination. Comprendre : « mon âme repoussée, alors qu'elle était paisible… Sera désormais… »

v. 52 : *Y prendra les soulagemens* : même procédé de suppression des liens de subordination ; gémir est un soulagement même si cela importune l'oreille de la dame.

v. 59 : *au miel de la presence* : voir aussi El, v. 150-152 pour une autre utilisation de l'antithèse. *Trempes* : présent de l'indicatif, actualisant ces retrouvailles plutôt qu'impératif (le pronom sujet pouvant être omis à l'époque quand il est aisément identifiable en contexte).

CHANSON (2)

Cette deuxième chanson est composée de onze strophes de cinq octosyllabes sur un schéma ABBAB. Le locuteur est semble-t-il une femme qui se plaint d'avoir été abandonnée, sur le modèle des *Héroïdes* d'Ovide, très à la mode au début du XVIIe siècle (on en trouve des traductions par Du Perron ou Bertaud dans les recueils collectifs). Cette chanson figure dans les trois recueils Du Petit Val (DP 1599, DP 1604 et T 1611) ainsi que dans le *Parnasse* (P 1607 et P 1611, tome second). Suite à une erreur de conception, elle est en revanche absente du tome second de P 1618, dans l'édition parisienne de Guillemot, où elle est remplacée par « Reproches de cruauté. Stances » (« Depuis le triste jour… », f. 178v-179r) qui figure ainsi deux fois, dans les tomes 1 et 2.

v. 8 : *entorce* : dommage, souffrance.

v. 13 : *ces vacarmes* : troubles, désordres (Richelet).

v. 17 : *Ceste orpheline desolée* : l'adjectif *orphelin* peut signifier « qui est privé de » (d'où peut-être un sens métaphorique, « celle qui est privée de son amour »).

v. 30 : *Par une idée de liesse* : peut-être le souvenir évoqué au vers 26.

v. 31 : *contrefait* : difforme, « malfait » (Richelet).

v. 34-35 : *pour vous [...] pour l'autre* : le parallélisme peut faire hésiter entre deux lectures : *pour l'autre* peut laisser entendre la présence d'un rival ou signifier « pour l'autre part ».

v. 37 : *il faut prouver que je vous aime* : ce vers semble évoquer que l'aimé s'absente afin de mettre à l'épreuve les sentiments de l'amante.

v. 39 : *quand mon mal sera prest* : le mal est le desplaisir qu'elle va devoir affronter, le remède la présence de l'amant, mais l'amant se dérobe (v. 44-45).

v. 43 : *à l'advanture* : au hasard.

v. 47 : *doleance* : plainte.

v. 55 : *Encor que [vous] m'ayez laissée* : dans sa *Vie de Jean de Sponde*, Alan Boase émet l'hypothèse que cette chanson aurait pu être écrite pour Esther Imbert, jeune fille de La Rochelle qu'Henri IV avait séduite puis abandonnée (*op. cit.*, p. 59). La plainte reste ambiguë puisque l'amant semble à la fois s'éloigner pour éprouver la fidélité de la dame (v. 36-37) et l'abandonner (v. 44-45 et 55).

CHANSON (3)

Cette troisième chanson est composée de neuf strophes d'heptasyllabes sur un schéma strophique ABAB si l'on excepte de la strophe le refrain en rimes suivies. Ce refrain est détaché typographiquement des strophes par un blanc dans DP 1599, bien que, dans ce recueil, il ne soit plus repris dans son entier avant sa dernière occurrence, tout à la fin de la chanson. Pour plus de clarté, nous avons choisi ici de le donner intégralement à chaque reprise. Cette chanson figure uniquement dans les trois recueils Du Petit Val (DP 1599, DP 1604 et T 1611).

v. 2 : *Il ennuye à* : il afflige.

v. 12 : *Mais* : ou plutôt.

v. 29 : *medecine* : remède ; *mole* : faible, sans efficacité.

v. 34 : *point* : état.

v. 36 : *de ne la voir point* : *cf.* sonnet 5, v. 14 « Moy de ne la voir point [...] ».

v. 41-42 : *Daphné* : poursuivie par Apollon (le Soleil), elle implora son père, le fleuve Pénée, de la transformer en laurier (Ovide, *Métamorphoses*, I, v. 452-567) ; *conte* : creance, esperance (Richelet) ; *je fais mon conte :* je crois bien ; *Que nous sçavons bien tous deux* : sous-entendu ce qu'est la souffrance amoureuse. Comme pour chaque strophe, le refrain entre en résonance avec le propos.

v. 52 : *esmoy* : chagrin, ennui, trouble.

ELEGIE

Les thèmes et motifs abordés dans ce long poème de cent soixante-six alexandrins à rimes suivies sont fort proches de ceux des vingt-six sonnets, alors même qu'un ou plusieurs poèmes les séparent dans A 1599 et les recueils Du Petit Val (DP 1599, DP 1604 et T 1611) qui sont les seuls à citer cette élégie. En la déplaçant artificiellement à la suite des vingt-six sonnets dans son édition de 1978, A. Boase a invité à la lire comme une postface : l'élégie dirait autrement ce que signifiait le recueil de sonnets, c'est-à-dire la constance d'un amant éloigné de sa belle, mais avec la distance ou le détachement qu'introduit la dimension réflexive de l'adresse aux vers. Nous avons préféré conserver la disposition initiale des pièces.

v. 1 : *Vous languissez* : rappel métatextuel de la définition de l'élégie qui « de sa nature [...] est triste et flébile : et traite singulièrement les passions amoureuses, lesquelles tu n'as guère vues ni ouïes vides de pleurs et de tristesse » (Th. Sébillet, *Art poétique*, II, 7). L'adresse aux vers est topique, surtout dans ce contexte : voir Marot, « Cessez, mes vers, cessez de vous douloir » (éd. Defaux, t. I, p. 230) ; ou Salel, dans son églogue marine sur la mort du dauphin : « Cessez, mes vers, cessez deuil et tristesse » (v. 280).

v. 2 : *au poinct de* : au moment de.

v. 3 : *entrebatez* : le verbe peut évoquer l'agitation des soupirs ou le fait que le sujet se bat lui-même les flancs (intérieurement) de ses propres soupirs. L'amant semble se désigner lui-même (*flanc, arteres, veine, sang,...*) à travers ses vers qui en sont le destinataire métonymique.

v. 4 : *esprits* : esprits animaux, vitaux.

v. 6 : *Vous marque* : est pour vous le signe de.

v. 7 : *Si vous pouviez encore revoir dedans les Cieux* : voir S3 (v. 14), l'amour du poète « tout céleste ».

v. 8 : *des pointes de vos yeux* : voir S3, v. 11.

v. 9 : *vivriez* : deux syllabes.

v. 12 : *ennuis* : souffrances, tourments.

v. 13-14 : *Ce contraire est trop grand vivre auprès de ma Belle / Et n'approcher la mort quand on s'esloigne d'elle* : quand on a connu la joie de vivre auprès de sa belle, c'est un paradoxe de ne pas mourir si l'on en est éloigné. *Cf.* Ch2, v. 31-35.

v. 15 : *donques* : les vers 15 et 16 forment la conclusion du premier ensemble marqué par l'alinéa du premier vers.

v. 17 : *Papillons* : peut signifier « bagatelle » et s'emploie en contexte amoureux (*cf.* Stances anonymes « Où mon cœur allumé se brusle audacieux, / Comme le papillon se brusle à la chandelle », citée à la fin de l'introduction de cette édition, v. 36) Furetière : « On dit qu'il vient comme un *papillon* se brusler à la chandelle, quand il devient sottement amoureux, ou quand il quitte un azile pour se faire prendre » ; *nourrissons de mon ame* : que mon âme nourrit. La formule, peut-être calquée sur l'expression homérique qui qualifie les rois de « nourrissons de Zeus », montre qu'il y a toujours identification métapoétique et métonymique des vers élégiaques et du sentiment amoureux qu'ils évoquent. Voir aussi S6, v. 9 et 10.

v. 26 : *Se rebouche* : s'émousse, s'affaiblisse.
v. 31 : *Craindriez* : deux syllabes.
v. 33 : *travaillez* : souffrez ; *trop de coustume* : la force de l'habitude.
v. 37 : *Basilics* : serpents fabuleux censés donner la mort par leur regard (voir méditation sur le psaume XIII ou LIII, *Med.* 1996, p. 115). Ils renvoient ici aux ennemis, peut-être aux « beaux esprits » du vers 29.
v. 38 : *Marchant parmi ces fleurs* : Sponde retravaille le motif du serpent caché sous les fleurs (voir Pétrarque, « *Triunfo d'Amore* », III, v. 157 : « *so come sta tra'fiori ascoso l'angue* », qui reprend Virgile, *Bucoliques*, III, v. 93 : « *[...] fugite hinc, latet anguis in herba* »).
v. 39 : *miroir* : nécessaire pour éviter de regarder le Basilic dans les yeux.
v. 44 : *ces yeux* : ceux de la dame aimée.
v. 48 : *du tout* : tout à fait.
v. 50 : *le Cygne* : le symbole même de la poésie élégiaque. *Cf.* Ovide, *Héroïdes*, VII (Didon à Énée), v. 53-54 : « *Sic ubi fata uocant, udis abiectus in herbis / Ad uada Maeandri concinit albus olor* » (trad. M. Prévost, CUF : « Ainsi quand les destins l'appellent, gisant parmi les herbes humides, chante le cygne blanc aux rives du Méandre »).
v. 54 : *Soit semblable* : expression du souhait.
v. 55 : *au fort du jour* : au milieu du jour (midi).
v. 57-58 : *Mourez mes vers* : première occurrence d'un « refrain » que l'on retrouve à neuf autres reprises dans le poème. À partir du v. 59, l'élégie se construit en effet régulièrement en neuf strophes de douze vers qui s'achèvent toutes sur ce même refrain. Ces deux vers constituent, semble-t-il, la proposition paradoxale du poème : mes vers, vous mourez du fait de l'absence de l'objet aimé, mais cette absence affermit ma constance et me permet de vivre.
v. 59 : *L'orage de mes maux* : voir S23 et S26.
v. 62-63 : *diverse / À* : différente de.
v. 64 : *mon cœur si constant* : on retrouve ici le thème principal du recueil de sonnets. Voir par exemple S4 : « Ainsi je veux servir d'un patron de constance » (v. 13).
v. 65 : *en un naturel* : manière d'agir qui nous vient de la nature (Richelet) et s'oppose à la coutume. La constance devient pour le poète une seconde nature.
v. 66 : *ces monts de flots* : voir S26, v. 4 (« La mer s'enflait des monts [...] »).
v. 68 : *dur comme un rocher* : voir S10, v. 1 : « Je ne bouge non plus qu'un escueil dedans l'onde ».
v. 71 et 73-75 : *argument* : preuve. L'« argument » désigne ici le raisonnement qui prouve, et, précisément le parallèle entre deux éléments semblables (*comparatio similium*, selon les traités de rhétorique). *Ce bel or* : voir S25, « Et d'autant plus avant au feu vous me mettez / Plus l'or de mon amour à durer s'accoustume » ; *remis dans le plomb :* pour *essayer* l'or, c'est-à-dire déterminer sa qualité, on utilisait du plomb, soit en coupelle soit en cornet (Pline, *Histoire naturelle*, XXXIII, 19). La deuxième partie du parallèle se trouve au v. 77 : « Mon amour est de mesme [...] ».
v. 83 : *le Scevole Romain* : Gaius Mucius Scaevola.
v. 84 : *des deux coups de sa main* : alors que le roi étrusque Porsenna, repoussé une première fois par le geste héroïque d'Horatius Coclès (voir S20 et la note), bloquait l'approvisionnement de Rome, le patricien Gaius Mucius s'introduisit dans son camp pour le tuer. Mais dans son ignorance, il tua son secrétaire. Arrêté, il posa alors sa main droite sur un brasier, comme insensible à la douleur, de façon à montrer le courage des Romains. Porsenna admiratif et effrayé lui rendit sa liberté et entreprit de conclure la paix. Le surnom de Scaevola (gaucher) fut donné à Mucius (Tite Live, *Histoire romaine*, II, 12).
v. 85 : *Cæsar* : le conquérant de la Gaule ; *Scipion* : le vainqueur de Carthage (voir S15).
v. 92 : *que c'est* : ce que c'est que.

v. 95 : *distrait* : séparé, écarté.

v. 97 : *comme mortes* : sur cette comparaison entre la blessure d'amour et la mort, voir aussi S24, v. 14.

v. 99-100 : *à l'envy* : en rivalisant, en luttant ; *pour gage certain* : le poète est assuré de la réciprocité de son amour (la dame s'est touchée elle-même du trait d'amour), comme au sonnet 11.

v. 107 : *ce mont embrasé* : un volcan.

v. 109 : *des cavernes profondes* : *des* indique la provenance.

v. 114 : *brandons* : feux (Richelet) ; *devers* : vers.

v. 115 : *le feu [...] la glace* : antithèse pétrarquiste. Voir Pétrarque, « *Trionfo d'Amore* », III, v. 168 et Ronsard, *Le Premier Livre des Amours*, sonnet XII.

v. 119 : *flottante* : inconstante, changeante.

v. 121 : *Et son estre incertain est un certain presage* : *cf.* pour un paradoxe analogue S20.

v. 124 : *ne desmord* : ne lâche ce qu'il tient (cstr. intransitive).

v. 139 : *dont on s'est retiré* : dont on s'est éloigné.

v. 145 : *qui fuyent les ruines* : *fuyent* en deux syllabes (avec yod) et *ruines* en trois syllabes (avec diérèse).

v. 150 : *de miel et de fiel* : antithèse pétrarquiste (voir par ex. Ronsard, *Le Premier Livre des Amours*, X, v. 12-13) ; *taintes* : teintes.

v. 152 : *plus parfait* : on retrouve l'idée, déjà présente dans le recueil des sonnets, d'un amour qui est ascèse, tout entier tendu vers la recherche de perfection.

v. 155 : *Tourtereaux* : jeunes tourterelles. La fidélité de la tourterelle est topique. Pline par exemple (*Histoire naturelle*, X, 104) insiste sur la chasteté et le respect des lois conjugales de la tourterelle, dont aucun des membres du couple ne quitte le nid s'il devient veuf.

v. 156 : *Languit* : la reprise du verbe *languir*, que l'on trouvait à l'ouverture (v. 1), indique qu'on entre ici dans l'épilogue ; *ès bois* : dans les bois.

v. 157 : *mignons d'Amour* : serviteurs ou favoris d'Amour.

v. 158 : *par leurs feux* : l'amour (*leurs feux*) les pousse à déclarer fortement leur perte, donc à chanter plus fort la plainte élégiaque (voir v. 143) ; *ouverte* : déclarée, manifeste.

v. 159 : *dueil* : deuil.

v. 160 : *que c'est* : ce que c'est.

STANCES B.D.F. (STANCES 2)

L'acronyme B.D.F. renvoie à Michel Hurault Du Fay Belesbat ou Belesbat Du Fay, pour qui Sponde a probablement écrit le poème. Petit-fils du grand chancelier Michel de L'Hospital, époux d'une fille de Guy Du Faur de Pibrac, Belesbat Du Fay était conseiller du Parlement de Paris et maître des requêtes du roi en 1581. Il rejoignit Henri de Navarre en 1585, devint son chancelier et son ambassadeur pour diverses missions en Europe. Il est l'auteur de l'*Excellent et Libre Discours sur l'Estat présent de la France*, publié sans nom d'éditeur en 1588 et dédié à Juste Lipse. Il était le parrain du fils cadet de Sponde, né en 1591 (Boase, *Vie de Jean de Sponde*, p. 88-89).

Composées de quarante-huit alexandrins répartis en douze quatrains de rimes croisées, les « Stances B.D.F. », décrivent, sur un mode ironique, les regrets d'un amant refusé par sa belle qui en aime un autre. Malheureusement, cet autre ne la paye pas de retour et la belle connaît les mêmes souffrances que celles infligées à son premier amant. Les huit premiers quatrains, au passé, évoquent l'amour non récompensé. Les quatre derniers, au présent, plaignent la souffrance de la belle et évoquent à demi-mot une réconciliation. Pour Alan Boase, le poème concerne la rivalité de Belesbat Du Fay avec le Roi de Navarre auprès de Suzanne des Moulins, épouse du médecin du prince de Condé (J. de Sponde, *Œuvres littéraires*, 1578, p. 271).

Il s'agit du poème des *Amours* le plus reproduit dans les recueils collectifs de l'époque (onze recueils le citent contre dix pour « Ma belle languissoit… »). On le trouve dans l'*Academie* (A 1599), dans les trois recueils Du Petit Val (DP 1599, 1604 et T 1611), dans *Les Fleurs des plus excellens poetes de ce temps* (F 1599) ainsi que dans *Les Muses françoises* (M 1599, 1603, 1606 et 1609) et dans le Parnasse (P 1607 et 1618). Intitulé « Stances B.D.F. » dans les trois recueils Du Petit Val, ce poème est identifié dans les autres par un titre générique « Stances, dudit Sieur » (F 1599), « Stances » (A 1599 et M 1599) auquel vient s'ajouter ensuite un intitulé thématique « Reproches de cruauté. Stances. » (M 1603, M 1606, P 1607, M 1609, P 1618).

v. 2 : *liens* : deux syllabes (diérèse).
v. 4 : *veuë* : deux syllabes (d'où le tréma).
v. 5 : *du vent de l'inconstance* : allusion à des amours antérieurs, abandonnés pour « le port de vos belles vertus » (v. 8).
v. 7 : *quelque asseurance* : le terme renvoie à la fermeté de la constance (voir S13), par opposition aux « vents de l'inconstance », analogues aux « legeretez » du sonnet 1.
v. 9 : *me prestoit la main forte* : me venait en aide.
v. 11 : *monstriez* : deux syllabes (synérèse).
v. 18 : *recueil* : accueil.
v. 20 : *du courroux de vostre œil* : la situation entre les amants est ici inverse de celle qui a été décrite dans les sonnets (voir par exemple S11).
v. 23 : *digne de vostre Empire* : digne d'être soumis à votre empire.
v. 31 : *cordeaux* : cordes.
v. 32 : *vostre autre amitié* : la dame aimée en aime un autre, mais qui ne l'aime pas, comme l'indiquent les vers suivants. Le verbe *entortiller* indique le trouble de la relation amoureuse.
v. 41 : *courage* : cœur.
v. 47 : *ennuye* : chagrine.
v. 44 : *La jalousie* : celle du poète amant à l'encontre de celui qu'aime sa dame.

SUR LA MORT DU B.D.F. (STANCES 3)

Il ne s'agit plus d'amour mais de mort puisque ces stances (treize quatrains d'alexandrins aux rimes embrassées) sont un tombeau composé par le poète pour son ami Belesbat Du Fay qui trouva la mort le 30 juin 1592 en Normandie, dans le bourg de Quillebœuf qu'il était en train de fortifier (ce poème est ainsi le seul du recueil à pouvoir être approximativement daté). La place de ces stances dans la section des « Amours », systématique dans les recueils collectifs, fausse leur réception puisque, ainsi placé, le poème entre en résonance avec les autres stances d'amour. C'est pour cette raison que Boase (1978) les ôtait des *Amours*, tout comme les Stances B.D.F., pour les placer parmi les pièces de circonstances, ce qui présente toutefois l'inconvénient de modifier l'unique micro-recueil construit des poèmes de Sponde. Ces stances ne figurent cependant que dans les trois recueils Du Petit Val (DP 1599, 1604 et T 1611).

v. 1 : *Mars* : dans la mythologie latine, Mars est le dieu de la guerre et Bellonne la déesse de la guerre ou la conductrice de son char.

v. 4 : *voleurs des lys de la couronne* : sans doute les catholiques qui refusent de reconnaître Henri de Navarre pour le roi de France. Nous sommes en 1592, Henri IV ne se convertira que l'année suivante.

v. 5 : *mon Roy* : Henri IV, roi de France et de Navarre depuis la mort d'Henri III en 1589.

v. 8 : *À qui l'Europe* : en 1592, la légitimité d'Henri IV est largement reconnue, même si sa conversion n'est pas effective. Le pape Sixte Quint, cependant, ne le reconnaîtra officiellement comme roi de France qu'en 1595.

v. 10 : *triomphes d'honneur* : poèmes en l'honneur d'un grand homme. Voir Pétrarque, *Trionfi*.

v. 11 : *Cyprez* : le cyprès est dans l'Antiquité l'arbre du deuil et de la mort (voir Ovide, *Métamorphoses*, X, v. 106-142).

v. 14 : *mielleuses* : douces, agréables comme le miel.

v. 17 : *si prompte compagnie* : réformé modéré, Belesbat Du Fay s'était rallié à Henri de Navarre en 1585.

v. 19 : *A-il tout seul laissé* : à l'époque, le t euphonique peut être prononcé, sans être alors systématiquement écrit. Voir *supra* St1, v. 29.

v. 21 : *vostre coup* : pour A. Boase, la mort de B.D.F. ne serait pas sans lien avec la désignation soudaine par le roi du catholique Bellegarde comme supérieur de Belesbat (*Vie de Jean de Sponde*, p. 91). Des lettres attestent que B.D.F. ne se sentait pas récompensé à sa juste valeur.

v. 22 : *meurtrier* : deux syllabes.

v. 26 : *piteux* : digne de pitié.

v. 30 : *poudre* : poussière.

v. 33 : *playes* : deux syllabes (avec yod) ; *percer ainsi ces armes* : inversion. Ce vers laisse entendre que B.D.F. est mort au combat.

v. 34 : *dolent* : affligé.

v. 35 : *dueil* : deuil, profond chagrin.
v. 37 : *Lors que la voix, les cris, et l'œil les pleurs nous donne* : zeugma, comprendre « lorsque la voix nous donne les cris, que l'œil nous donne les pleurs ».
v. 40 : *s'estonne* : se trouble violemment.
v. 46 : *s'estaint* : s'éteint.
v. 51 : *sur le pas de l'honneur* : sur la voie de l'honneur (*pas* au sens de passage), d'où en se conduisant avec honneur.

STANCES (4)

Ces stances, composées de huit quintils (AABBA), ont été probablement écrites en l'honneur d'Henri IV et de Gabrielle d'Estrées tout comme les Stances (1). C'est l'amour extrême de ces deux amants exceptionnels qui est chanté ici, l'union de la « beauté » et de la « grandeur » (v. 38). Ces stances figurent dans l'*Academie* (A 1599) et dans les trois recueils Du Petit Val (DP 1599, 1604 et T 1611).

v. 3 : *rayonneux* : rayonnant.
v. 4 : *espard* : du verbe espardre qui signifie disperser.
v. 6 : *Nimphe* : peut être associée à Gabrielle d'Estrées.
v. 8 : *Phaëton* : le fils du Soleil, qui « importuna » son père pour qu'il lui laisse conduire son char (Ovide, *Métamorphoses*, II, v. 47 *sq.*). Ici donc la *Nimphe* est assimilée au *Soleil* (d'où v. 9-10).
v. 17 : *Tous tremblotans d'Amours, transformez en Zephirs* : le singulier de la chevelure (*ce bel or*) devient le pluriel des cheveux et les Amours se transforment en Zephirs pour jouer dans la chevelure.
v. 23 : *quelqu'un d'entre les plus grands Dieux* : cette assimilation de l'amant à un Dieu (parmi les plus grands) pourrait étayer l'identification avec le roi Henri IV proposée par Boase (1978, p. 280). *Cf.* S12, v. 12-14 ; St1, v. 9 et 61-62 ; St6, v. 40.
v. 38 : *Nompareille* : incomparable.
v. 40 : *qui vous semble* : qui vous ressemble.

STANCES (5)

Composé de onze quatrains aux rimes embrassées, ce poème construit d'abord un récit : la Belle aimée est mourante, son poète amant est prêt à l'accompagner dans la mort, quand l'Amour lui redonne vie, avec l'aide des soupirs amoureux du poète (str. 1-8). Ce dernier peut alors tout à la fois se réjouir, déplorer son éloignement, et réitérer à la Belle l'affirmation de sa constance. Si on lit ces stances comme un épisode de l'histoire des amours d'Henri IV et de Gabrielle d'Estrées, le *je* est ici celui du roi.

Ces stances sont, après les « Stances B.D.F. », le second poème des *Amours* le plus reproduit dans les recueils collectifs de l'époque (dix recueils les citent). On les trouve dans l'*Academie* (A 1599), dans les trois recueils Du Petit Val (DP 1599, 1604 et T 1611) ainsi que dans *Les Muses françoises* (M 1599, 1603, 1606 et 1609) et dans le *Parnasse* (P 1607 et 1618).

v. 3 : *moüelle* : moelle ; *consommoit* : consumait.

v. 9 : *Toute la terre estoit du dueil toute couverte* : le dueil (deuil) est le chagrin ou sa manifestation (*couverte* pouvant également signifier « remplie » – Richelet).

v. 10 : *beau* : beauté.

v. 12 : *une perte* : l'antithèse veut souligner la beauté de la dame. Même les Dieux qui accueillent son âme au ciel ont conscience de la perte qu'ils font en laissant le corps sur la terre.

v. 26 : *les Zephirs* : vents doux et légers.

v. 31 : *pourfilent* : ornent comme d'une broderie.

v. 32 : *un Phœnix* : la comparaison de la femme aimée et du phénix est fréquente dans la poésie du temps (voir Gisèle Mathieu-Castellani, *Eros baroque. Anthologie thématique de la poésie amoureuse* (1570-1620), Paris, Union générale d'éditions, 1979, p. 268 *sq.*).

v. 35 : *l'avoir entendu* : « l' » renvoie au « rapport de si douces nouvelles ».

STANCES (6)

Constituées de dix quatrains aux rimes croisées, ces stances sont les dernières des « Amours de Sponde ». Au regard de l'histoire d'amour que raconte la succession des poèmes, ce dernier ensemble est un discours de reproche adressé par l'amant à sa dame. Elle ne veut croire à l'amour de l'amant (v. 33), ce qui risque de causer la mort de ce dernier. Le discours de reproche s'achève sur une prière (v. 37) et sur l'affirmation que le *je* est le seul serviteur digne de sa belle. Ces stances sont citées dans l'*Academie* (A 1599) et dans les trois recueils Du Petit Val (DP 1599, 1604 et T 1611).

v. 4 : *m'ouvriez* : deux syllabes.

v. 5 : *contente* : contentée, satisfaite.

v. 9 : *restoit* : manquait ; *geines* : tortures.

v. 14 : *Je presentois sur moy mon ame à leurs ardeurs* : expression ambiguë où l'âme pourrait apparaître comme un bouclier que le poète présente (oppose) comme un bouclier *aux ardeurs* qui l'assaillent (avec un parallélisme : *sur moy*, dans les deux vers, évoquant l'attaque et la défense).

v. 18 : *sur vostre saint Autel* : celui de la divinité qu'est la Dame aimée pour le poète amant (voir Aubigné, *Hécatombe à Diane*, XCVII)

v. 19 : *onc* : jamais (au sens positif étymologique « un jour »).

v. 21 : *Ores que* : tandis que.

v. 22 : *Print* : prit.

v. 23 : *en sa brisée* : sur sa route, sur son chemin.

v. 25 : *tortus Dedales* : détours tortueux. *Dédale* a ici valeur de nom commun.

v. 32 : *Ils ne peuvent mourir, et moy ne mourir point* : *ils* renvoient à *mes feux*. Son amour ne peut s'éteindre qu'avec sa mort.

v. 33 : *la creance que toute Amante doit par droit à son Amant* : la foi, la confiance (alors que l'Amante est soupçonneuse, v. 25-26, d'où le verbe *oster*).

v. 40 : *Comme un Soleil de l'Aigle* : l'aigle est capable de regarder le soleil en face sans cligner de l'œil (Pline, *Histoire naturelle*, X, III, 5). Cette image finale peut inciter à identifier l'amant à Henri IV. *Cf.* S12, v. 12-14 ; St1, v. 9 et 61-62 ; St4, v. 23.

SUR SA FIÈVRE

Cette ode plaisante est composée de dix strophes de quatre octosyllabes aux rimes embrassées. Elle s'inscrit dans une tradition bien attestée chez la Pléiade : ainsi Ronsard, *Odes*, V, XXVII (« Ah ! fiévreuse maladie... », éd. Céard, Ménager, Simonin p. 913-914) ou Jamyn, « Ode à la Santé, pour M. de Ronsard malade de la fièvre quarte », *Œuvres poétiques*, V (Meslanges), Paris, Robert Estienne, Mamert Patisson, 1575.

Ce poème figure dans l'*Academie* (A 1599) et dans les recueils de Raphaël Du Petit Val (DP 1599, DP 1604 et T 1611), avec le même titre.

v. 2 : *enflammées* : *fièvre* vient du latin *fervor* qui signifie chaleur, ardeur. Au XVIe siècle, le terme peut désigner toutes sortes de maladies. Les symptômes évoqués dans les strophes qui suivent – perte de la vue et de la voix, hallucination, angoisse – ne sont pas sans rappeler la phrénitis d'Hippocrate (*Épidémies*, livre III, première section, dans Hippocrate, *De l'Art médical*, trad. É. Littré, commentaires et notes de D. Gourevitch, Paris, LGF, 1994, p. 395-396).

v. 5 : *vaine* : veine.

v. 6 : *feux* : rime avec *confus* de manière régulière. Rappelons qu'au XVIe siècle, la graphie *eu* se prononce fréquemment [y].

v. 9 : *Mes yeux crevez de vos ennuis* : voir note v. 2.

v. 14 : *pourpris* : enclos.

v. 17 : *paintres* : peintres.

v. 18 : *frenaisies* : à comprendre d'abord au sens propre (voir note v. 2). C'est une « maladie qui cause une perpétuelle resverie avec fièvre », dit Furetière (1690). Mais le terme peut s'employer de manière figurée « des troubles et esgarements d'esprit causez par la violence des passions » (*ibid.*) : voir v. 34-35.

v. 19 : *grotesquent* : tracent capricieusement (Huguet) ou dessinent à la manière de grotesques.

v. 20 : *De feu, de terre, d'air et d'eau* : les quatre éléments relèvent aussi du contexte médical. L'ancienne médecine en effet établit des correspondances entre les quatre humeurs et les éléments.

v. 22 : *ore sur les monts* : *cf.* SM 8, v. 7-8.

v. 31 : *esmoy* : trouble.

v. 33-36 : *Je comparois jadis* : ces vers justifient dès lors la place de ce poème dans les « Amours » en renvoyant pour comparaison à la fièvre d'amour (*cf.* par exemple Ch1, v. 19-25).

v. 40 : *Faire l'amour* : courtiser, être amoureux.

NOTES SUR LES POÉSIES DIVERSES

ÉPIGRAMME MANUSCRITE

Composée par Jean de Sponde alors étudiant à l'université de Bâle, cette épigramme aurait pu être destinée à servir d'inscription pour une statue érigée dans la mairie de Bâle, conformément à la fonction première de l'épigramme antique, poème inscrit sur un monument ou une statue. Mais sans doute s'agit-il seulement d'un jeu d'étudiants. Écrite au dos de la couverture d'un *in-folio*, elle nous est en effet parvenue avec son commentaire, attribué à un certain Lollius Adama.

Conservé à la Bibliothèque universitaire de Bâle (Universitätsbibliothek Basel, Frey-Gryn Mscr II 2 : Bl.190), le manuscrit est désormais accessible en ligne à l'adresse suivante : e-manuscripta.ch (http://doi.org/10.7891/e-manuscripta-11610, consulté le 24/11/2021).

in effigiem : il s'agit de la statue de Lucius Munatius Plancus, fondateur en 44 av. J.-C. d'une colonie romaine qui deviendra Augst, à une dizaine de kilomètres de Bâle.

v. 1 : *spirantia marmora* : souvenir de Virgile, *Géorgiques*, III, v. 34 (« *spirantia signa* »).

v. 3 : *Phidiae* : Phidias, le grand sculpteur du Ve siècle av. J.-C. qui avait, entre autres, réalisé la statue chryséléphantine d'Athéna (Pallas) dans le Parthénon.

v. 4 : *Ictine :* Ictinos ou Ictinus, architecte athénien du Ve siècle av. J.-C., un des concepteurs du Parthénon, littéralement « la demeure des vierges », ici désigné par l'expression *opus foemineis*, le monument des femmes. Voir Plutarque, *Vie de Périclès*, XIII, 7.

v. 6 : *Pari* : il s'agit sans doute du sculpteur Agoracrite de Paros, élève de Phidias, à qui Pline l'Ancien attribue la statue colossale de Némésis à Rhamnonte, qui aurait été antérieurement une statue de Vénus, d'où l'emploi de l'adjectif *torua* (*Histoire naturelle*, XXXVI, 17).

v. 8 : *Myron* : sculpteur grec, né à Éleuthères, postérieur à Phidias. Célèbre pour une statue de vache, maintes fois évoquée dans l'*Anthologie grecque* (livre IX, épigrammes 713 à 742 et 793 à 798). Voir aussi Pline, *Histoire naturelle*, XXXIV, 19.

v. 9 : *non horreo* : le poète exprimerait ici son désir d'émulation (« *aemulationem et non inuidiam* », dit le commentateur).

v. 12 : *Deucalion* : après l'épisode du déluge et avec l'aide de son épouse Pyrrha, il transforma les pierres en êtres humains pour repeupler la terre (Ovide, *Métamorphoses*, I, v. 400 *sq.*).

IN THEATRUM MUSICUM [1580]

Ce premier poème latin publié de Sponde figure en tête du *Theatrum musicum Orlandi de Lassus aliorumque praestantissimorum musicorum selectissimas cantiones sacras, quatuor, quinque & plurium vocum representans*, paru à Genève chez le pasteur Simon Goulart en 1580, dernier exemple d'une série d'ouvrages analogues publiés en français où Goulart reprenait la musique de Roland de Lassus pour y adapter des paroles « honnestes et chrestiennes[1] ». Pour Eugénie Droz, la participation de Sponde à cette édition est la preuve de son intégration aisée dans les milieux huguenots autour de Simon Goulart, même si ce dernier avait quitté Genève pour la France en 1576.

Le poème de Sponde, une épigramme formée de cinq distiques élégiaques, est un pastiche de la première épigramme du livre I de Martial composée à l'occasion de l'achèvement de l'Amphithéâtre de Titus, dont voici le texte et la traduction :

Barbara Pyramidum sileat miracula Memphis;
Assyrius iactet nec Babylona labor;
nec Triuiae templo molles laudentur Iones;
dissimuletque Delon cornibus ara frequens;
aere nec uacuo pendentia Mausolea
laudibus immodicis Cares in astra ferant.
Omnis Caesareo cedit labor Amphitheatro,
unum pro cunctis fama loquatur opus.

Que la barbare Memphis ne vante plus le prodige de ses pyramides ; que l'industrieuse Assyrie ne s'enorgueillisse plus de sa Babylone ; que le temple de Diane ne fasse plus la gloire des Ioniens efféminés et que l'autel fait de cornes multiples laisse tomber dans l'oubli le nom de Délos ; que les Cariens, outrant leurs louanges, ne portent plus aux nues leur Mausolée en équilibre dans le vide des airs. Toute œuvre humaine le cède à l'amphithéâtre de César : la renommée n'en célébrera plus qu'une à la place de toutes les autres[2].

1 Voir Eugénie Droz, « Simon Goulart éditeur de musique », *Bibliothèque d'Humanisme et Renaissance*, t. 14 nº 1 (1952), p. 266-276, qui signala la première l'existence du poème de Sponde.

2 Martial, *Épigrammes*, I, 1, texte établi et traduit par H. J. Izaac, Paris, Les Belles Lettres, C. U. F., 1961 (deuxième édition).

v. 4 : *Marce* : Marcus Valerius Martialis, c'est-à-dire le poète latin Martial.
v. 6 : *modulos [...] Apollineos* : Apollon, dieu de la poésie et de la musique. Sponde oppose l'œuvre nouvelle, d'inspiration divine, à l'œuvre païenne.
v. 7 : *suauis symphonia coeli* : rappel discret du travail d'adaptation fait par Simon Goulart, qui remplaça par des paroles chrétiennes les mots lestes des chansons de Roland de Lassus. Voir la récurrence de *divinum* dans les deux derniers vers.
v. 8 : *uates Threïcius* : Orphée. Si *hac* renvoie à *symphonia coeli*, il s'agit d'une allusion à la théologie orphique ; *flumina* : « On conte qu'il avait charmé dans les montagnes les durs rochers et le cours des fleuves par la musique de ses chants » (« Αὐτὰρ τόν γ´ἐνέπουσιν ἀτειρέας οὔρεσι πέτρας | θέλξαι ἀοιδάων ἐνοπῆι ποταμῶν τε ῥέεθρα », Apollonios de Rhodes, *Argonautiques*, I, v. 26-27).

SONNET LIMINAIRE POUR LE *PREMIER LIVRE DES OCTONAIRES DE LA VANITÉ DU MONDE* MIS EN MUSIQUE PAR PASCAL DE L'ESTOCART

Dans son article de 1951[3], Eugénie Droz rappelle que Pascal de L'Estocart, musicien originaire de Noyon en Picardie, avait obtenu en 1581 un privilège du roi Henri III pour la publication des œuvres suivantes : *les Quatrains du sieur de Pybrac, les Octonaires de la vanité du Monde, les Pseaumes en vers Latins et François, distinguez en plusieurs livres en forme de Motets, les Meslanges de chansons Latines et Françoises, et autres œuvres par luy mises en musique.* C'est à Genève cependant, chez Jean de Laon, que L'Estocart fait imprimer le *Premier livre des Octonaires de la vanité du monde* pour lequel Sponde donne ce sonnet liminaire : l'ouvrage sera vendu par Eustache Vignon à Genève et par Barthélemy Vincent à Lyon. *Les Octonaires* ont été composés par Antoine de La Roche Chandieu, pasteur parisien réfugié à Genève après la Saint-Barthélemy[4]. Dans la préface au *Deuxième livre des Octonaires*, qu'il publiera l'année suivante, L'Estocart l'évoque en ces termes : « un de mes meilleurs amis, qui a esté le principal instrument duquel Dieu s'est servi pour me mettre au train où je suis et en la résolution que j'ay d'appliquer tout ce que

3 Eugénie Droz, « Jean de Sponde et Pascal de L'Estocart », *Bibliothèque d'Humanisme et Renaissance*, XIII, 1951, p. 312-326.
4 *Cf.* Antoine de Chandieu, *Octonaires sur la Vanité et Inconstance du Monde*, texte établi, annoté et commenté par Françoise Bonali-Fiquet, Genève, Droz, 1979.

je puis avoir d'adresse en ma vocation pour le reste de ma vie à choses graves et saintes, comme j'espère que l'auteur de tout bien m'en fera la grace ». Outre Jean de Sponde, les signataires des sonnets liminaires du Premier livre sont Simon Goulart et Théodore de Sautemont, réfugiés également à Genève. Théodore de Bèze, Léonard Constans et Dominique Baudier ont donné des vers latins. Il s'agit du premier sonnet en langue française publié par Sponde.

v. 4 : *théorique* : théorie.
v. 6 : *envie* : trois syllabes.
v. 8 : *harmonique* : musical.
v. 9 : *la musique des cieux* : il ne s'agit pas de l'harmonie des sphères mais d'une musique inspirée par le ciel (v. 4), c'est-à-dire par Dieu. Voir « *suavis symphonia coeli* » dans le poème liminaire au *Theatrum musicum*, v. 7.
v. 11 : *te transmit de* : te transporta depuis.
v. 12 : *un argument* : le sujet des *Octonaires* est l'inconstance et la vanité du monde, « argument céleste » puisque la conscience de la vanité du monde conduit à Dieu. Antoine de La Roche Chandieu, en montrant à l'homme sa condition misérable et vaine dans un monde où rien ne dure, veut en effet l'exhorter à se tourner vers Dieu, « seul sage et constant » (octonaire L). Ce sera aussi le dessein de Sponde dans ses sonnets sur la mort.
v. 14 : *la fin* : il s'agit probablement d'une allusion au *Second livre des Octonaires* que Paschal de L'Estocart fit publier plus tard, mais dont la préface date aussi de novembre 1581. Les textes des *Octonaires* de ce second livre sont dus à Simon Goulart et à Joseph du Chesne.

POÈMES LIMINAIRES POUR LES *CENT CINQUANTE PSAUMES DE DAVID MIS EN MUSIQUE* PAR PASCHAL DE L'ESTOCART

En 1583, Paschal de L'Estocart publie le psautier huguenot – les traductions des psaumes par Clément Marot et Théodore de Bèze parues pour la première fois en 1562 – avec une nouvelle mise en musique. Selon Eugénie Droz (art. cité), Sponde donne deux poèmes liminaires à cette édition : d'abord, un sonnet dédicatoire à Henri de Navarre, le futur Henri IV, qui est depuis longtemps son protecteur et celui de sa famille, sonnet qui, offrant le recueil au roi, fait de L'Estocart le rival des célèbres musiciens grecs Timothée et Terpandre ; ensuite, un sonnet adressé à Paschal de L'Estocart « cher ami et tresexcellent Musicien ». L'exemplaire de la British Library que nous avons consulté (Barthélemy

Vincent, 1583, cote A 62), très incomplet, ne contient que le premier sonnet dans la partie Tenor. Nous n'avons pas trouvé trace du second, qui appartenait, dit Eugénie Droz, à la partie Contratenor, donc aux feuillets perdus.

Dans sa *Vie de Jean de Sponde*, Alan Boase souligne le lien entre le volume des Psaumes de L'Estocart et l'édition d'Homère par Sponde qui paraissent en même temps (*op. cit.*, p. 24). De fait, l'anagramme latin de Henri de Bourbon composé par Sponde pour son édition commentée d'Homère a été traduit en vers français par Leonard Constant, traduction mise en musique par L'Estocart dans ce même recueil de psaumes – l'exemplaire de la British Library contient pour ce poème les parties Contratenor et Tenor (traduction citée *infra*).

AU ROY DE NAVARRE

v. 1 : *estre avancé* : tirer avantage.
v. 4 : *en seroit-il tancé ?* : lui en ferait-on reproche ?
v. 6 : *debonnaire* : noble, généreux.
v. 7 : *La gloire d'un Trajan* : l'empereur romain Trajan (IIe s. ap. J.-C.) mena conjointement une politique de grands travaux à Rome et une politique d'expansion de l'empire. Sa gloire est inséparable du *Panégyrique de Trajan* que prononça, en l'an 100 ap. J.-C, Pline le Jeune, alors consul.
v. 9 : *Paschal* : Paschal de L'Estocart.
v. 13 : *Timothé* : Timothée de Thèbes, musicien aulète d'Alexandre le Grand ; *Terpandre* : musicien originaire de Lesbos, joueur de lyre qui composa la plupart de ses œuvres à Sparte et dont Plutarque dit qu'il savait mettre en relation le courage et la musique (*Vie de Lycurgue*, XXI, 4).

À PASCHAL DE L'ESTOCART

v. 2 : *le los* : la louange.
v. 5 : *le Spartain Antalcide* : le général spartiate Antalcidas qui conclut une paix controversée avec le roi Artaxerxès II en 386 av. J.-C. Voir Xénophon, *Helléniques*, V, 1, 25-36. L'allusion reste obscure, sauf si l'on considère que compte surtout la référence au style « laconique » des Spartiates.
v. 11 : *blasonné :* dont on dit du mal (*blasonner* peut avoir au XVIe siècle le sens de *médire*).
v. 13 : *pleine* : achevée, complète ou bien « où abondent les faits et les idées » (*Dictionnaire de l'Académie française*, 1694).

POÈMES DE L'ÉDITION COMMENTÉE D'HOMÈRE (1583)

Le grand Œuvre de Jean de Sponde fut manifestement pour ses contemporains l'édition commentée des poèmes homériques parue à Bâle en 1583 et dédiée à Henri de Navarre, futur Henri IV, protecteur de sa famille. Les poèmes liminaires sont de deux sortes : d'une part, des poèmes de Sponde adressés au roi de Navarre, d'autre part des poèmes en l'honneur du poète humaniste que l'on trouvera plus loin dans la section « Poèmes d'hommage à Jean de Sponde ». Nous donnons ci-dessous tous les vers composés par Sponde – en latin – de l'édition d'Homère, en reprenant, avec parfois de légères modifications, la traduction parue dans Jean de Sponde, *Commentaire aux poèmes homériques*, tomes I, II, III, traduction et édition critique par Ch. Deloince-Louette avec la collaboration de Martine Furno, Paris, Classiques Garnier, 2018.

POÈMES LIMINAIRES AU ROI DE NAVARRE

Anagramme du nom du roi

L'anagramme est composé de douze vers distribués en six distiques élégiaques. L'exemplaire de la British Library [cote A 62] des *Cent cinquante Psaumes* de Paschal de l'Estocart (1583) comporte, outre le texte latin de cet anagramme, sa mise en musique pour les parties Superius, Contratenor et Tenor, dont les fascicules nous sont malheureusement parvenus incomplets. Le fascicule Tenor comporte, après le texte latin et avant la mise en musique, la signature suivante : « *Hos versus recensuit Ioannes Spondanus : / Modulos fecit Paschalius Lestocartius* » (*op. cit.*, p. 112). Dans les parties de Contratenor et de Tenor, on trouve aussi la mise en musique de la libre transposition de cet anagramme par Léonard Constant (ci-dessous).

ANAGRAMME DU ROY DE NAVARRE
HENRY DE BOURBON
HERBE D'UN BON ROY.

Tu as, Roy tres-illustre, heureusement esté
Par le grand Jardinier au sainct jardin planté,

Eschauffé du Soleil de divine nature,
Humecté des ruisseaux de sa saincte escriture,
Puis son Mars, & des sœurs son troupeau renommé,
Ont aussi cultivé ceste Royalle plante
À son vray Israël tressalubre, odorante,
Si qu'Herbe d'un bon Roy, tu dois estre nommé.

L. Constant.

Ennéastique grec

Composé de neuf vers comme son nom l'indique, le poème s'inspire des épigrammes de l'Anthologie grecque.

v. 1 : *des chevaux d'Ibérie* : connus pour leur rapidité à la course, comme l'indique Oppien, *Cynegetica*, I, v. 278-279.

v. 9 : *roi des rois* (*basileu basilèôn*) : superlatif hébraïque, qui nous rappelle que Sponde, protestant, a lu la Bible de manière assidue ; *le poète des poètes* (*aoidon aoidôn*) : même remarque. Il s'agit bien sûr d'Homère, prince et premier des poètes selon l'« épître de Dame Poésie » composée par Hugues Salel pour sa traduction des dix premiers chants de l'*Iliade* (1545).

TRADUCTION DE *LA SEPMAINE* DE DU BARTAS

Le commentaire à l'*Iliade* par Jean de Sponde contient un éloge dithyrambique de Guillaume de Salluste Du Bartas et de sa *Sepmaine*, parue en 1578. Dans son enthousiasme, le poète en avait entrepris une traduction en hexamètres dactyliques qu'il donne comme pratiquement achevée dans l'épître dédicatoire de sa traduction de quatre psaumes en 1584 (voir *supra*). Il ne nous en reste malheureusement qu'une trace : ces vers du commentaire au chant IX, l'apostrophe à la « frenetique France » dévastée par les guerres de religion[5]. Voir Jean de Sponde, *Commentaire aux poèmes homériques*, *op. cit.*, t. II, p. 168-170.

VERS LATINS DU COMMENTAIRE D'HOMÈRE

Prosopopée de Diomède

Au chant XI de l'*Iliade*, Diomède vient de renverser Hector d'un seul coup de sa pique. C'est la gloire du héros grec que Sponde veut chanter

5 Pour une étude des liens tissés par Sponde entre Du Bartas et Homère, voir Ch. Deloince-Louette, « Sponde, Homère et Du Bartas », *Bibliothèque d'Humanisme et Renaissance*, tome LXXI, n° 2, 2009, p. 255-270.

dans cette épigramme, composée de cinq distiques élégiaques et ainsi introduite : « *Quam ego furore poetico abreptus nunc primum insubide hoc Epigrammate decanto, ex ipsius Diomedis prosopopoeia [...]* » (« Et moi, emporté par la fureur poétique, je chante ici cette gloire pour la première fois, étourdiment, dans cette Épigramme, prosopopée de Diomède »). Voir Jean de Sponde, *Commentaire aux poèmes homériques*, *op. cit.*, t. II, p. 465.

v. 3 : *Numina* : au chant V de l'*Iliade*, Diomède a en effet blessé Aphrodite et s'est même attaqué à Apollon.

v. 9 : *in Ida* : c'est du haut de l'Ida que Zeus-Jupiter, fils de Cronos-Saturne, surveille le combat dans la plaine de Troie (voir par ex., *Iliade*, XI, v. 183) et intervient pour favoriser les Troyens ou les Grecs.

Prosopopée d'Hélène

Au chant XI de l'*Odyssée* qui rapporte les conversations d'Ulysse avec les ombres des Enfers, Ulysse rappelle à Agamemnon les souffrances des Grecs dont Hélène fut responsable (v. 436-438). Après Horace (*Odes*, I, 15), Sponde prend sa défense dans cette épigramme composée en distiques élégiaques : « *Illud hoc Epigrammata lusimus Helenae ipsius prosopopoeia...* » (« Nous nous sommes amusé à écrire une prosopopée d'Hélène en forme d'épigramme », éd. citée, t. III, p. 658-659).

Sur les chevaux de l'Aurore

Pour permettre aux époux de profiter pleinement de leurs retrouvailles, Athéna allonge la nuit en retenant l'Aurore et ses chevaux rapides aux bords de l'Océan (*Odyssée*, XXIII, v. 231-246). Le court poème de Sponde, cependant, évoque plutôt le repos après la course : « *Nos etiam in quodam carmine olim ludebamus [...]* » (« Nous nous sommes amusé un jour à composer ces vers », éd. citée, t. III, p. 1262-1263). Les noms des chevaux ne sont pas cités par Homère, mais viennent des *Métamorphoses* d'Ovide (II, v. 153-155) pour qui ils forment le quadrige du soleil.

TROIS POÈMES LIMINAIRES AU *DE CORPORIS HUMANI STRUCTURA ET USU* DE FÉLIX PLATTER

Fils du professeur et imprimeur Thomas Platter, Félix Platter, anatomiste reconnu, est un « grand patron de la médecine bâloise » dans la deuxième moitié du XVIe siècle[6]. À partir de mai 1582, il occupe la fonction de recteur de l'Université de Bâle, succédant donc à Theodor Zwinger avec qui Sponde entretenait des relations étroites[7]. Le *De corporis humani structura et usu Felicis Plateri Bas. medici antecessoris libri III* [...] est publié en 1583 à Bâle chez Ambrosius Froben. Les titres des trois livres sont les suivants : *Corporis humani partium simplicium structura & usus* (I), *Corporis humani partium compositarum structura & usus* (II), *Corporis humani partium per icones delineatarum explicatio* (III). Ses liens avec Sponde sont mal connus : Théodore Zwinger fut probablement le truchement entre les deux hommes[8]. Ou Homère... Dans l'épître dédicatoire du livre de Platter, en effet, Homère est mentionné comme le premier anatomiste[9].

PREMIER POÈME

Épigramme composée de six distiques élégiaques.

v. 2 : *uiscera sancta secas* : l'ouvrage de Platter est une anatomie.

DEUXIÈME POÈME

Poème sur le modèle de l'épode 14 d'Horace, composé de distiques formés d'un hexamètre dactylique et d'un dimètre iambique (voir *supra* le psaume 2).

6 Emmanuel Le Roy Ladurie, *Le Siècle des Platter*, t. I, *Le Mendiant et le Professeur*, Paris, Fayard, 1995, p. 476.

7 Voir A. Boase, *Vie de Jean de Sponde*, *op. cit.*

8 *Ibid.*, p. 27.

9 « *Etsi vero, ut post Homerum Iliada, sic post Vesalium, Columbum, Fallopium, Anatomica tractare, non modo operosum, sed & odiosum esse videbitur : at ipsa tractandi methodus, non tantum labores illorum (quos praeceptorum loco & colimus, & aliis colendos proponimus) illustrare, verumetiam nostros commendare poterit.* » Sponde cite lui-même plusieurs médecins, anciens et modernes, dans son commentaire d'Homère.

v. 11 : *aeternum uiuere coelo* : allusion à la vie éternelle promise aux fidèles après la mort.
v. 13 : *diuina uolumina* : la Bible. L'adjectif *sola* a des résonances réformées. C'est la parole de Dieu qui aide à faire son salut (« *aeternum uiuere coelo* »).

TROISIÈME POÈME

Formé de quatre hexamètres dactyliques, ce court poème semble traiter son sujet d'assez loin. Contrairement aux deux précédents, il ne fait pas même une allusion directe à l'ouvrage de Félix Platter.

PSAUMES EN VERS LATINS

Publiés pour la première fois en 1584 (*Quatuor Davidis Psalmis latino carmine expressi a Iohanne Spondano*, Bâle, 1584), puis par Sabine Lardon en 2008 qui les a redécouverts[10], les quatre psaumes latins de Sponde sont précédés d'une épître adressée à son frère Henri de Sponde qui lie étroitement la piété et la fureur poétique du poète. Ce qu'il appelle lui-même un « échantillon » (*specimen*) serait donc la première manifestation du long compagnonnage poétique et spirituel que Sponde entretint avec le *Livre des psaumes* et dont les *Méditations* de 1588 constituent le fleuron. Nous avons choisi de donner ici, outre le texte latin des psaumes, la traduction française de Louis Budé (Genève, Jean Crespin, 1551) que Sponde a pu connaître.

DÉDICACE À HENRI DE SPONDE

Henri de Sponde, né en 1568, filleul de Henri de Navarre, suivit une carrière assez semblable à celle de son frère aîné : études humanistes au collège calviniste d'Orthez puis à Genève, études juridiques à Tours et charge de maître des requêtes. Il se convertira au catholicisme après la mort de Jean de Sponde et poursuivra ensuite une carrière ecclésiastique au sein de l'Église catholique.

poeticus [...] furor : Sponde utilisait déjà l'expression pour la prosopopée de Diomède (voir *supra*).

---

10 Voir S. Lardon, « De nouveau du nouveau sur Jean de Sponde », *Bibliothèque d'Humanisme et Renaissance*, tome LXXI, 2009, n° 3, p. 541-554.

Bezam : Théodore de Bèze, successeur de Calvin à la tête de l'église de Genève et mentor de Sponde, avait terminé la traduction des Psaumes entreprise par Clément Marot dans les années 1540. L'ensemble fut publié sous le titre *Les Psaumes en vers français avec leurs mélodies* (Genève, Michel Blanchier, 1562) et communément appelé le psautier huguenot.

Buchananum : l'humaniste et poète néo-latin Georges Buchanan, converti au protestantisme en 1560, avait fait paraître une traduction latine des Psaumes de David en 1566 (*Psalmorum Davidis paraphrasis poetica*, [Genève], Henri Estienne, 1566). Dans l'*Homère*, Sponde cite les psaumes dans la traduction latine de Buchanan.

pietatis feruor : en présentant sa traduction des psaumes comme due à la ferveur de sa piété, Sponde fait peut-être écho à l'épître de Calvin qui introduit le Psautier huguenot. Ce dernier rappelle en effet que les psaumes doivent être « comme aiguillons pour nous inciter à prier et louer Dieu, à mediter ses œuvres, afin de l'aimer, craindre, honnorer et glorifier[11] ».

PSAUME 2

Le poème est composé de distiques formés d'un hexamètre dactylique et d'un dimètre iambique. Les modèles de Sponde sont sans doute ici les épodes 14 et 15 d'Horace, construites sur ce patron. Le dimètre iambique comporte normalement quatre iambes, auxquels Sponde substitue parfois dactyles, trochées, anapestes ou tribraques. Clément Marot donne pour ce psaume l'argument suivant : « Ici void-on comment David et son royaume font vraye figure et indubitable prophetie de Iesus Christ et de son regne » (*op. cit.*, p. 3).

PSAUME 18

Composé par Sponde en hexamètres dactyliques, le psaume 18 est un psaume de louange que Clément Marot présente ainsi : « Hymne tresexcellent, lequel David chanta au Seigneur Dieu, apres qu'il l'eut rendu paisible et victorieux sur Saul, et sur tous ses autres ennemis : prophetisant de Iesus Christ en la conclusion du Pseaume » (*op. cit.*, p. 45).

PSAUME 104

Sponde traduit en hexamètres dactyliques le psaume 104 que Marot présente ainsi : « C'est un cantique beau par excellence, auquel David celebre et glorifie Dieu de la création, et gracieux gouvernement de toutes choses » (*op. cit.*, p. 342).

11 Clément Marot et Théodore de Bèze, *Les Psaumes en vers français avec leurs mélodies. Facsimilé de l'édition genevoise de Michel Blanchier, 1962*, introduction de Pierre Pidoux, Genève, Droz, 1986, « Epistre à tous chrestiens et amateurs de la Parole de Dieu », non paginée.

PSAUME 137

Composé en distiques élégiaques, le psaume 137 est, chez Clément Marot, « le Cantique des Prestres, levites, et Chantres sacrez de Ierusalem, captifs en Babylone » (*op. cit.*, p. 456).

PRIÈRE À DIEU

sacri [...] Vatis : David, poète inspiré par Dieu, à qui le XVIe siècle attribue les cent cinquante poèmes du Livre des psaumes.

Coelestis uere nominis Vranie : le nom d'Uranie vient du grec *ouranos*, le ciel. Dans la mythologie grecque, Uranie est la muse de l'astronomie. Arguant de son nom, « véritablement céleste », Sponde l'associe à la Piété.

Pietatis opus : voir, dans la section « Poèmes d'hommage à Jean de Sponde », le *Tumulus Iohanni Spondani.*

SUR LA CANELLE

Ces vers parurent pour la première fois comme pièce liminaire au petit recueil de Jean de La Goutte, Secrétaire du Roi, intitulé *La Canelle, les larmes et les Sonnets* (Tours, Claude de Montr'œil et Jean Richer, 1591). Les poèmes du recueil ont été réunis par le frère de l'auteur, après la mort de Jean de La Goutte à la bataille d'Ivry en 1590, « mort en honneur pour ta deffence, qui meritoit trop de vivre pour ta gloire » comme il le déclare dans son épître dédicatoire « À la France[12] ».

v. 1 : *Permesse* : source de la Béotie, consacrée aux Muses.

v. 4 : *souesves* : suaves.

v. 6 : *une Arabie* : l'Arabie est depuis l'Antiquité considérée comme la terre des parfums (voir Hérodote, *L'Enquête*, III, 113 : « de l'Arabie entière s'exhale une odeur divinement suave », trad. de Jacqueline de Romilly, Paris, Gallimard, 1964).

v. 7 : *peinturé* : peint. L'« arc peinturé » désigne l'arc-en-ciel, qui dessine un demi-cercle.

v. 10 : *doux-flairant* : doux, agréable. C'est à notre connaissance la seule occurrence chez Sponde (avec celle du vers 28) de cet adjectif composé (on le trouve entre autres chez Du Bartas, *La Sepmaine*, « Troisieme jour », v. 495, « Cinquieme jour », v. 131 et 585).

v. 14 : *marquette* : le verbe *marqueter* signie « diversifier de plusieurs couleurs ou marques differentes » (Furetière).

---

12 Consultable à la Bibliothèque de l'Arsenal sous la cote Ars 8° B 8951, désormais disponible en ligne sur gallica.bnf.fr.

v. 17 : *le dieu de Patare* : Apollon. Patare, en Lycie, possédait un oracle d'Apollon.

v. 18 : *rayant* : rayonnant, brillant.

v. 21 : *l'Encyclopédie* : au sens étymologique, le cercle complet des connaissances. Voir Du Bellay, *Défense et illustration de la langue française*, I, 10 : « Quant aux autres parties de Literature, et ce Rond de Sciences, que les Grecs ont nommé Encyclopedie [...] ».

v. 29 : *jadis d'un lis* : allusion à un autre poème de La Goutte, ou, plus vraisemblablement, à une fleur qui pour La Goutte symbolise l'amour. Voir par exemple dans ce même recueil : « Amour, quand tu verras verser de l'eau de roses / Sur ses beaux doigts de Lis, di luy comment ces fleurs / Dedans un Alambiq secrettement encloses / Par la force du feu distillerent en pleurs. » (*Larmes*, v. 25-28, *op. cit.*, p. 17).

v. 33 : *le Bassarien* : Dionysos. D'après Hésychios, cette épithète du dieu viendrait de la peau de renard (βασσάρα) dont se couvraient les bacchantes de Thrace. Voir Horace, *Odes*, I, 18 (« *candide Bassareu* »). Selon Hérodote, les Arabes prétendent que le cinnamome, autre espèce de cannelle, « croît dans les régions où fut élevé Dionysos » (*op. cit.*, III, 111). Le poème de La Goutte intitulé *La Canelle* s'ouvre sur une invocation à Bacchus : « Je chante de toy, Bacche, aime-ris, guide-dance, / Amoureux de Cythere, et mignon de Jouvence, / Bacche, le favorit des Muses, mes amours, / Bacche, par qui l'on entre en leurs sacrez destours, / Heureux celuy qui voit tes deux cornes de grace, / Le pourtrainct raccourci des croupes de Parnasse ! » (*op. cit.*, non paginé).

v. 36 : *craquetans* : qui font un bruit sec.

v. 40 : *La Mephite* : déesse des exhalaisons pestilentielles. En latin, *mefitis* désigne le plus souvent une exhalaison sulfureuse.

v. 42 : *Baume le* : le terme, employé ici comme verbe pour « embaumer » (c'est-à-dire, au sens propre, conserver un cadavre avec des substances balsamiques) désigne aussi, en tant que substantif issu du *balsamum* latin, un arbrisseau odoriférant (voir Pline, *Histoire naturelle*, XII, 115).

v. 44 : *Tu sentiras* : l'emploi du futur, comme le ton léger du poème, laisse penser qu'il fut composé avant la mort de La Goutte.

POÈMES D'HOMMAGE À JEAN DE SPONDE

L'ÉLOGE DE L'HUMANISTE [1583]

L'édition des poèmes homériques, qui paraît à Bâle en 1583 accompagnée d'une traduction latine et de riches commentaires, comporte en son seuil quatre poèmes d'éloge signés des personnages prestigieux que fréquente alors Jean de Sponde : Théodore de Bèze, successeur de Calvin à la tête de l'Église de Genève, ami du père du jeune humaniste, qui veille de près sur lui ; François Hotman, juriste réformé et auteur remarqué de la *Franco-Gallia* (1573), que Sponde rencontra à Bâle ; Théodore Zwinger, médecin, helléniste et philosophe, recteur de l'Académie de Bâle et proche de Sponde – ils s'intéressent tous deux à l'alchimie –, Pierre Pontan enfin, procurateur du roi pour le Béarn, un compatriote. Ces quatre poèmes louent le commentateur d'Homère d'avoir éclairé l'œuvre du poète grec, comme l'indique le titre qui les précède : « *In Homeri poesin a I. Spondo recens editam, et eruditissimis eiusdem commentariis explicatam* » – « Sur la nouvelle édition des poèmes d'Homère par Jean de Sponde, accompagnée des très savants commentaires du même auteur[1] ».

Th[eodorus] B[eza] V[ezelaius]

Te cunctis laudate, satis nulli, optime uatum,
Quem latuit res nulla, et cuius ab ore fluentes
Orbis inundarunt late spacia omnia riui,

1 Les quatre poèmes qui suivent et leur traduction ont été publiés dans l'édition des poèmes homériques donnée par Christiane Deloince-Louette, avec la collaboration de Martine Furno.

Fas sit, Maeonida, doctrinae dicere fontem,
Et ditem uocitare penum : uerum intima cuius
Nemo satis scrutatus adhuc, imosque recessus,
Cunctorum cunctos gaza superante labores,
Donec tu nobis, tu tandem, Sponde, repertus,
Trita prius sic multorum uestigia sectans,
Vt nusquam a recto deflectens tramite, quicquid
Vtile legerunt, referas : et inutile si quid
Forte infarserunt, nobis minime ipse reponas,
Enecet ut miseros crambe repetita magistros.
Macte igitur uirtute esto, iuuenilibus annis
Ause opus hoc tantum fortis : liceatque (quod omni
Absit ab inuidia) quantarum est diues Homerus
Condus opum, Spondum tantarum dicere promum[2].

Théodore de Bèze de Vézelay

Toi le meilleur des poètes, que tous louent mais jamais assez,
toi à qui rien n'est resté caché, dont la bouche a laissé couler
des ruisseaux qui se sont largement répandus dans toutes les parties du monde[3],
permets-moi, Méonide[4], de te dire source de science
et de te nommer cellier plein de richesses. Personne en vérité
n'avait encore bien exploré tes secrets les plus profonds, les plus enfouis,
tant l'abondance du trésor dépassait tous les travaux,
jusqu'à ce que toi, Sponde, toi enfin, tu nous l'aies découvert,
mettant d'abord tes pas dans les traces des autres
pour rapporter, sans jamais dévier du droit chemin,
ce qu'ils ont lu d'utile. Et, s'ils ont ajouté quelque chose d'inutile,
toi-même tu ne le reprends pas pour nous.
Que le chou réchauffé fasse périr les misérables maîtres[5] !

2 Le vers choisi est l'hexamètre dactylique.

3 *Inundarunt late* : l'expression renvoie sans doute à la célèbre gravure illustrant la traduction de l'*Iliade* par Salel (*Les Dix premiers livres de l'Iliade d'Homère*, Paris, Vincent Sertenas, 1545). Elle représentait l'influence de la poésie homérique par le biais d'une fontaine dont Homère occupait le sommet. Les poètes postérieurs, installés aux niveaux inférieurs de la fontaine, buvaient aux ruisseaux qui coulaient de la bouche du premier poète.

4 *Maeonida* : selon la *Vie d'Homère* du pseudo-Plutarque, Homère aurait été fils de Maeon, citoyen de Cumes ou roi de Smyrne. L'adjectif est construit sur le modèle grec (voir l'épithète d'Achille : Péléide, fils de Pélée).

5 *crambe repetita* : reprise de Juvénal, *Satires*, VII, v. 154 : « *Occidit miseros crambe repetita magistros* ».

Aie donc bon courage, toi dont la jeune vertu a osé
accomplir une si grande œuvre ! Qu'on me laisse dire
(loin de toute envie) que si Homère est le maître opulent de tant de richesses,
Sponde en est le digne intendant.

Hotomani βαρθολιστικόν.

Quos tua florescens nobis, Spondane, iuuentus
Sponte, tuo fructus spondet ab ingenio :
Hos (qua de re agitur) fructus (ut te arctius olim
Stringam promissis in mea uerba tuis)
Spondane instipulor : stipulanti sponde : simulque
Quid contra tibi nos polliceamur, habe.
Hercule pro magno, quo quondam nostra tumebat
Gallia, tu nobis Gallus Homerus eris[6].

D'Hotman, disciple de Bartole
(*Bartholistikon*)

Les fruits de ton génie que nous promet[7],
Sponde, la fleur de ta jeunesse,
ces fruits (c'est le sujet) (pour te lier un jour à mes paroles par tes promesses),
j'en exige, Sponde, la primeur. Promets à celui qui exige
et tiens en même temps ce que nous te promettons en retour.
À la place du grand Hercule, dont s'enorgueillissait jadis
la France[8], tu seras notre Homère français.

6 Épigramme composée de quatre distiques élégiaques.

7 *Spondane... sponte... spondet... sponde* : l'épigramme joue des variations sur le nom de Sponde que permet la langue latine. *Sponte* signifie « par soi-même », *spondere*, « promettre ». Pour un jeu semblable, voir la signature de l'ennéastique grec au roi de Navarre (dans cette édition, p. 151).

8 Allusion à l'Hercule gaulois dont Lucien de Samosate avait décrit la figure comme une personnification de l'éloquence (*Hercule*, 1-5). Le personnage connut un grand succès dans la première moitié du XVIe siècle (voir Anne-Marie Lecoq, *François Ier imaginaire. Symbolique et politique à l'aube de la Renaissance française*, Paris, Macula, 1987).

THEODORVS ZWINGERVS
Spondano.

Maeonio Vati sine lumine cuncta uidenti,
Dum cessant alii, Themidisque Dicesque sacerdos
Lumina restituis, SPONDANE. An magnus Homeri
Pelides Musa, maior te interprete Homerus[9] *?*

THÉODORE ZWINGER à Sponde

Au poète Maeonien[10] qui voit toutes choses sans yeux,
toi, le prêtre de Thémis et de Dicé[11], quand les autres l'abandonnent,
tu as rendu ses yeux, Sponde. Hé quoi ! Si la Muse d'Homère a fait
la grandeur du Péléide[12], ton commentaire ne fera-t-il pas Homère
plus grand encore ?

In Homerum I. Spondani comment[ariis] illustratum PETRVS PONTANVS, CAROLI F. Regius ditionis Bearnensis Procurator, hoc canebat Carmen.

Qualis, ubi extrema peraratis arte tabellis
Naturam ingenio doctus superauit Apelles,
Purpuream nullo celans uelamine frontem,
Auro picta genas, pictos aurata capillos
Mille Venus Veneres, et mille ostentat amores.
Nunc tandem, Spondane, nouos induta colores
Obscura primum quos fabula ueste tegebat,
Exoritur tersi diuina Poesis Homeri,
Castigatque malos mores, quam ignara uetustas
Crediderat falso mores uitiare pudicos.

---

9 Quatrain composé d'hexamètres dactyliques.

10 Il s'agit d'Homère, poète aveugle et fils de Maeon (voir note 3).

11 Thémis et Dicé sont des divinités représentant la justice (Dicé serait fille de la première). C'est une allusion aux études de droit que Sponde a probablement suivies à Toulouse avant de se rendre en Suisse (A. Boase, *Vie de Jean de Sponde*, p. 21). Dans son commentaire à l'*Iliade*, Sponde fait aussi allusion à ces études (*Commentaire aux poèmes homériques*, éd. citée, t. I, p. 376-377).

12 Achille, fils de Pélée. Allusion au premier vers de l'*Iliade* : « Chante, Muse, la colère du Péléide Achille ».

Siue igitur proprias patriae submittimus iras,
Siue senis iusto faciles pendemus ab ore.
Siue tuum procul a laribus comitamur Vlyssem,
Laus propria ista tua est, salua ratione pudoris,
Et non ipse tibi sese componat Homerus.
Abdita quid prosit mihi copia diuitis auri ?
Hoc opus hic labor est, uenas reserare latentes.
Purgare et crassa generosum faece metallum.
Laus propria ista tua est. Ergo tibi sacra caterua
Thespiadum, sacra praecingit tempora lauro,
Maeonidaeque tuos iam prorsus adaequat honores.
At te, cui nomen tribuit Sapientis Apollo,
Hunc Vatem si pergis aqua interdicere et igni,
Iam nos Oceano et candenti addicimus Aetnae[13].

Sur l'Homère illustré des commentaires de Jean de Sponde,
PIERRE PONTAN, procurateur royal du Béarn, composait ce poème.

Telle Vénus, quand le savant Apelle[14], dans des tableaux
travaillés avec un art extrême, dépassa par son génie la nature,
sans cacher sous un voile le front brillant,
aux joues d'or, aux cheveux d'or peint,
montre mille Vénus, et mille amours ;
Ici enfin, Sponde, revêtue des couleurs nouvelles
que la fable cachait à l'origine sous un vêtement obscur,
surgit la divine Poésie d'un élégant Homère,
et elle corrige les mauvaises mœurs, elle dont l'antiquité ignorante
avait cru à tort qu'elle altérait les mœurs honorables.
Donc, soit que nous soumettions à la patrie nos propres colères,
soit que, vieillards complaisants, nous dépendions d'une bouche juste,
soit que nous accompagnions loin de ses lares ton Ulysse[15],
la louange te revient en propre, l'ordre de la pudeur sauf,
et Homère lui-même ne se compare pas à toi.
À quoi me sert l'or en abondance s'il est caché ?
Cet ouvrage, ce travail consiste à dévoiler des veines secrètes,

13 Hexamètres dactyliques.

14 Apelle, peintre du IVe siècle av. J.-C., est célèbre à la Renaissance pour sa fresque représentant Vénus sortant de l'eau, connue par une copie de Pompéi et peut-être imitée par Botticelli.

15 Allusion à l'*Iliade* (la colère d'Achille, la venue de Priam dans le camp d'Achille) et à l'*Odyssée* (les voyages d'Ulysse).

à nettoyer aussi le noble métal de sa gangue de boue.
Cette louange te revient en propre. La troupe sacrée des Thespiades[16]
ceint donc de laurier tes tempes sacrées,
et égale désormais tes honneurs à ceux du Méonide.
Mais toi, à qui Apollon attribue le nom de Sage,
si tu persistes à interdire notre Poète par l'eau et le feu,
nous nous vouons désormais à Océan et à l'Etna brûlant[17].

LE TOMBEAU DE JEAN DE SPONDE [1595]

Jean de Sponde est mort d'une pleurésie alors qu'il travaillait à un ouvrage de controverse religieuse, la *Response du sieur de Sponde conseiller et maistre des Requestes du Roy, au Traité des marques de l'Eglise fait par Théodore de Bèze*, qui paraît à Bordeaux, chez S. Millanges, en 1595, grâce aux bons soins de Florimond de Ræmond et connaît, la même année, une édition parisienne chez Abel L'Angelier, par autorisation de Simon Millanges[18]. Deux épîtres de ce dernier ouvrent le volume : l'une est adressée à Jacques Davy du Perron, le « Grand Convertisseur », l'autre revient pour le lecteur sur la mort de Jean de Sponde. Florimond de Ræmond donne aussi en l'honneur de son ami un distique latin de sa main et deux poèmes d'Honoré Laugier de Porchères.

POÈMES LIMINAIRES

O felix Spondaee, docet quem numen ab alto,
Tam bene sentire, quam bene sensa loqui[19].

Flor. Raemundus
S[enator]. B[urdigalensis].

16 Les Thespiades sont les Muses, qu'on honorait à Thespies en Béotie.

17 Sens obscur.

18 Le texte de l'édition de Paris (désormais Paris 1595) est meilleur et plus complet que celui de l'édition de Bordeaux (désormais Bordeaux 1595). C'est donc celui que nous choisissons de suivre ici, en renvoyant en notes les variantes de l'édition bordelaise.

19 « Heureux Sponde, qu'une divinité instruit du haut du ciel / À bien sentir autant qu'à le bien dire ». La mention « S. B. » signifie « *Senator Burdigalensis* », c'est-à-dire membre du Parlement de Bordeaux.

Au livre,
cause de la mort de son Autheur.
STANCES

Confessés hardiment, que vous fustes trop prompt
De tuer vostre Autheur[20] : il en faut rendre conte :
Car son sang a marqué ce rouge en vostre front,
Ou si ce n'est le sang vous rougissez de honte.
O livre, sans cela, digne de vostre Autheur,
Qui sortez imperfaict d'un'ame si perfaicte :
Vous vous rendez posthume : et vostre geniteur,
Avant vous voir tout fait, voit sa vie desfaicte.
Enfant aussi cruel, que vostre pere dous,
Parricide, meurtrier, engence de vipere,
Avorton mutilé, et comment naissez vous ?
Vous sortez en crevant le flanc de vostre pere[21] ?
Vous l'avez veu finir, sans qu'il vist vostre fin.
Rendez cest'ame là, que vous avez ravie.
Quoy ? Phœbus se desplaist d'estre immortel, afin
De mourir en ce dueil : et vous voulez la vie ?
Non, vous la meritez : vous l'avez r'animé.
Ce Phœnix vous voulust un feu de zele espandre[22] :
Vous estes le bucher, qui l'avés consumé :
Mais il renaist de vous, ainsi que de sa cendre.

H. H. D. L. escuyer de PORCHERES[23].

---

20 Dans l'épître « Au Lecteur » qui précède ces vers, Florimond de Ræmond rapporte que c'est « l'ardeur merveilleuse [...], la longueur de ses veilles, l'assiduité sur les livres parmy les rigueurs et aspretez inacoustumées de l'hiver passé » avec lesquelles Sponde travailla à son ouvrage qui « alterèrent sa santé » (éd. citée, n. p.).

21 Allusion possible au début de la « Meditation sur le pseaume XIV ou LIII », *Med.* 1996, p. 94.

22 Proposition infinitive : « ce Phœnix voulut que vous répandiez un feu de zele ».

23 Honoré Honorat De Laugier de Porchères (1572-1653), poète à la cour d'Henri IV et l'un des premiers académiciens, partagea avec Sponde les honneurs du Recueil de Raphaël du Petit Val de 1599. Pour plus d'informations, on consultera l'article de J.-P. Chauveau, « Porchères (Honorat Laugier de) » dans P. Dandrey (dir.), *Dictionnaire des lettres françaises. Le XVIIe siècle*, Paris, Fayard, coll. « La Pochothèque », 1996, p. 999-1000.

Sur ce que le feu Sieur de SPONDE mourust,
d'une pleuresie qu'il print, en composant ce livre,
qu'il laissa imperfaict[24].
SONNET.

Pere d'un si beau fils : autheur d'un si beau livre :
Semblable au Pelican : et contraire au Vaultour,
Qui distillas ta vie, avecque ton amour,
Pour aviver[25] l'enfant qui te devoit survivre.

Las ! il te fist mourir, quand tu le faisois vivre !
Il te donna la nuict, en recevant le jour.
Il ne mourra jamais, et tu vivras tousjours[26] :
Car, s'il t'a faict mourir, il te fera revivre.

Livre, par vostre vie, hé ! ne ferez-vous pas
Vivre c'il, qui vous fist vivre par un trespas,
Et qui pour vous finir voulust finir sa vie ?

Si[27] son corps eust sa fin, et non pas vostre escrit :
Vous n'estiez pas du corps, vous estiez de l'esprit[28].
» Un esprit infiny faict son œuvre infinie[29].

HONORÉ DE LAUGIER
escuyer de PORCHERES.

24 *imperfaict* : inachevé.

25 *aviver* : « *to quicken, make living, put breath into, give spirit unto* » (Cotgrave, 1611). Le pélican passait pour aimer tout particulièrement ses petits (voir *Physiologos. Le bestiaire des bestiaires*, texte traduit du grec, établi et commenté par Arnaud Zucker, Grenoble, Jérôme Millon, 2004, p. 69).

26 Bordeaux 1595 : *tousjour.*

27 *Si* : ainsi.

28 Bordeaux 1595 : « Vous n'estes pas du corps, vous estes de l'esprit ».

29 Bordeaux 1595 : le double diplé manque.

IOANNIS SPONDANI TUMULUS[30]

Flet Pietas, Flet cana Themis,
flet et Attica Pallas.
Cur ita ? Nam sedes haec erat una tribus.

Flor. Raemundus.
S[enator] B[urdigalensis]

Elle pleure, la Piété, elle pleure, Thémis la vénérable,
Elle pleure aussi, Pallas l'Athénienne.
Pourquoi donc ? C'était là leur demeure à toutes trois[31].

Florimond de Ræmond,
membre du parlement de Bordeaux

Sonnet sur la mort du sieur de Sponde[32]

De Sponde, que le Ciel avoit predestiné
Pour estre en pieté la lumiere de France,
D'heretiques parens ayant pris sa naissance,
Fut rendu criminel avant que d'estre né.

Mais ce malheur fatal que l'heur avoit borné
N'aveugla pas long temps sa coulpable innocence[33],
Car croissant en ses ans, mais bien plus en prudence,
Il cognoist le peril où l'erreur l'a mené.

---

30 Le tombeau poétique est un hommage funèbre composé de poèmes à la louange du défunt. À la Renaissance, il est écrit le plus souvent en latin mais peut contenir aussi des pièces en vernaculaire, comme ici, en français (voir D. Moncond'huy (dir.), *Le Tombeau poétique en France*, Poitiers, La Licorne 29, 1994). Dans l'édition bordelaise de l'ouvrage, le titre est suivi d'une gravure représentant un tombeau, blanc sur fond noir, sur lequel est peint un crâne. Au-dessus, des nuages pleurent des larmes blanches. Les trois vers de Florimond de Ræmond prennent place juste au-dessous.

31 La Piété renvoie aux œuvres chrétiennes, Thémis aux travaux de droit et Pallas aux ouvrages d'érudition.

32 Le texte de ce sonnet est donné seulement par Paris 1995. L'édition de Bordeaux ne le contient pas.

33 *Coupable*, parce qu'hérétique ; *innocence*, parce que la faute tient au milieu dans lequel il avait été élevé.

Lors jugeant qu'il devoit estre enfant de l'Eglise,
Sage, il quitte le lieu où elle fut occise,
Et pour la r'animer il combat genereux.

Contre ses ennemis, il abbat sa vipere.
Il meurt en la tuant, Mais trois fois bien-heureux
Celuy qui par sa mort rend la vie à sa mere.

A.C.D.P.[34]

Godofridi Maluini
Senatoris Burdigalae Regii
Agon in funere Clar[i] V[iri] Ioannis Spondani.

Hic Spondane *igitur datus est tibi terminus aeui ?*
At famae dabitur nullus : te nulla tacebit
Posteritas, nomen sed mille fauentibus almum
Diffundet linguis, totidemque in saecula chartis[35]
Transmittet : uatum hic campus signabitur olim
Ingeniis, isto rapient in puluere palmam.
Tantarum at pelagus laudum nemo hauriet unus.
Egregie hic cultas a te memorabit Athenas,
Caecum alter per te rediuiua luce potiri
Maeonidem, Ascraeumque senem foelicibus aruis
Vberiore satu spargentem semina dicet.
Hic dubiae et nusquam uergentis pondera librae
Exaequata canet, rigidoque examine iuris
Callentem, te non flexisse a tramite Recti.
Romanas artes alii, doctissima Tulli
Flumina, inexhaustos illisque e fontibus amnes
Tinxerunt magni quondam qui labra Maronis
Spondani *sedasse sitim : sed quisnam erit alter,*
Qui mores fingi faciles, qui lactea laudet
Colloquia, et pleno manantia pectore mella,
Inuictum dubiis animum firmasse reflante
Fortuna, et rebus non exultasse secundis ?
Sed si cura subest haec longius ire per altum

34 Nous n'avons pu identifier le personnage.
35 Bordeaux 1595 : *Charlis.*

Et totos curuare sinus, quam uasta profundae
Materies laudis se aperit ! quam uiuida mentis
Ingeniique acies ! qualis uigor igneus olli !
Cum turmas Erebi pugnax, uesanaque fundit
Agmina, et hostili foedata in puluere uersat :
Quos sonitus, quae uerba ruit, cum fertur in hostem
Mole sua ? uel si placuit constringere tantum,
Vt premit, et solidis innectit colla catenis ?
Vel cum ignoscit uictis, ut uim saepe relaxat
Ipse suam, irarum et nullos exsuscitat aestus
In fractos, in depositos[36]*, nec uana tumentes ?*
Sed quorsum incautus spirantibus euehor auris,
Innocui facilem legere est si littoris oram ?
Singula si nequeo, libare quid omnia conor
SPONDANI laudum nequidquam culmina nostri ?
Hoc sat erit : nullum haec aetas, non altera cernet
Lugendumque Piis, prauis magis et metuendum,
(Parcarumque nefas) raptum ipso in flore iuuentae.
Heu quantum Ausonia quantum tu Gallia perdis !

Geoffroy de Malvyn, sénateur du roi à Bordeaux
Agon à l'occasion des funérailles de l'illustre Jean de Sponde[37]

C'est donc ici, SPONDE, qu'on a fixé pour toi le terme de ta vie ? Mais ta renommée n'en connaîtra pas, la postérité ne taira pas ton nom, mille langues favorables en répandront la valeur, et tout autant d'écrits le transmettront à travers les siècles ; ce champ[38] sera signalé un jour pour les talents des poètes, c'est dans ta poussière qu'ils emporteront la palme.

Personne cependant n'épuisera à lui seul la mer de si grands éloges. L'un rappellera le soin remarquable que tu donnas à Athènes, un autre, que c'est grâce à toi que le Méonide aveugle retrouva la lumière et dira le vieillard

36 Bordeaux 1595 : *infractos, indepositos.*

37 Godefroy Malvin, membre du Parlement de Bordeaux et poète néo-latin, a laissé un long poème intitulé *Gallia Gemens* et de nombreux hommages latins : on lui doit entre autres une épitaphe pour Blaise de Monluc et une autre pour Montaigne (voir Paul Courteault, *Geoffroy de Malvyn, magistrat et humaniste bordelais (1545 ?-1617) : étude biographique et littéraire, suivie de harangues, poésies et lettres inédites*, Slatkine, 1981). Le terme d'*agôn* (ἀγών) désigne un poème écrit pour un concours, à la manière antique (jeux pour les funérailles).

38 *campus* : il s'agit du champ où se déroule l'*agôn*.

d'Ascra répandant ses semences dans les champs fertiles grâce à une œuvre plus riche[39].

L'un chantera les plateaux équilibrés de la balance instable, qui ne penche ni d'un côté ni de l'autre, et que toi-même versé dans le sévère examen du droit, tu n'as pas quitté la voie droite[40].

D'autres diront les arts de Rome, les flots si doctes de l'éloquence cicéronienne, et que les fleuves inépuisables et sortant de sources illustres qui ont jadis mouillé les lèvres du grand Virgile, ont apaisé la soif de SPONDE[41] ; mais quel autre louera les mœurs affables, la douceur de lait de sa conversation, et les paroles de miel coulant d'un cœur généreux, et [dira pour son éloge] que son âme que n'ont pu vaincre les incertitudes, s'est assurée sous une fortune contraire, sans s'exalter lorsqu'elle était favorable ?

Mais si l'on prend la peine de gagner la haute mer[42] et de suivre la courbe de tous les golfes, comme s'ouvre alors la vaste matière d'un éloge approfondi ! Comme il est pénétrant, l'éclat de son esprit et de son intelligence ! Quelle vigueur pleine de feu chez lui ! Quand, ardent à la lutte, il chasse les troupes de l'Érèbe et ses bataillons furieux, et les fait rouler défigurés dans la poussière ennemie, quels sons, quelles paroles il fait entendre, lorsqu'il se porte contre l'ennemi de tout son poids ? ou s'il lui plaît de le réprimer seulement, quand il le serre de près, et le lie par le col d'une chaîne solide ? Ou lorsqu'il pardonne aux vaincus – lui-même souvent relâche sa force – sans provoquer aucun bouillonnement de colère, contre ceux qui sont brisés, mourants et ne se gonflent pas d'un vain orgueil ?

Mais où suis-je emporté, imprudent, par les vents qui soufflent, s'il s'agit de choisir la côte abordable d'un rivage inoffensif? Si je ne peux les saisir une à une, pourquoi m'efforcé-je en vain d'effleurer les points principaux des louanges de notre cher SPONDE ? Ceci suffira : ni notre âge, ni un autre ne verront quelqu'un Digne d'être pleuré par les Pieux, et mieux, d'être craint par les méchants, Et (c'est le crime des Parques) ravi dans la fleur même de la jeunesse. Hélas ! grande est ta perte, Italie ! Grande est ta perte, France !

---

39 Allusion aux travaux d'helléniste de Sponde : le commentaire d'Homère (*caecum Maeonidem*), paru à Bâle en 1583, et le commentaire des *Travaux et les Jours* d'Hésiode (*Ascraeum senex*), paru à La Rochelle chez Jérôme Haultin en 1592. Le nom d'Athènes désigne la langue grecque.

40 Cette partie fait sans doute référence aux charges de Sponde, maître des requêtes du roi et lieutenant général à La Rochelle.

41 Sponde n'a pas laissé de discours latins, mais il a réuni ceux d'autrui (voir le *Recueil des Remonstrances* de Jacques Faye d'Espeisses qu'il publia à La Rochelle en 1591).

42 *ire per altum* : souvenir de Virgile, *Énéide*, III, v. 374 (éd. J. Perret, Paris, Les Belles Lettres, 1981). La formule désigne la gravité du nouveau sujet abordé, les œuvres de controverse religieuse, ce qui nécessite un passage au grand style de l'épopée.

Eiusdem D.O.M.S.[43]

Vrges immisericorditer Atropos, et mala manu quicquid est eximium legis. Tu defoeneratum uitae pignus ante diem Spondano *clepsisti : At maxumas animi eius ingeniique partes ipsa immortalitas sibi pignerata est. Excisa, ut tibi uidetur, haec uirtus ad omnem aeternitatis memoriam fruticabitur. Fulgit uiri fama, neque fatiscetur donicum candoris, integritatis, fidei, pietatis, eruditionis, eloquentiae gloria uegebit. Haec suis posterisque data, legata est, ne de nomine exeat. Spes numero credula, et plerumque mortalium uota uanans, ea Caluine sic it*[44]. *At nos interim* Spondane, *qui tui desiderio cruciabiliter afflictamur, has tibi inferias lacrymas nostras defundimus. Illae cordolii nostri et mollissimi erga te affectus sunt obsides. Haec animorum uulnera, hae uibices perpeti tui cogitatione recrudescent, neque ulla solatia aut delinimenta torporabunt, quoad in aeternam illam Piorum domum (in quam tu Ciuis adscriptus es) euolauerimus.*

Du même auteur, consacré à Dieu
qui est Toute Bonté et Toute Grandeur[45]

Ton impatience est sans pitié, Atropos, et d'une main mauvaise, tu moissonnes tout ce qui sort de l'ordinaire. Tu as dérobé à Sponde, avant l'heure, la vie que tu lui avais donnée en gage. Mais l'immortalité s'est assurée pour elle-même les parts les plus grandes de son âme et de son intelligence. Coupée net, à ce qu'il te semble, cette vertu nourrira de nouvelles pousses dont se souviendra l'éternité. Elle resplendit, la renommée du héros, et ne se lassera pas tant que sera vigoureuse la gloire de sa simplicité, de son intégrité, de sa loyauté, de sa piété, de sa science, de son éloquence. Celle-ci a été donnée, a été léguée aux siens et à ses descendants, pour qu'elle ne quitte pas son nom. L'espérance qui fait croire le grand nombre, et qui trompe les vœux de la plupart des mortels, cette espérance-ci, Calvin, elle meurt[46] ! Mais nous, Sponde, nous que le regret de toi afflige douloureusement, nous répandons pour toi nos larmes en offrandes. Elles sont le gage de notre chagrin et de notre très tendre affection. Ces blessures de l'âme, ces meurtrissures se ravivent par ton souvenir perpétuel et nulle consolation, nul adoucissement ne les apaiseront

43 *D.O.M.S.* : *Deo Optimo Maximo Sacri.*

44 Le texte est ici fautif dans les deux éditions consultées : nous le rétablissons d'après Paris 1595 (qui porte « *ea Calui ne sicit* ») en changeant seulement la disposition des lettres. Tous nos remerciements vont à Martine Furno pour son aide précieuse sur ce passage difficile.

45 Cette mention accentue la dimension catholique du Tombeau offert ici à Sponde.

46 L'espérance trompeuse de Calvin est sans doute la prédestination.

jusqu'à ce que nous nous envolions dans l'éternelle demeure des hommes pieux (dont tu es citoyen).

TUMULO IO. SPONDANI HOMERICI INTERPRETIS,
AC DEMUM THEOLOGI CONVERSI DOCTISSIMI ET PIISSIMI,

DIALOGISMUS[47].

V. Hospes, Dic sodes cuium est hoc funus ? H. Ulyssis.
V. Maeonii illius ? H. Certe. V. Num[48] *Troia renata est ?*
H. Hercule nec Troia est, nec Tros : uerum alter Ulysses,
Hic quoque Maeonius : Non qui comes iuit Homero
Caeco homini, et late tot deuia et inuia uidit :
Sed qui dux caeco lucem praeluxit eidem,
Transfuga per Syrtes, non erro ut Achaicus ille.
V. Nil ergo huic Circaeque ? nihil Syrenibus una ?
H. Hoc tantum : uoces audiuit, pocula uidit :
Mox Ithacam postliminio dimissus ab ipsis,
Antidotum huic pesti medicatis miscuit herbis.
Illa Ithaca est PETRI nauis, SPONDANUS Ulysses,
Syrenes Circeque in Numen perfidus error,
Antidotus liber hic : I, utere, uiue Viator.

Mar[MOREUM] MoN[UMENTUM][49]

Pour le tombeau de Jean de Sponde,
commentateur d'Homère et théologien finalement converti,
plein de science et de piété,
Dialogue

VOYAGEUR. Mon hôte, dis-moi s'il te plaît, pour qui ces funérailles ?
HÔTE. Pour Ulysse.
V. Celui d'Homère[50] ? H. Oui. V. Troie a donc repris vie ?
H. Par Hercule, il n'y a ni Troie, ni Troyen : c'est un autre Ulysse ;
Il est aussi fils d'Homère. Ce n'est pas celui qui accompagna

47 C'est-à-dire poème en forme de dialogue, entre un *Viator* (voyageur) et un *Hospes* (hôte). Les vers sont des hexamètres dactyliques.
48 *Nun* dans les deux éditions. Nous corrigeons.
49 Abréviation antique.
50 Littéralement, celui du Maeonien, c'est-à-dire d'Homère (voir v. 4).

Homère l'aveugle, vit tant de lieux inconnus, tant de routes non frayées[51],
Mais le guide qui le premier éclaira ce même aveugle,
Qui franchit les Syrtes comme le grand Achéen, si je ne me trompe.
V. Donc rien à voir avec Circé ? rien avec les Sirènes ?
H. Seulement ceci : il entendit des voix, il vit la coupe[52],
Puis les laissant pour retourner dans son Ithaque,
Il prépara l'antidote à ce poison avec une préparation d'herbes.
Cette Ithaque est la nef de Pierre, cet Ulysse est Sponde,
Les Sirènes et Circé, la trompeuse hérésie contre la Divinité,
L'antidote est ce livre. Va, fais-en bon usage, salut, Voyageur.

Gravé pour l'éternité.

IN IO. SPONDANI
Tumulum, lachrymae.
Ad Clariss[imum] Virum Flor. Raemundum.
S. B[53].

Impositum tristi qui te, Spondane, feretro
Audiit, et nullo proluit imbre genas :
Ille uel a doctis auersus pectora Musis,
Tressis ut, obscuros condit, agaso, dies.
Sacra uel amplexus nostris contraria sacris,
Ducit ab occasu gaudia saeua tuo ;
Laestrygonum de gente satus, qui morte paterna
Rideat, et matri soluere iusta neget.
Vel stat truncus iners, stipesue exstensus, ut olim
In medio[,] cautes, aut Pharos alta mari :
Quam neque uentorum rabies bacchata procellis,
Nec tumefacta suo demouet unda loco.
Imo et durior est scopulis, cui lumina ferro,
Cui triplici uinctum cor adamante riget.
Quippe pii manant duro de marmore fletus,
Siue tuo Niobe, seu Cleopatra tuo.
Ah ! scelus est non hoc lacrymoso funere tangi,

51 Allusion aux premiers vers de l'*Odyssée.*
52 Les voix des Sirènes, la coupe de Circé.
53 Cette dédicace ne se trouve pas dans Bordeaux 1595.

Cui dedit (heu !) luctus Sol documenta sui.
Luminaque auertens, ne tam ferale uideret
Officium, atrata texit equos nebula.
Inque graues Aether nimbos se proruit, ac te
Efferri lacrymis non tulit absque suis.
Nec uero solum sumpsit lugubria caelum,
Sola parentarunt aut elementa tibi.
Namque tenens aram mystes, et uersus ad ortum
Dum prece coelestes pacificaret heros ;
Teque bona ter uoce ciens, et conderet Vmbram,
Et Diuis ferret Manibus inferias :
Turba frequens uarios uariarum audita Dearum est
Flebilibus lausos[54] *ingeminare modis.*
Maeoniis Smyrnaea Charis te luget ademptum
Versibus, ac caecam se fore rursus ait.
Exoculatus erat uates : tu lumina uati
Reddideras, pullis sicut hirundo suis :
Illa chelidoniae succo : tu luce refusa
Ingenii : sed enim denuo fulgor abest.
Quis modo diuini diuina recludet Homeri
Sensa ? quis arcanis abdita sacra notis ?
Sic tumulo illacrymans, aeternum his sedibus, inquit,
Cum uiolis uernent lilia, cumque rosis.
Luctisono pariter questu, seuoque dolore
Eiulat Ascraei rustica Musa senis :
Musa, tuo, cui lecta fuit Pancarpia nuper
Pollice, lemniscis totaque pacta nouis.
Nunc pro flore caput Cyrneia taxus inumbrat,
Pullaque palla imos defluit usque pedes.
Huic comitem passo iungit se Messia crine,
Huic comitem passis flaua Segesta comis.
Cumque Nouensilibus Pallas turbata Camaenis
Ingemuit : Indignum nec Dea flere putat.
Fleuit ut uda Thetis : fleuit Tithonia mater :
Flent Hyades : flet adhuc et Phaethusa soror.
Nec Themis abstinuit planctu, quae uel sua scita
Te docuit, leges docta uel ipsa tuas.
Iamque, quod extincto mutum est praetore tribunal,
Dedidicit Latii condita Iura fori.

---

54 Les deux éditions portent *lausos*. Nous corrigeons en *plausus* pour le sens.

Facta quoque elinguis Romana et Gallica Pitho,
Graiaque, quae labris sederat ante tuis :
Vt modo uix raucas mittat de nare querelas,
Et singultanti murmura fracta sono.
Talibus ergo sacram replent ululatibus aedem
Culta tibi puero numina, culta uiro.
Parte alia templi, quae dextima, fundit opertas
Vna preces curuo cernua Diua genu.
Cernua Diua quidem : sed uertice transit Olympum,
Insinuans adytis concilioque Deum.
Sanctus in ore pudor : maiestas regia : celsus
Frontis honos : mirus corpore manat odor[.]
Perpetuo Regina tribu stipata Deabus,
Quarum quaeque suae munia sortis obit.
Credere prima docet : sperare, et amare, sequentes.
Testibus his, tales edidit illa sonos.
Gratulor ? an doleam, quod te, Spondane, potentis
Extima uis fati sustulit ante diem ?
Flere uetat comes ista Fides, Fideique sorores.
Qua frueris, coeli gloria flere uetat.
Et gaudere iubet tua tecum gaudia, cum iam
Diuus in aeternis Indigitere choris.
In populum sed amor, iacturaque magna fidelis
Praesidii lacrymas conciet, ecce, mihi.
Quo raperis, dilecte ? mei quo cura recessit ?
Quo uirtutis abit, quo pietatis amor ?
Vix Deus annuerat, Refugarum ex ordine falso
Te post liminii iure redire domum :
Quum Fidei et Patriae magno perculsus amore,
Pandisti Reditus ordia prima tui.
Vt suspecta tibi nouitatis imagine multo
Ante foret Stygio secta dicata Ioui.
Dein ut Eburonicum Praesul doctissimus acres
Addiderit stimulos, praetuleritque facem,
Tum recto signata Patrum uestigia calle
Presseris, antiquas institerisque uias.
Vnde tuis purum, dempto glaucomate, ocellis
Affulsit nitidi lumen ab arce Poli.
Haec condita fauo Eloquii tibi protinus hostes
Scriptio conflauit, quos sua Erimnys agit.

Et quibus ipse prius sophiae cor, regula morum,
Os Charitum, secli gloria dictus eras ;
Tentauere bonis laudem subducere factis,
Et famam probris collutulare tuam.
Stulti, quos aliud latet haud diuinius esse
Elogium, quam odio ciuibus esse malis.
Suaue odium, suaue hoc, Christi quod amore subitur.
Sors quoque Lipsiadae contigit ista meo.
Hunc, quasi stellanti delapsum numen Olympo,
Gallia cum Batauis est uenerata suis.
Et merito : quis enim non hos Phoenicas adoret,
Qui uix post annos mille redire solent ?
Sed simul ac uisa cursum mutasse Charybdi
Dictus is, et sacrae uela dedisse Cruci :
Ilicet infensi Lemures iuere minutum
Egregii laudes et benefacta uiri :
Bellerophontaeum Retracto affingere morbum
Ausi, et uitalis taedia falsa morae.
Mox tamen in puram coniecta calumnia uitam
Concidit, in liquidam mistus ut ignis aquam.
Tu quoque degeneris ridens conuicia turbae,
Perrexti assertor nauiter esse meus.
Et quae nauifraga seruatum erroris ab unda
In portus Pietas, ceu Cynosura, tulit :
Haec eadem uanos Aulae fallacis honores,
Haec eadem fluxas sub pede pressit opes.
In uotis at blanda quies, pellaciaque almae
Theusophiae. Haec sensus flexerat una tuos.
Hac duce Vaesanum coepisti animosus in hostem
Surgere, qui sola praelia nocte gerit.
Nam propriis simulans signis ostendere, quae sit
Illa adeo Sponso Sponsa cupita suo ;
Tum magis obscuro uafer illam uelat amictu ;
Ne personatam prodat imago Deam.
At tu nocturnae fraudes technasque Lauernae
Detegis, et uictos exigis Andabatas.
Tu Matrem dias effers in luminis oras,
Vt populo ueris sit manifesta notis.
Hei mihi ! cur coeptum uetuit detexere munus
Non exorato mors famulata Deo ?

Cur ah ! cur uiuo tabulas animare colore
Non licuit ? summam cur adhibere manum ?
Omnia tersa quidem : (quando tibi sponte fluebant
Ambrosiaeque dapes, nectareusque liquor)
Impete sed primo, celerique effusa calore :
Iudiciique deest lima seuera tui.
O, tibi si longum uitam licuisset in aeuum
Ducere, munimen quale futurus eras !
Quas pugnas, quantas strages, inuicte, dedisses !
Fixisses templis quanta tropaea meis !
Non ita decretum. Fatorum arcana potestas
Obsistit, et laesi iustior ira Dei.

Ioan. Sammartinus Aquensis.

Larmes versées sur le tombeau de Jean de Sponde
Au très illustre Florimond de Ræmond,
membre du parlement de Bordeaux

Qui a appris que tu fus mis dans la triste bière, Sponde,
et ne baigne pas ses joues d'une pluie de larmes,
c'est que son cœur s'est détourné des doctes Muses,
et qu'il termine une vie obscure en homme de rien ;
ou qu'ayant embrassé des rites contraires aux nôtres,
il tire une joie cruelle de ta disparition ;
C'est un fils de Lestrygons, qui se rit de la mort de son père
et refuse de rendre à sa mère les honneurs funèbres !
Ou c'est qu'il est tronc inerte ou souche enterrée, comme un écueil
ou le haut Phare, depuis longtemps au milieu de la mer,
que ni la rage des vents déchaînée en tempêtes,
ni les flots enflés ne bougent de sa place.
Il est encor plus dur que les rochers : ses yeux de fer,
Son cœur lié d'un triple acier, sont insensibles.
car du marbre dur, de pieuses larmes coulent,
du tien, Niobé, ou du tien, Cléopâtre[55].
Ah ! le crime est de n'être pas touché par ce deuil lamentable,
à qui le Soleil, hélas ! a donné des preuves de son chagrin.

55 Pour Niobé, voir Ovide, *Métamorphoses*, VI, v. 309-310 (« [...] *intra quoque viscera saxum est. / Flet tamen* [...] »).

Détournant le regard d'un si cruel office,
il a couvert ses chevaux de nuages sombres.
Le Ciel s'effondre en lourds nuages
Et ne souffre pas que tu sois emporté sans ses larmes.
Mais le ciel n'est pas seul à porter le deuil,
les éléments ne sont pas seuls à célébrer tes funérailles.
Car tandis que le myste, à l'autel et tourné vers l'orient,
apaisait de sa prière les héros célestes,
et par trois fois t'appelant à voix haute, repoussait ton Ombre[56],
et offrait les sacrifices aux Dieux Mânes,
on a entendu la foule des Déesses variées, en rangs pressés
redoubler sur le mode élégiaque leurs applaudissements variés.
En vers maeoniens, la Charis de Smyrne pleure ta disparition,
et dit qu'elle est redevenue aveugle.
Le divin poète[57] avait perdu la vue : toi, tu lui avais rendu
ses yeux, comme fait l'hirondelle avec ses petits :
Elle usait du suc de chélidoine, toi de la lumière répandue par
l'esprit ; mais pour la seconde fois, leur éclat s'absente.
Qui dès lors ouvrira les divins sens du divin Homère ?
Qui découvrira les mystères cachés par des signes mystérieux ?
Ainsi, noyant de larmes ton tombeau, « Qu'éternellement », dit-elle,
« les lis refleurissent en ces lieux, avec les violettes et les roses. »
Avec une triste plainte et une douleur cruelle, pareillement se
lamente
la Muse rustique du vieillard d'Ascra :
Muse, c'est ta main qui tout récemment a choisi la Pancarpia
et l'a tout entière ornée de nouveaux rubans[58].
Maintenant au lieu de fleurs, c'est l'if de Cyrnée qui ombrage sa tête[59],
et un grand manteau sombre lui tombe jusqu'aux pieds.
L'accompagne Messia les cheveux répandus,
l'accompagne Segesta la blonde, aux cheveux épars.
Et avec les neuf Camènes, gémit Pallas bouleversée :
elle ne pense pas qu'il soit indigne de pleurer pour une déesse.

---

56 Ces pratiques visent à éviter que l'ombre du défunt ne revienne hanter les vivants. Mais le triple appel relève du rite de la *conclamatio* qui ouvre la lamentation funèbre.

57 Il s'agit d'Homère, qu'une tradition donnait comme originaire de Smyrne.

58 Le lemnisque est un « ruban attaché aux couronnes, aux palmes des vainqueurs et des suppliants, ou ornant la tête des convives dans un festin » (Gaffiot). La *pancarpia* est une couronne tressée de toutes sortes de fleurs. Le commentaire de Sponde à l'ouvrage d'Hésiode (*Les Travaux et les Jours*) avait paru à La Rochelle en 1592.

59 Cyrnée : nom grec de la Corse.

Elle a pleuré, l'humide Thétis, elle a pleuré, la mère Tithonia[60].
Elles pleurent, les Hyades : et elle pleure encore, leur sœur Phaéthuse.
Thémis non plus ne s'abstient pas du deuil,
qu'elle t'ait enseigné sa science ou qu'elle se soit fait savante en tes lois.
Et désormais, parce que, son préteur disparu, le tribunal est muet,
elle a désappris les lois secrètes du forum latin.
Elle est réduite au silence, Pitho, romaine et gauloise,
et grecque, qui siégeait devant tes lèvres :
Elle laisse seulement sortir de sourds reniflements
et des murmures brisés par le son des sanglots.
Voilà donc les cris dont remplissent la demeure sacrée
les divinités que tu honoras enfant, que tu honoras homme fait.
Dans une autre partie du temple, plus à droite,
une seule Divinité, le genou plié, la tête inclinée, répand des prières secrètes.
La tête inclinée, certes : mais elle traverse l'Olympe en un tourbillon,
et se glisse dans les sanctuaires et conciles des Dieux.
Au visage, une sainte pudeur ; une majesté royale ; sur le front,
l'honneur céleste ; une odeur admirable émane de son corps.
Elle est Reine, entourée de Déesses en une foule continue,
dont chacune accomplit la fonction que le sort lui a dévolue.
La première enseigne à croire ; les suivantes, à espérer et à aimer[61].
Devant ces témoins, elle fait entendre ces paroles :
Dois-je me réjouir, ou me lamenter, Sponde, de ce que la force ultime
du puissant destin t'a emporté prématurément ?
La Foi, ta compagne, interdit qu'on pleure, et ses sœurs également.
La gloire du ciel, dont tu jouis, interdit qu'on pleure,
et ordonne qu'on se réjouisse avec toi de ta joie,
puisque désormais on t'invoquera comme saint dans des chœurs éternels.
Mais voici que l'amour que je porte à mes ouailles et la grande perte
d'un fidèle secours suscitent mes larmes !
Où es-tu ravi, ami cher ? Où est parti le souci que tu avais de moi ?
Où l'amour de la vertu ? de la piété ?
À peine Dieu t'avait-il accordé de quitter le faux ordre des Rebelles,

60 *Tithonia* : l'Aurore.

61 On reconnaît les trois vertus théologales, la foi, l'espérance et la charité, réunies autour d'une « Reine » qui est sans doute la Religion ou l'Eglise catholique.

Pour revenir chez toi selon le droit à la réintégration[62],
que, frappé du grand amour de la Foi et de la Patrie,
tu as entamé les premiers commencements de ton Retour,
si bien que la secte qui était suspecte par sa nouveauté
est devenue pour toi une secte dévouée au Diable[63].
Puis, quand le très docte évêque d'Évreux[64]
eut ajouté ses aiguillons perçants et brandi la torche,
alors par le droit sentier tu as marché sur les traces claires des Pères,
et tu as suivi les antiques voies.
Alors, à tes yeux débarrassés de leur mal,
une lumière pure est apparue depuis l'extrémité du Pôle brillant.
Cet écrit rédigé grâce au miel de ton Éloquence a aussitôt suscité
contre toi des ennemis, poussés par leur propre Érynnie[65].
Et c'est par eux d'abord que toi-même tu étais dit esprit de sagesse,
règle pour les mœurs, visage des Grâces, gloire du siècle.
Ils ont essayé de soustraire la louange à tes beaux faits,
et de couvrir ta réputation de la boue des opprobres.
Insensés, qui ignorent qu'il n'est pas d'éloge plus divin
que d'être en butte à la haine des mauvais citoyens.
Douce haine, douce, celle qui est remplacée par l'amour du Christ.
Ce sort a frappé aussi mon cher Juste Lipse.
Lui, comme une divinité tombée de l'Olympe étoilée,
la France l'honorait, tout comme ses concitoyens bataves.
À juste titre : qui n'adore ces Phénix
qui reviennent, à peine, après mille ans ?
Mais dès qu'il eut déclaré, ayant vu Charybde, avoir changé sa course,
et avoir consacré ses voiles à la Croix sainte,
aussitôt, arrivèrent les hostiles Lémures
pour mettre en pièces les louanges et les bienfaits de cet homme remarquable.
Ils osèrent attribuer sa Rétractation à la maladie de Bellérophon[66],
et à l'ennui de vivre, à tort.

62 Le *postliminii ius* était dans l'Antiquité le droit de retrouver sa situation juridique antérieure après une captivité loin de sa patrie. Les Rebelles sont ici les réformés.

63 *litt.* : au Jupiter du Styx. Il s'agit bien sûr des réformés.

64 Il s'agit de Jacques Davy Du Perron, le « grand Convertisseur ».

65 Allusion à la *Declaration des principaux motifs qui induisent le Sieur de Sponde, Conseiller et Maistre des Requestes du Roy, à s'unir à l'Eglise Catholique, Apostolique et Romaine. Adressée à ceux qui en sont separez, et distinguée en deux parties*, s. l. [Melun], s. n. [Claude Bruneval sur le privilège], 1993.

66 La mélancolie. Voir Homère, *Iliade*, VI, 150-205 et le commentaire de Sponde.

Bientôt cependant, la calomnie jetée sur une vie pure s'effondra,
comme le feu qu'on mélange à l'eau claire.
Toi aussi, riant des insultes d'une foule ignoble,
tu as continué à être mon propre défenseur,
et celle qui a conduit au port celui qu'elle a sauvé des flots néfastes
de l'erreur,
la Piété, ou Cynosura,
elle est la même qui a foulé aux pieds les vains honneurs d'une cour
trompeuse,
la même qui a foulé aux pieds les richesses périssables.
Mais le doux repos que tu appelais de tes vœux,
et les séductions de la bienfaisante Théosophie,
eux seuls ont fléchi tes sens.
Sous sa conduite, tu as commencé, plein d'ardeur,
à te dresser contre le fol ennemi qui mène ses combats dans la nuit
solitaire.
Car, feignant de montrer par les signes propres quelle est
cette fiancée qui soupire après son fiancé[67],
il la voile habilement d'un manteau plus obscur,
pour empêcher que l'image crée une Déesse trompeuse.
Mais toi, tu mets au jour les tromperies et les ruses de la Laverne
nocture,
et tu chasses les Andabates vaincus[68].
Toi, tu élèves [notre] Mère jusqu'aux bouches divines de la lumière
pour la montrer au peuple avec ses marques véritables[69].
Malheureux que je suis ! Pourquoi la mort, qui sert un Dieu
impitoyable,
a-t-elle empêché l'achèvement de la tâche entreprise ?
Pourquoi, ah ! pourquoi n'a-t-il été permis d'animer ces tablettes
des couleurs de la vie ? d'y mettre la dernière main ?
Certes, l'ouvrage est soigné (quand pour toi coulaient d'eux-mêmes
les festins d'ambroisie et les liqueurs de nectar),
mais tout d'un premier jet et vif d'une chaleur diffuse :
y manque la lime sévère de ton jugement.
Oh, si tu avais pu vivre jusqu'à un âge avancé,

67 La fiancée est l'Eglise (métaphore empruntée au *Cantique des cantiques*). L'ennemi est Théodore de Bèze, auteur du *Traicté des vrayes, essencielles et visibles marques de la vraye église catholique* (La Rochelle, Hierosme Haultin, 1592) dont Sponde avait entrepris la réfutation.

68 *Andabates* : gladiateurs qui combattaient les yeux couverts, donc ici les aveuglés.

69 Notre mère l'Eglise.

quel rempart tu aurais été !
Quelles batailles et que de massacres, invaincu, tu aurais menés !
Quels trophées tu aurais accrochés dans mes temples !
Cela n'a pas été accordé. La puissance mystérieuse des destins
l'a empêché, et la juste colère du Dieu offensé.

Jean de Saint-Martin, de Dax.

IN EIUSDEM IOAN. SPONDAEI V[iri]. Clar[i].
immaturam luctuosamque bonis omnibus mortem.
NAENIA.

SPONDANUS ergo uixit (o fatum) decus
LATI, decusque GRAECIAE :
SPONDAEUS[70] *ADMITTENTIBUS quem ASTRIS sinu*
PATRIMA DIVA exceperat :
Quem SVADA puris NECTARIS liquoribus,
Ceu lacte ALUMNUM fouerat.
Ille ille VIXIT (proh dolor) PARCAM DIEM
Vitare sic nulli datur :
Sic nescit eius FERREA INCLEMENTIA,
DOCTO INSCIOVE parcere.
At o SUPERBA nimium, et IMPLACABILIS,
Tantum dedisses[71] *temporis,*
Quantum fuisset INTEGRAE VICTORIAE,
CARTAEQUE ADOREAE satis.
Quousque BEZA signifer[72] *NOVANTIUM,*
BUSTUMQUE NOSTRAE GALLIAE,
Pressis utrinque faucibus uitam daret ;
ORCO SACRATUS[73] *VICTIMA.*
Non ista longi temporis VICTORIA,
SI ROBUR INVICTUM VIRI,
Si facta spectes, si INGENI praestantiam ;

70 On remarque d'emblée le passage de SPONDANUS (Sponde) à SPONDAEUS (ou *spondeus* qui signifie spondée). De fait, le poème, composé d'une alternance de sénaires et de quaternaires iambiques, ouvre chacun de ses vers sur un spondée (pied composé de deux syllabes longues), en un subtil hommage à Jean de Sponde.

71 Bordeaux 1595 : *dedissem*.

72 Paris 1595 : *signifier*. Nous corrigeons d'après Bordeaux 1595.

73 Bordeaux 1595 : *sacrata*.

Nam CORCULUM *aeternum cluet.*
FESTINA *nec tu* GRAECIAM, *cum* GALLIA,
SEPTEMQUE MONTIUM DEAM,
Atra CUPRESSO *cerneres tectas*[74] CAPUT,
SPONDAEI *adesse* FUNERA[75] :
Nec dicerere BARBARA, IMMANIS, FERIS
IMMITIORQUE IMMITIBUS.
O disce SPONDAEOS *rapere, si* VNUM *tamen*
SEXCENTA *reddant* SAECULA[76].

J. M. Burdigalensis.

Sur la mort prématurée de l'illustre Jean de Sponde
qui chagrine tous les hommes de bien
Nénie[77]

Il a donc vécu, Sponde (ô fatale destinée),
honneur du Latium et gloire de la Grèce !
Sponde que l'Église de nos pères a reçu dans son sein avec l'approbation du ciel ;
que Persuasion[78] a nourri comme son fils d'un pur nectar
au lieu de lait.
Il a vécu, il a vécu (Ah ! douleur !) –
il n'est donné à personne d'éviter la mort[79] :
Sa rigueur inflexible ne sait épargner
ni le savant ni l'ignorant.
Mais ô mort trop orgueilleuse, trop implacable,
si seulement tu lui avais donné autant de temps
qu'il en fallait pour sa victoire complète,
assez pour un livre nourricier,
jusqu'à ce que Bèze, chef de file des Amateurs de nouveauté,

74 Bordeaux 1595 : *cinctas.*

75 Les deux éditions portent FUNERAS : nous corrigeons pour le sens.

76 Bordeaux 1595 : *O disce rapere* SPONDAEOS, VNUM *ferant* / SEXCENTA SI FORS SAECULA.

77 La nénie est un chant funèbre, une lamentation pour un mort.

78 *Suada* : Persuasion.

79 *parcam diem* : un jour bref, une vie brève, c'est-à-dire limitée par la mort. Une erreur typographique n'est cependant pas impossible : il faudrait alors comprendre *Parcae diem*, le jour de la Parque, c'est-à-dire celui de la mort. Nous choisissons de traduire par « la mort », à qui semblent adressés les vers suivants.

fossoyeur de notre France,
ait laissé la vie, pris à la gorge de toutes parts,
victime consacrée à Orcus.
Tu n'aurais pas attendu longtemps la victoire,
si l'on considère la force invaincue du héros[80],
ses hauts faits, l'excellence de son naturel.
Car il est Sagesse pour l'éternité.
Toi, trop hâtive, tu ne verrais pas la Grèce, avec la France,
et la Déesse des sept montagnes[81],
la tête ceinte d'un noir cyprès,
assister aux funérailles de Sponde ;
on ne te dirait pas barbare, cruelle, plus sauvage que les sauvages bêtes féroces.
Oh ! apprends à nous enlever des Sponde, mais qu'un seul
nous soit rendu par les siècles des siècles !

J. M. de Bordeaux

IN EIUSDEM IOAN. SPONDAEI V. C.
posthumani Disputationem contra Theod. Bezam Geneuensem Archiministrum.

Εἰ τῇδε βίβλῳ θήκειας κορωνίδα,
ΣΠΟΝΔΑΙΟΣ εἴης οὐκ ἔθ' αἱρέσεων πρόκοις,
ἼΑΜΒΟΣ ἀλλὰ, κ'εὐτυχῶς ΛΥΚΑΜΒΕΙΟΣ.

Ἄλλο.

Ἥλιος ἐξέλιπε ΣΠΟΝΔΑΙΟΣ πάμμεγας ἡμέων,
Ἔκλειψιν τήν δ'οὐ προὔλεγον ἀστρολόγοι
Νῦν σέλα οἰκείῳ μαρμαίρει τεύχει τῷδε,
Ὥστε διπλοῦν εἶναι θαῦμα μαθηματικοῖς.
Ἔρρετε οὖν ἄστρων πολυφρά[δ]μονες, ἥλιος οὗτος,
Ὑμετέρου νικᾷ θέσμια ζωδιακοῦ.

Ἄλλο.

οὐ θάνες, ὦ ΣΠΟΝΔΑΙΕ λυγρᾷ δεδμημένος αἴσῃ
Τήνδε λιπών βίβλον κρείττονα τοῦ θανάτου.

---

80 Il s'agit de Sponde.
81 Personnification de Rome.

Sur le débat de l'illustre Jean de Sponde après sa mort
avec Théodore de Bèze, responsable de l'Eglise de Genève

Si tu mets la dernière main à ce livre,
tu pourras être un Sponde sans plus t'accommoder des hérésies,
mais tu seras un Iambe, digne de combattre Lycambès[82].

Autre poème

Notre soleil nous a quittés, le très grand Sponde,
les astrologues n'en ont pas prédit l'éclipse.
Maintenant, c'est dans ce livre qui est le sien que brille son éclat,
causant un double étonnement aux calculateurs de la destinée.
Déchaînez-vous donc, spécialistes des astres, ce soleil
l'emporte sur les lois de votre zodiaque.

Autre poème

Tu n'est pas mort, Sponde, dompté par un fâcheux destin,
puisque tu laisses ce livre plus fort que la mort.

IN EIVSDEM FELICEM AD ECCLESIAM Rom[anam] reditum.

ΣΠΟΝΔΑΙΟΣ μέγας Αυσονίης τε, καὶ Ἑλλάδος ἀστήρ,
Καὶ μέγ' Ὁμηρείης φέγγος ἀμηχανίης,
Εἶχε πάλ' ἄσπονδον μετὰ ἀθανάτῳ θεῷ ἔχθραν,
Αἱρετικῶν ψευσθεὶς αἲ αἲ ἀλιτροσύνῃ.
Ἀλλ' ἄρα λαμπτῆρσιν φωτισθεὶς οὐρανίοισιν,
Σπείσατο, τὴνδ' ἔχθραν πάνσοφ' ἀνηνάμενος.
Οὕτως ΣΠΟΝΔΑΙΟΣ νῦν δ' ἔσσεαι, οὔνομα γάρ σευ,
Τήνδ' ἔλεγε σπονδὴν γράμμασι δεικνυμένην.

I.M. Βουρδιγαλαίος.

Sponde, gloire du Latium et lumière de la Grèce,
éclat immense des études homériques,

82 Ce court poème joue sur la similitude entre le nom de Sponde et le spondée, pied composé de deux syllabes longues dans la prosodie antique. Le iambe, en revanche, est composé d'une brève et d'une longue. C'est le pied utilisé initialement dans la poésie satirique, par exemple celle d'Archiloque contre son ennemi Lycambès. Nous remercions vivement Laurence Vianès pour ses suggestions.

a subi l'inimitié implacable du dieu immortel,
trompé, hélas ! par la méchanceté des hérétiques.
Mais instruit par les lumières célestes,
Il a conclu la paix, refusant cette inimitié.
Sponde ainsi tu seras maintenant, car c'est ton nom,
Il disait la paix conclue, ton livre la fait voir[83].

J. M. de Bordeaux

IDEM LATINE
reddditum.

Spondaeus magnum latiique, atque Hellados astrum
Et magnum Musae lumen Homere tuae,
Cum superis quondam bellum implacabile gessit,
Illiciis falsus proh dolor haeretecis
Ast nunc placati luce illustratus Olympi,
Foedera init positis mox inimicitiis.
Sic uere Spondaeus eris, nam notio Graii
Nominis, haec olim foedera praecinuit.

I. M. Burdigalensis.

Ecclesiae Orthodoxae in eiusdem obitum
Querelae.

Heu nostris, SPONDANE, *tuis, despondeo fatis :*
Obruimur tumulis facibusque extinguimur istis.
Sponsus idemque Deus sponsor, spondebat alumnos,
Materno gremio mendaci pellice raptos,
Maternis iterum subducere, te duce, uotis :
Te duce, ut antiqua curarent mente parentem.
Redditus at nobis, inuentus, uixque repertus
Discedisque solo, caelo dignissimus exis :
Discedis : quia forte tua nos cedere terra
Decreuit Deus et sponsus : quae perfida sacras
Sedis Apostolicae, fideique excussit habenas :

83 *Spondè* en grec signifie la libation qui accompagne la conclusion d'un traité de paix, donc le traité lui-même.

Haurit et occulto commenta imbuta ueneno,
Quae tulit in lucem mens haeresiarcha Lutheri,
Qui pia uirginei dissoluit uota pudoris :
Effugitque pio discinctus Apostata claustro.
Duramus tamen : et uotis urgemus Olimpum,
Vt melior tandem surgat sententia menti.
Vos famuli Christi celeres deferte sub auras
Spondanum superas, superumque adiungite turmis :
Nullum pondus inest, pietas spectata, fidesque
Vera, fidem faciunt, uitam Exomologesis ornat :
Quae loculo gelidum corpus tumulata sacrato,
Feruentem pietate animam comitabitur astris.

Fac[iebat] Rigaldus Dubal.

Plaintes de la Juste[84] Église sur le trépas de Jean de Sponde

Hélas, je me lamente, Sponde, sur notre destin, sur le tien !
C'est nous qui sommes enterrée dans ce tombeau qui est le tien,
nous qui disparaissons avec ton flambeau !
Dieu, notre époux et garant, promettait à nos vœux de mère
de ramener, sous ta conduite, nos disciples arrachés
au giron maternel par une maîtresse fourbe ; sous ta conduite,
pour qu'ils veillent sur leur mère selon l'esprit antique.
Mais, revenu à nous, reconnu, à peine retrouvé,
tu quittes ce sol, tu pars, toi qui es si digne du ciel,
tu nous quittes, parce que, sans doute, Dieu notre époux
a décidé que nous cédions ta terre[85] :
elle, perfide, a secoué les liens sacrés du Siège apostolique
et de la foi ; elle s'est aussi nourrie des fictions
imprégnées du poison secret que l'esprit hérétique de Luther a mises au jour,
Luther qui a dissous les vœux formés par la piété des chastes vierges
et s'est enfui, apostat, en se séparant du pieux cloître.
Cependant, nous sommes plus forte ; et nous pressons le Ciel de nos vœux

84 *Orthodoxa* : qui pense justement, droitement, par opposition à l'Eglise dévoyée des réformés.
85 Probablement la Navarre, terre protestante.

pour qu'enfin viennent aux esprits de meilleurs pensées.
Vous, serviteurs zélés du Christ, emportez Sponde sous les brises célestes, et ajoutez-le à vos escadrons célestes.
Nulle pesanteur n'y demeure, la piété remarquable et la foi véritable inspirent confiance, la Pénitence couronne sa vie :
elle, après avoir enseveli son corps glacé en un lieu consacré, accompagnera au ciel son âme brûlante de piété.

Rigaud Duval[86]

EPITAPHE DUDICT
sieur de Sponde.

JEAN DE SPONDE NATIF DE MALEON DE SOULE AU PAYS DE BASQVES, AYANT ESTE LIEUTENANT GENERAL AU SIEGE PRESIDIAL DE LA ROCHELLE, ET DEPUIS CONSEILLER ET MAISTRE DES REQUESTES DU ROY, APRES AVOIR LAISSÉ PLUSIEURS TESMOIGNAGES DE L'EXCELLENCE DE SON ESPRIT, ET QUITE LA RELIGION QU'IL AVOIT APPRINS A GENEVE, S'ESTANT RETIRÉ EN LA VILLE DE BOURDEAUX, POUR METTRE FIN AU LIVRE DES MARQUES DE L'EGLISE, QU'IL ESCRIVOIT CONTRE THEODORE DE BEZE, ENVIRON DEUX ANS APRES SA CONVERSION, AGE DE xxxviii. ANS, RENDIT HEUREUSEMENT SON AME A DIEU, LE xviii. IOUR DE MARS, MDXCV. ET FUT ENSEVELY EN L'EGLISE CATHEDRALE SAINCT ANDRÉ.

L'HOMMAGE POSTHUME
DES RECUEILS COLLECTIFS [1599]

À Madamoiselle de Sponde,
sur la mort de son mary
SONNET

Helas ! que ton mary fust digne de sa femme,
Femme par tes vertus digne de ton mary,

86 Homme d'église.

Et toy de luy cherie, & luy de toy chery,
Vous faisiez dans deux corps, de deux ames une ame.

Vous bruslastes tous deux d'une semblable flame :
De mesmes dons du ciel chacun fut favori :
Tous deux blessez d'un traict, dont nul ne fut guari[87] :
Et tous deux attachez d'une divine trame[88].

Mais ton mary est mort : & tu vis en ton dueil,
Tu es seule en ton lict : il est seul au cercueil,
Et sa mort de ta mort n'est encore suyvie[89].

Non, non, vous partagez un reciproque sort,
Il prend dedans ton coeur la moytié de ta vie :
Tu prens dans son tombeau la moytié de sa mort.

H. Honoré de Laugier
Escuyer de Porcheres.

Stances funebres
du sieur de PORCHERES
Sur la vie, la Mort, & les escrits du feu sieur de SPONDE[90]

Esprit enfant d'honneur, honneur des bons esprits,
Qui prens devers le Ciel ta route souhaitée,
Pourquoy rends-tu si tost d'un desdaigneux mespris,
Au poudreux element la lumiere empruntée ?
O grand'homme, ô grand'ame, & plus que je ne dy.
Le Soleil, le seul œil des hommes, & des ames,
Soleil qui vas cachans, sans toucher ton midy
Au couchant de la mort, l'orient de tes flammes,
Depuis qu'en l'occident tout ton cours est passé
Que tu laisses la terre en des ombres funebres,

87 Le « traict » est métaphore du coup de foudre amoureux, sur le mode pétrarquiste.

88 La « divine trame » désigne le sacrement du mariage.

89 *Le Parnasse* (1607) et *Les Muses françoises r'alliées* (1609) donnent un premier tercet un peu différent : « Mais ton espoux est mort & tu vis en ton dueil, / Te voilà seule au lict, & luy seul au cercueil, / Et sa mort de ta mort n'est encore suivie ? ».

90 L'exemplaire de la bibliothèque Méjanes imprime ce poème sous forme d'une succession de quatrains.

Mon coeur est en nuage, & mon corps est glacé,
Mes yeux sont à la pluye, & mon ame aux tenebres.
Je te dois bien premier rendre un dernier devoir,
Autant que la douleur me le pourra permettre :
Par ce que je t'aimay, dés que je te peus voir,
Et tu m'aimas dés lors que tu me peus cognoistre.
Nul ne peut mieux que moy, discourir de ta mort
Pour en avoir esté le tesmoin occulaire :
Mais quand en ce discours se bande mon effort,
L'effort de la douleur me contraint de me taire.
Je te celebreray, selon ma passion :
Ou manqueray de los, manquant de cognoissance,
Si je te louë trop, c'est mon affection :
Si je te louë peu, c'est mon insuffisance.
Ce bel esprit couroit au favorable vent,
Alors que sa raison arresta sa carriere,
Et comme son credit le poussoit en avant,
Sa vertu tout ainsi le reculoit arriere.
Tout le Monde l'honore en sa prosperité,
Pendant que son bon-heur son merite seconde :
Mais en abandonnant toute mondanité :
Il fust lassé du monde, & delaissé du monde.
Courage, dit-il lors, c'est ce que j'ay predit :
C'est tout ce qu'il me faut, puis qu'il faut que je m'aime :
Non non je sauve tout, en perdant le credit.
Et que perd-il celuy qui se sauve soy-mesme ?
De l'Eglise je voy le navire asseuré,
Il faut entrer dedans, pour sortir de l'orage,
Je veux en ce malheur me rendre bien-heuré,
Et pour toucher le port faire un heureux naufrage.
Puis je voy ce grand Roy des princes l'ornement,
Fils aisné de l'Eglise : & pere de la France,
A l'Eglise sa mere obeir seulement :
Et commander à tout par son obeissance[91].
Luy qui pardonne autant, comme il peut surmonter,
Et qui n'est surmonté sinon de sa clemence :
Qui dompte fierement ce qui veut resister,
Indomptable se rend sans faire resistance.
Heureux jour roy des jours, que ce bien-heureux Roy

91 Henri IV s'était converti au catholicisme en 1593.

Print aux pieds de l'autel ses graces immortelles,
Quand vainqueur de la terre, & vaincu de la foy,
Il vit dessous les siens les testes des rebelles.
Seul je ne change pas, ny pour luy seulement.
Je l'admire en cela, plus que je ne l'imite :
Si je fais comme luy, ce zelé changement
Vient de la cognoissance & non pas de la suitte.
Ce dit, de Sponde fust catholique Romain,
Sur ta sincerité confesse-moy de Sponde
Le bout de ton desir, le but de ton dessein
Fust-ce le bien de l'ame, ou bien celuy du monde ?
Car on te reprocha que l'imitation
T'attirant à l'autel, te retira du temple :
Mais tu declares bien que ta conversion
Estoit plus par raison, que non pas par exemple.
Apres avoir tiré tous les traits de ton coeur :
Deffendu vaillament ce que tu voulois croire :
Tu vins combatre Beze[92], & demeurant vainqueur,
Las ! tu perdis la vie, au gain de la victoire.
Escrivant contre luy tu travaillois tousjours :
Mais ah ! cruel travail ! diligence inhumaine !
En allongeant ton nom, tu raccourcis tes jours :
Pour revivre au repos, tu meurs en ceste peine[93].
Mais si tu m'eusses creu, cela ne seroit pas,
O de Sponde pourquoy ne me voulus tu croire ?
Pour vivre, je te dis, tu t'en vas au trespas,
Et amoindris ta vie, en augmentant ta gloire.
Je mouray, disois-tu, je mouray glorieux
Soldat de Jesus Christ en si belle escarmouche :
Lors on voyoit sortir les larmes de mes yeux,
Quand j'escoutois sortir ces propos de ta bouche.
Ce n'est rien, dis-je alors, craignez vous de mourir ?
Ce n'est rien, me dis-tu, puis que c'est la mort mesme,
Ce n'est rien que la mort, je ne crains de guarir
Tous mes extresmes maux par ce remede extresme.

---

92 Théodore de Bèze, auteur du *Traité des vrayes, essencielles et visibles marques de la vraye Eglise* (La Rochelle, 1692) dont Sponde avait entrepris une réfutation, laissée inachevée par sa mort.

93 Écho du sonnet 5 des sonnets sur la mort de Sponde, qui critique les « Bourreaux dénaturés de votre propre vie / Qui vit avec la peine et meurt sans le repos. » (v. 13-14).

La Parque arrive à toy, afin de faire aller
Ton ame sur le ciel, & ton corps sous la lame :
Avant que de mourir, tu voulus m'accoller,
Mais en prenant mon corps, que ne pris tu mon ame ?
Ta femme se mouroit, en taschant d'attacher
Sa levre demi-vive à ta levre mourante
Alors qu'elle voulust de sa bouche boucher
Le passage mortel de ton ame fuyante.
Ceste bouche se clost, d'où, quand elle s'ouvroit,
Distilloit le doux miel des facondes abeilles :
Je croyois fermement, que quand il discouroit,
Nostre souverain bien fust dedans les aureilles.
Il estoit si facond, qu'il eust charmé la mort :
Mais quoy ? il desdaigna de parler avec elle :
La mort fit contre lui tout son plus grand effort,
Cependant qu'il parloit à la vie eternelle.
En parlant il mourut : en mourant il parla,
Et souspira d'un coup, la vie, & la parole :
Helas ! pour un souspir son ame s'envola :
Et pourtant de souspirs mon ame ne s'envole.
Ame lasche & poltronne, ha ! tu n'en vaut pas mieux,
D'avoir quitté cest'ame en si belle carriere,
Mes yeux qui vistes lors en tenebres ses yeux,
Et quoy voyez-vous bien encore la lumiere ?
Cet esprit fut porté sur l'aisle des Zephirs,
Qui musquant des parfums les campagnes d'Elise[94],
Sous l'oreille des fleurs haleinent leurs souspirs :
Zephirs qui sont la voix, dont chaque arbre devise,
Qui retournent le son des chantres emplumez,
Et vont remurmurant la parolle de l'onde,
Tous parloyent de Sponde, & les bois animez
Inclinoyent à ce nom leur cyme vagabonde.
Là parmy les lauriers, les myrthes, les palmiers,
Le myrthe, le laurier, & la palme on luy donne :
Le chantre Vandomois, se levant des premiers,
Des deux premiers rameaux luy fait une couronne[95].
La palme, dit Seneque, est deuë à tes travaux,
Dont le poids n'a jamais tes vigueurs estouffées,

94 *les campagnes d'Elise* : les Champs Élysées.
95 *Le chantre Vandomois* : Ronsard.

Te revelas tes biens, sous le faix de ces maux,
Qui pousserent au ciel l'honneur de tes trophées.
N'appris-tu pas chez moy ce bel enseignement,
Comme il faut que l'esprit en tous malheurs se range ?
Tu changeas ma parole, & en ce changement
Si tu gaignes beaucoup, je ne pers rien au change.
J'ayme mieux en François, que non pas en Latin,
Et si j'estois mortel ce seroit mon langage :
Mais helas ! je maudis la mort, & le destin
Que ne t'ayent permis d'achever mon ouvrage.
Homere luy disoit, de Sponde studieux,
Je ne suis point ingrat de tes veilles passées,
Quand si jeune expliquant un Poete si vieux,
Tu mis à la clarté l'obscur de mes pensées.
Hesiode luy tint presque mesme propos :
Mais il ne retint pas l'esprit en sa franchise,
Qui s'envole sans peine au bien-heureux repos,
Et donne dans le ciel abandonnant l'Eglise.
Où, le chantre Royal, qui l'avoit attendu
L'embrassant luy disoit ces paroles benignes[96] :
Je t'estrains tout autant, que tu as estendu
Les mistiques replis de mes chansons divines.
Mais esprit immortel, raconte moy comment ?
Et pourquoy tu changeas ta premiere creance ?
Heureux, respond de Sponde, heureux ce changement,
Que je puis bien nommer mon heureuse inconstance.
J'avois irresolu d'un & d'autre costé,
Par diverses raisons ma foy contrepoussée,
Et pesant l'apparence, avec la verité,
J'inclinois, çà & là mon ame balancée,
Alors que du PERRON, l'esprit des bons esprits
Le Demon du sçavoir, le ciel de la doctrine,
Ciel qui comprenant tout, est du tout incompris,
Demon de forme humaine, & d'essence divine.
Quand, dis-je, du PERRON affermist à l'instant
Du poids de ses raisons ma legere inconstance :
Je le voy, je l'escoute, & vis en l'ecoustant
La nature du vray en l'art de l'éloquence,
Je tasche à contredire à ce qu'il me disoit :

96 Il s'agit du roi David, à qui le XVIe siècle attribuait les Psaumes.

Je demande : il respond. Je m'estonne : il me presse.
L'importance pourtant de ce fait me faisoit
Non accuser sa force, ains plustost ma foiblesse.
Me voila sans parole, & luy sans contredit,
Que si je n'eusse veu la partie mal faite,
Je me fusse rendu à celuy, qui rendit
Et mon ame estonnée, & ma bouche muette.
Or quelque temps apres, que je fus en prison,
J'espluchay vivement ma creance premiere :
J'estois tout au travail, & tout à l'oraison,
Quand Dieu favorisa ma peine, & ma priere.
Prison, non pas prison : mais plustost liberté,
Où j'eus tant de repos, de tant d'inquietude :
Je fus illuminé, dans ceste obscurité :
Et bien accompagné dans ceste solitude.
J'y changeay donc ma foy (bien-heureux changement
Que tu fus traversé de mainte œillade lousche !)
Quand je vis que le monde en parloit faussement,
Je luy ouvris mon coeur, pour luy fermer la bouche.
Je tiray du penser jusqu'au dernier repli :
Puis je fis un Traicté des marques de l'Eglise :
Mais la mort m'empescha de le voir accompli
En arrestant ma vie, avec mon entreprise.
Non rien ne me pleust tant, que de mourir alors,
Que sortant de l'erreur, j'entray dessous la lame :
Ainsi quand je perdis la vie de mon corps,
Je venois de gaigner la vie de mon ame.
Là de Sponde se teust. Mais je ne me tais pas :
J'importune le Ciel de mes tristes complaintes,
O ciel envoyez-moy la joye ou le trespas,
Si vous aymes de Sponde, aymez-vous bien mes plaintes ?
Son amitié luy fait ressentir mon malheur :
Et la mienne les cris, que chacun luy envoye,
Ostez-moy donc ma vie, avecque ma douleur,
Ou rendez-moy sa vie, en me rendans ma joye.
De le pleurer tousjours ce n'est rien que de l'eau,
Trop debile tesmoin d'une douleur si forte :
Il faut qu'un juste los luy serve de tombeau :
Mais pour loüer ce mort toute loüange est morte.
Nous avons le sujet, & non pas le pouvoir,

Qui pourroit bien loüer de Sponde, que de Sponde ?
Celuy qui comprenoit un monde de sçavoir,
Ne peut estre compris par le sçavoir du monde.

Poème du sieur de Porchères sur Sponde[97]

Desponde ton mal-heur fust ta felicité ;
Tu fis, abandonnant la vanité mondaine[98],
De son incertitude une preuve certaine,
Et trouvas ta constance en sa legereté.

Mon Dieu que ta prison fust bien ta liberté !
O combien de repos tu tiras de la peine !
Que de bon-heur Divin de l'infortune humaine
Mourant heureusement en ton adversité !

L'estœuf qu'on pousse en bas, en hault saulte et s'eslance
Recevant de son coup contraire violance ;
Et plus fort abbatu ressaulte beaucoup mieux.

Desponde tout ainsi tombant de la fortune
Tu prins si rude coup, qu'en ta cheute opportune
Repoussé contre-mont tu bondis dans les Cieux.

97 Ce poème, absent des recueils Du Petit-Val est issu des *Muses françaises r'alliées*, M. Guillemot, 1599, p. 56.

98 *Les Muses françoises r'alliées*, 1609 : Tu fus abandonnant la vanité mondaine,

BIBLIOGRAPHIE

BIBLIOGRAPHIE PRIMAIRE

ÉDITIONS ANCIENNES

Œuvre poétique de Sponde

Theatrum musicum Orlandi de Lassus aliorumque præstantissimorum musicorum selectissimas cantiones sacras, quatuor, quinque & plurium vocum representans [Genève], S. Goulart, 1580, vol. 1 et 2.

Un poème liminaire latin de Jean de Sponde « *In theatrum musicum* ».

Paschal de L'Estocart, *Octonaires de la vanité du monde, mis en musique à trois, quatre, cinq et six parties, par Paschal de L'Estocart*, Genève, Jean de Laon, À Genève, on les vend chez Eustace Vignon / À Lyon, on les vend chez Barthélémy Vincent, 1582, livre premier et second. Les ouvrages ont été imprimés à Genève par Jean de Laon. Ils portent sur la couverture la mention du libraire genevois ou lyonnnais chargé de leur diffusion. Achevé d'imprimer du 30 novembre 1581. Mise en musique des *Octonaires* d'Antoine de Chandieu, seigneur de La Roche.

Le premier livre comprend un poème français liminaire de Jean de Sponde[1].

Felix Platter, *De corporis humani structura et usu Felicis Plateri Bas. medici antecessoris libri III. Tabulis methodicè explicati, iconibus accuratè illustrati*, Basileæ, ex officina Frobeniana per Ambrosium Frob., 1583 [Bâle, Ambrosius Froben]. Rééd. Bâle, Ludwig König, 1603.

Poèmes préliminaires de Petrus Monavius [Pierre Monau], Bartholomæus Hubnerus [Bartholomaüs Hubner], Thomas Movfetus [Thomas Moffett],

1 Sur cette édition, l'on se reportera à l'article d'E. Droz, « Jean de Sponde et Pascal de L'Estocart », *Bibliothèque d'Humanisme et Renaissance*, XIII, 1951, p. 312-326. Les exemplaires référencés sont signalés par E. Droz, nous n'avons pas trouvé trace du premier et du dernier. Pour une édition moderne du premier livre : Paris, Maurice Senart, 1929.

Io. Spondanus Mauleonensis Gallus [Jean de Sponde, de Mauléon, français] et Petrus Castaneus [Pierre Chasteignier][2].

Paschal de L'Estocart, *Cent cinquante pseaumes de David mis en Rime Francoise par Clement Marot et Theodore de Beze, et mis en musique à Quatre, Cinq, Six, Sept et Huit parties par Paschal de L'Estocart*, Genève, Jean de Laon, À Genève, on les vend chez Eustace Vignon / À Lyon, on les vend chez Barthélémy Vincent, 1583. Les ouvrages furent imprimés à Genève par Jean de Laon. Ils portent sur la couverture la mention du libraire genevois ou lyonnais chargé de leur diffusion.
Deux poèmes français de Jean de Sponde (le premier en tête, le second au contraténor). Anagramme latin du roi de Navarre par Jean de Sponde (figurant également dans l'Homère). À la fin des psaumes, poème anonyme « Le pourtrait de la vraye religion en forme de dialogue » dont E. Droz suggère qu'il pourrait être de Sponde[3].

Jean de Sponde, *Homeri quæ extant omnia, Ilias, Odyssea, Batrachomyomachia, Hymni, Pœmatia aliquot, Cum Latina versione omnium quæ circumferuntur emendatiss. aliquot locis jam castigatiore Perpetuis item justisque in Iliada simul & Odysseam Io. Spondani Mauleonensis Commentariis. Pindari quinetiam Thebani Epitome Iliados Latinis versib. et Daretis Phrygij de bello Trojano libri, à Corn. Nepote eleganter latino versi carmine. Indices Homeri textus & Commentariorum locupletissimi.* Basileæ, Eusebii Episcopii opera ac impensa, 1583.
Deux poèmes liminaires au roi de Navarre, le premier en latin, le second en grec. Plusieurs poèmes insérés dans le commentaire : commentaire à l'*Iliade*, IX, [63] : traduction en hexamètres latins des vers 821 à 838 du « Second jour » de *La Sepmaine* de Du Bartas. Commentaire à l'*Iliade*, XI, [354] : *Prosopopée de Diomède.* Commentaire à l'*Odyssée*, XI, [436] : *Prosopopée d'Hélène.* Commentaire à l'*Odyssée*, XXIII, [244] : *Sur les chevaux de l'Aurore.*

Quatuor davidis psalmi latino carmine expressi a Iohanne Spondano, Basileæ, 1584.

Meditations sur les Pseaumes XIIII. ou LIII. XLVIII. L. & LXII. Avec un Essay de quelques Poemes Chrestiens, s. n. [Jean Portau], s. l. [La Rochelle], 1588[4].
L'*Essay* (p. 383-408) contient les *Stances de la Cene. Autre poeme sur le mesme subject. Stances de la Mort. Sonnets sur le mesme subject* (12 sonnets).

La Canelle, les Larmes et Sonnets de J. de la Goutte, Tours, Claude de Montr'œil, 1591.

---

2 Le texte de ces poèmes est donné dans notre article : S. Lardon, « De nouveau du nouveau sur Jean de Sponde », *Bibliothèque d'Humanisme et Renaissance*, tome LXXI, 2009, n° 3, p. 541-554.

3 E. Droz, « Jean de Sponde et Pascal de L'Estocart », art. cité. Pour un fac-similé : éd. H. Holliger et P. Pidoux, Kassel/Basel, Bærenreiter Verlag, 1954, 5 vol.

4 E. Droz, *L'Imprimerie à La Rochelle : La Veuve Berton et Jean Portau*, 1573-1589, Genève, Droz, 1960, p. 84.

Hesiodi Ascræi Opera et dies. I. Spondanus Rupellanæ provinciæ Præfectus recensuit, & commentariis illustravit, Rupellæ, apud Hieronymum Haultinum, s. n. [Jérôme Haultin], s. l. [La Rochelle], 1592.
Poème « Elogia ex anthologiæ lib. III. et IIII. » (poème grec : *ΕΙΣ ΗΣΙΟΔΟΝ*).

Publications posthumes dans les recueils collectifs

Recueils de diverses poesies, tant du feu sieur de Sponde, que des sieurs du Perron, de Bertaud, de Porcheres, et autres non encor imprimées. Recueillies par Raphaël du Petit Val, À Rouen, de l'Imprimerie du dit Petit Val, Libraire et Imprimeur du Roy, devant la grand'porte du Palais, à l'ange Raphaël, 1599.

L'Academie des modernes poetes françois, Remplie des plus beaux Vers que ce siecle reserve à la postérité, A. M. de Nerveze, À Paris. Chez Anthoine du Brueil, tenant de sa boutique sur les degrez de la grand'salle du Palais, 1599, Avec Privilege du Roy.

Les Fleurs des plus excellens poetes de ce temps, À Paris, N. et P. Bonfons, 1599.

Les Muses francoises ralliées de diverses pars. Dediées a monsieur le Comte de Soissons, À Paris chez Mathieu Guillemot, au Palais, en la gallerie des prisonniers, 1599.

Les Fleurs des plus excellents poetes de ce Temps. Edition troisiesme, augmentée, À Paris, par Nicolas et Pierre Bonfons, au quatriesme pillier de la grand'Salle du Palais, 1601. Avec Privilège du Roy, in-12.

Les Muses Francoises ralliées de diverses pars, À Paris, Chez Mathieu Guillemot au pallais, s. d. [1603], Avec privilège du Roy [daté du 6 nov. 1598].

Premier recueil de diverses poesies, tant du feu sieur de Sponde, que des sieurs du Perron, de Bertaud, de Porcheres, et autres non encor imprimées, Recueillies par Raphaël du Petit Val, À Rouen, de l'Imprimerie du dit Petit Val, Libraire et Imprimeur du Roy, 1604. Avec privilège de sa Majesté.

Les Muses Francoises, R'alliées de diverses parts. Par le sieur Despinelle, À Lyon, par Thibaud Ancelin, Imprimeur ordinaire du Roy, 1606.

Le Parnasse des plus excellens poetes de ce temps, À Paris, chez Mathieu Guillemot au Palais en la gallerie des prisonniers, 1607. Titre courant *Les Muses Françoises.*

Les Muses Francoises R'alliees de diverses parts. Par le sieur Despinelle, À Lyon, par Barthelemy Ancelin, Imprimeur ordinaire du Roy, 1609.

Le Temple d'Apollon. Ou nouveau Recueil des plus excellens Vers de ce temps. Second volume, À Rouen, De L'imprimerie de Raphaël du petit Val, Libraire et Imprimeur du Roy, 1611.

Le Parnasse des plus excellens poetes de ce temps, À Lyon, Barthelemy Ancelin, s.d. [1611]. Titre intérieur : *Le Parnasse des plus excellens poetes de ce temps ou Muses Francoises R'alliées de diverses parts. Second volume.*

Le Parnasse des plus excellens poetes de ce temps, À Paris, chez Matthieu Guillemot au Palais en la gallerie des prisonniers, 1618.

Le Parnasse des plus excellens poetes de ce temps, À Lyon, Par Barthelemy Ancelin, Imprimeur & Libraire ordinaire du Roy, 1618.

Le Cabinet des Muses : Ou nouveau recueil des plus beaux vers de ce temps, À Rouen, De l'Imprimerie de David du Petit-Val, Imprimeur et Libraire ordinaire du Roy, 1619.

ÉDITIONS MODERNES

SCHAUFELBERGER, Johann, *Nova clavis homerica cujus ope aditus ad intelligendos sine Interprete Iliadis libros omnibus recluditur ; Interspersæ sunt selectæ Clariss. Camerarii, Clarckii, Ernesti, Spondani, etc. Annotationes et Scholia, Opera Joannis Schaufelbergeri… Præfatus est Jo. Jacob Breitinger*, Zürich, Turici, litteris Heideggeri et socc., 1761-1768.

BOASE, Alan Martin, « Poèmes de Jean de Sponde choisis et présentés par Alan Boase », *Mesures*, 15 octobre 1939, n° 4, p. 127-151. Ce titre d'ensemble (p. 127) recouvre une présentation générale intitulée « Jean de Sponde : Un poète inconnu » (p. 129-135), suivie des textes (p. 136-151) : « Les Amours » (26 sonnets) et « Sonnets de la Mort » (10 sonnets).

Œuvre poétique pour la première fois réunie en un volume, préface de Marcel Arland, Paris, Delamain et Boutelleau, 1945.

Sonnets et stances de la mort, avec gravures sur cuivre par Jean Deville, Paris, P. Seghers, 1946.

Stances et Sonnets de la Mort, éd. Alan Boase, Paris, Corti, 1947. Rééd. 1982.

Poésies, éd. Alan M. Boase et François Ruchon, avec un « Essai sur la vie de Jean de Sponde » par François Ruchon, et une « Étude sur les Poésies de Jean de Sponde » par Alan Boase, Genève, Pierre Cailler, 1949. Réédition : Genève, Droz, 1964.

Les Amours et la mort : stances et sonnets, préface de Marcel Arland, Paris, GLM, 1949. Contient quatorze sonnets et deux stances.

Le monde classique – 3, éd. André Rousseaux, Paris, A. Michel, 1951.

« Poèmes », dans *Poètes du XVIe Siècle*, éd. Albert Marie Schmidt, Paris, Gallimard, 1953.

Méditations, avec un Essai de Poèmes chrétiens, éd. Alan Boase avec une étude sur la vie de Sponde et les textes, Paris, Corti, 1954.

Jean de Sponde, Sonnets on Love and Death, éd. Robert Nugent, Painesville, Ohio, Lake Erie Coll., 1962. Traduction et commentaire.

Poètes du XVIe siècle, éd. Albert-Marie Schmidt, Paris, Gallimard, 1964.

Poems of Love and Death, éd. et trad. G. F. Cunningham, introduction A. J. Steele, Edinburgh, London, Olivier and Boyd, 1964. Édition bilingue.

Itinerario Spondiano : *La Response d'un Catholique par Jean de Sponde*, éd. et trad. Giuseppe Antonio Brunelli, Catania, Castorina Editore, 1967. Édition bilingue.

Vingt sonnets du XVI*e* *siècle*, Paris, Pierre Gaudin, 1968.

Sur la Canelle, dans *Trésor de la poésie baroque et précieuse (1550-1560)*, éd. par A. Blanchard, Paris, Seghers, 1969.

Stanze e Sonetti della morte, éd. Alessandra Ginzburg, Torino, G. Einaudi, 1970.

Œuvres littéraires. Suivies d'Écrits apologétiques avec des *Juvénilia*, éd. Alan Boase, av.-propos M. Raymond, Genève, Droz, 1978.

Boase, Alan, « La Canelle », *Studi Francesi*, n° 70, anno XXIV, fasc. I, gennaio-aprile 1980, p. 82-89.

Sonetti della Morte, éd. et trad. Paolo Budini, dans *Il Verri* 9-10, giugno 1986, p. 32-60. Édition bilingue.

D'Amour et de Mort, éd. James Sacré, Paris, Éditions de la Différence, 1989.

La poésie amoureuse de l'âge baroque [1570-1640], éd. Gisèle Mathieu-Castellani, Paris, Librairie générale française, 1990.

Bersu eta hamalaurkunak, herioaz, maitasunaz, eta bertze olerki zenbait, éd. et trad., Jean-Baptiste Orpustan, Saint-Étienne-de-Baïgorry, Éd. Izpégi, 1995. Stances et sonnets sur la mort, l'amour, et quelques autres poèmes traduits en vers basques.

Meditazioni sui Salmi e Poesie, éd. Mario Richter, trad. et notes Mario Richter, Manuela Gemma, Paolo Focardi, Cinisello Balsamo, Ed. San Paolo, 1998. Édition bilingue.

PETRIS, Loris, « Unité et ruptures dans les "Sonnets de la mort" de Jean de Sponde », *Les Fruits de la Saison, Mélanges de littérature des* XVI*e* *et* XVII*e* *siècles offerts au Professeur André Gendre*, éd. P. Terrier, L. Petris et M.-J. Liengme Bessire, Université de Neuchâtel / Genève, Droz, 2000, p. 357-371. Fournit en annexe le texte des douze sonnets établi d'après l'édition de 1588.

Sonnets of love and death, éd. et trad. David R. Slavitt, Evanston, IL, Northwestern UP, 2001. Édition bilingue.

O smrti [sur la mort], éd. et trad. Jiří Pelán, Zblov, Opus, 2005. Édition bilingue des poésies de Sponde et traduction tchèque.

Versi d'amore e di morte, trad. Gianfranco Palmery, Roma, Il labirinto, 2007. Édition bilingue.

MISE EN MUSIQUE OU DÉCLAMATION

CABY, Robert (compositeur), *Poètes français du 12e au 17e siècle* [musique imprimée et fac-similé des manuscrits originaux], Paris, AARC, 1994.

Poèmes de Jean de Sponde : « Si tant de maux passez » (voix et piano), « Si j'avais comme vous » (voix et piano), « Je contemplais un jour » (voix et piano), « Qui sont, qui sont ceux-là » (voix et piano).

Sponde, Jean de, *Stances de la Cène*, enregistrement sonore (disque 45 t.), s. l., Pastorale et musique, s. d. (réf. commerciale : PM17042M). Voix parlées et interprètes : Michel Bernardy, Marie-Rose Carlie, Henri Doublier, Jean Negroni, Valérie Quincy, Catherine de Seynes.

Poètes du XVIe siècle [Enregistrement sonore, disque 33 t. et texte], s. l., Gallimard, « Anthologie sonore de La Pléiade NRF », 1961.
Poèmes de Jean de Sponde : « Tout le monde se plainct de la cruelle envie » (Maria Casarès), « Qui sont, qui sont ceux-là, dont le cœur idolatre » (Maria Casarès), « Tout s'enfle contre moy, tout m'assaut, tout me tente » (Maria Casarès), « Si j'avais comme vous, mignardes colombelles » (Robert Darame), « Ne vous estonnez point si mon esprit qui passe » (Maria Casarès).

BIBLIOGRAPHIE SECONDAIRE

ÉTUDES SUR LES POÉSIES DE SPONDE

Ambiana, Simplice, « Jean de Sponde : l'écriture poétique », *Renaissance and Reformation*, vol. XXVII, n° 4, Fall 1991, p. 273-287.

Arland, Marcel, « Un poète baroque, Jean de Sponde », *Le Promeneur*, Paris, Éd. du Pavois, 1944, p. 125-137.

Armbruster, Carol Ann, *Death in the Poetry of Jean de Sponde and Jean-Baptiste Chassignet.* Thèse, The Ohio State University, 1979.

Azzolini, Claudio, « L'intertestualità barocca : Sponde e Fiefmelin », *Il Confronto letterario*, anno IV, 8, novembre 1987, p. 313-334.

Baïche, André, « Pour mieux lire Jean de Sponde. Considérations sur le texte de ses poèmes », *Littératures* 15, automne 1986, p. 45-57 et *Hommage à Jean Séguy*, Toulouse, PU Toulouse II-Le Mirail, 1978, t. II, p. 21-34.

Balmas, Enea, « Per una lettura di Jean de Sponde », *Cenobio*, anno VIII, 11-12, novembre-dicembre, 1959, p. 542-564.

Bellenger, Yvonne, « Le temps dans les *Sonnets des Amours* et les *Sonnets de la mort* de Sponde », *Jean de Sponde (1557-1595), un humaniste dans la tourmente, op. cit.*, p. 223-236.

Bensimon, Marc, « La porte étroite : essai sur le maniérisme (Le Greco, Saint Jean de la Croix, Sponde, Chassignet, d'Aubigné, Montaigne) », *The Journal of Medieval and Renaissance Studies*, vol. X, 1, Spring 1980, p. 255-280.

Bloch, Werner, *Melancholie und Beständigkeit. Humanistische Gelehrsamkeit und individuelle Weltsicht im poetischen Werk Jean de Spondes*, Peter Lang, 1998.

BOASE, Alan Martin, « Then Malherbe Came », *The Criterion*, n° 39, January 1931, p. 287 *sq.*

BOASE, Alan Martin, « Poèmes de Jean de Sponde choisis et présentés par Alan Boase », *Mesures*, 15 octobre 1939, n° 4, p. 127-151.

BOASE, Alan Martin, « Études sur les Poésies de Jean de Sponde », J. de Sponde, *Poésies*, éd. A. Boase et F. Ruchon. Avec un « Essai sur la vie de Jean de Sponde » par F. Ruchon, et une « Étude sur les Poésies de Jean de Sponde » par A. Boase, Genève, Pierre Cailler, 1949 et *La vie et l'œuvre de Jean de Sponde*, Genève, Pierre Cailler, 1949.

BOASE, Alan Martin, RUCHON, François, *La vie et l'œuvre de Jean de Sponde*, Genève, Pierre Cailler, 1949. Contient un « Essai sur la vie de Jean de Sponde » par F. Ruchon et une « Étude sur les Poésies de Jean de Sponde » par A. Boase.

BRUNELLI, Giuseppe Antonio, *Jean de Sponde*, Univ. di Catania, Facultà di Lettere e Filos, 1965.

BURDESE, Roberta, « Jean de Sponde nel travaglio religioso del suo tempo », *Rivista di Storia e Letteratura Religiosa*, anno XXVII, n° 1, 1991, p. 55-83. Sur la *Response* et la *Declaration* essentiellement.

CARNEIRO, João, « Thématique et métaphore. Topique du voyage dans la poésie baroque. Le cas de Sponde », *Proceedings of the XVth Congress of the Internat. Comparative Literature Ass. « Literature as cultural memory », Leiden, 16-22 Aug. 1997*, éd. Maria Alziro Seixo, Amsterdam/Atlanta, GA, Rodopi, 2000, p. 95-102.

CARON, Sister Marie du Crucifix, *La pensée et le style de Sponde dans ses* « Poésies » *et ses* « Méditations ». Thèse Univ. of Wisconsin-Madison, 1966. Voir : *Dissertation Abstracts International* XXVIII (67/68), 1069-A/1070-A.

CÉARD, Jean, « Poésie et mystique chez Jean de Sponde : une parole de l'attente », *Poésie et mystique, Littérales* n° 23 – 1998, *Littérature comparée et Poésie* n° II, éd. Colette Astier, Nanterre, Université Paris X, 1998, p. 39-50.

COTTRELL, Robert D., « Le Style anticicéronien dans l'œuvre de Montaigne et de Sponde », *The Romanic Review*, 59, 1968, p. 16-29.

DELOINCE-LOUETTE, Christiane, « *De Origine et dignitate Poeticae* de Jean de Sponde. Éléments d'une doctrine poétique à la fin du XVIe siècle. Traduction et présentation », *Recherches et Travaux, Bulletin de l'Université de Stendhal-Grenoble 3*, 45, 1994, p. 27-45.

DELOINCE-LOUETTE, Christiane, « Morale antique et calvinisme chez Jean de Sponde : fonction de la sentence », *Recherches et Travaux, Bulletin de l'Université de Stendhal-Grenoble 3*, 50, 1996, p. 89-100.

DELOINCE-LOUETTE, Christiane, « Sponde, Homère et Du Bartas », *Bibliothèque d'Humanisme et Renaissance*, LXXI, 2009, n° 2, p. 255-270.

DROZ, Eugénie, « Jean de Sponde et Pascal de L'Estocart », *Bibliothèque d'Humanisme et Renaissance*, XIII, 1951, p. 312-326.

DUBRUCK, Edelgard, « Three Religious Sonneteers of the Waning Renaissance : Sponde, Chassignet and Ceppède », *Neophilologus*, vol. LIV, n° 3, July 1970, p. 235-243.

DUCHÉ-GAVET, Véronique, « La rime chez Sponde », *Jean de Sponde (1557-1595), un humaniste dans la tourmente, op. cit.*, p. 299-314.

DURAND, Laura Elinor Green, *The Poetry of Jean de Sponde : A critical Evaluation*, Ann Arbor, Thèse University of Michigan, 1963. Voir : *Dissertation Abstracts International* XXIV (63/64), 2475/2476.

DURAND, Laura Elinor Green, « Sponde and Donne : Lens and Prism », *Comparative Literature*, XXI, 1969, p. 319-336.

DURU, Audrey, « Un héritage disputé : une anthologie poétique spondienne par André Mage de Fiefmelin (1601) », *Jean de Sponde (1557-1595), un humaniste dans la tourmente, op. cit.*, p. 337-366.

ELTABET-BRETTON, Christine, *Les Figures de structure binaire dans la poétique de Jean de Sponde.* Thèse de 3e cycle de l'Université de Paris IV-Sorbonne (sous la dir. de J. Mazaleyrat), 1981.

ERBA, Luciano, « Jean de Sponde, Sei sonetti [introduction et traduction] », *Il Verri*, 2, 2, agosto 1958, p. 131-138.

FIORE, Silvana, « Note sur Sponde », *Culture française, Rassegna di lingua, letteratura e civiltà francese, Bari*, XXIII, 1976, p. 259-263.

ELDUAYEN, Luís, « La crisis de las guerras de religión y el barroco temprano : Agrippa d'Aubigné, Sponde y Chassignet », *Studia Philologica Salmanticensia*, 1984, n° 7-8, p. 145-175.

GENDRE, André, « Trois réflexions sur le modèle du sonnet spondien », *Le Texte et ses modèles*, éd. Jean Foyard, Dijon, Centre de recherches « Le texte et l'édition », 1998, p. 83-104.

GENETTE, Gérard, « Hyperboles », *id.*, *Figures I*, Paris, Éditions du Seuil, coll. « Tel Quel », 1966, p. 245-252. Rééd. dans la coll. « Points », même pagination.

GORDON, D. J., « Ben Jonson's "Haddington Masque" : The Story and the Fable », *The Modern Language Review*, vol. 42, n° 2, april 1947, p. 180-187.

GRIFFIN, Robert, « The Presence of Saint Paul in the Religious Works of Jean de Sponde », *Bibliothèque d'Humanisme et Renaissance*, XXVII, 1965, p. 644-652.

HATZFELD, Helmut A., « Mannerism is not Baroque », *L'Esprit Créateur*, vol. VI, n° 4, Winter 1966, p. 225-233.

Jean de Sponde (1557-1595), un humaniste dans la tourmente, Actes du colloque organisé les 14 et 15 mars 2008 à l'Université de Pau et des Pays de l'Adour par P. Chareyre et V. Duché-Gavet, éd. par V. Duché-Gavet, S. Lardon et G. Pineau, Paris, Classiques Garnier, 2012.

JECHOVA, Hana, « Les bipolarités du lexique baroque », *Travaux récents sur le* XVIIe *siècle. Franco Simone. Critique littéraire. La crise au* XVIIe *siècle. Descartes. Actes du VIIIe Colloque de Marseille* (janvier 1978), organisé par le C.M.R.17 (Centre Méridional de Rencontres sur le XVIIe siècle), Marseille, 1979, p. 121-125.

KELLER, Luzius, « Zeichen und Bedeutungen bei Sponde », *Diskurse des Barock. Dezentrierte oder rezentrierte Welt ?*, éd. Joachim Küpper, Friedrich Wolfzettel, München, Wilhelm Fink Verlag, 2000, p. 553-573.

KELLER, Luzius, « Enchaînements, ruptures et signatures chez Sponde », *Jean de Sponde (1557-1595), un humaniste dans la tourmente*, *op. cit.*, p. 267-283.

MACCHIA, Giovanni, « Jean de Sponde e il problema della poesia barocca in Francia », *Letteratura*, I, 1953, p. 13-14.

MACCHIA, Giovanni, « Il dramma di Sponde », *id*, *Il Mito di Parigi*, Torino, Einaudi, 1965, p. 21-42.

MACCHIA, Giovanni, « Il sonetto di Epicuro », *Micromégas*, anno XVIII, 1/2/3, gennaio-dicembre, 1991, p. 3-10.

MARTIN, James L., « A Manner of Seeing : Perception in Late Renaissance Poetry », *L'Esprit Créateur*, été 1984, 24/2, p. 73-79.

MATHIEU-CASTELLANI, Gisèle, *Les Thèmes amoureux dans la poésie française (1570-1600)*, Paris, Klincksieck, 1975.

MATHIEU-CASTELLANI, Gisèle, « Discours baroque, discours maniériste. Pygmalion et Narcisse », *Questionnement du Baroque*, éd. A. Vermeylen, Louvain-la-Neuve, 1986, p. 51-74.

MATHIEU-CASTELLANI, Gisèle, « L'emblème et le corps. Anatomie d'un paysage, Sponde », *Littérature* 78, mai 1990, p. 65-77.

MATHIEU-CASTELLANI, Gisèle, « The Poetics of Place : The Space of the Emblem (Sponde) », *Yale French Studies*, 80, 1991, p. 30-40 [traduit en anglais par Katherine Lydon].

MATHIEU-CASTELLANI, Gisèle, « Éros et Thanatos dans la poétique de Sponde », *Amour sacré, Amour mondain. Poésie 1574-1610*, Hommage à Jacques Bailbé, Paris, Presses de l'École Normale Supérieure, « Cahiers V. L. Saulnier n° 12 », 1995, p. 91-100.

MATHIEU-CASTELLANI, Gisèle, « Le paysage imaginaire de Sponde », *Jean de Sponde (1557-1595), un humaniste dans la tourmente*, *op. cit.*, p. 201-222.

MCGOWAN, Margaret M., « The poetry of Scève and Sponde », *French literature and its background, 1 : The Sixteenth Century*, éd. J. Cruickshank, London/Oxford/New York, Oxford UP, 1968, p. 79-97 (spéc. 90-97 pour Jean de Sponde).

MELIS, Giovanna, « Analisi semantica delle metafore nell'opera poetica di Jean de Sponde » *Annali della Facolta di Lettere-Filosofia e Magistero dell' Univ di Cagliari* XXXVII, 1974/1975), p. 159-233.

MELIS, Giovanna, *Jean de Sponde,* Poésie. *Concordanze et frequenze*, Cagliari, Università degli studi, 1978 [texte en français et introduction en italien].

MELIS, Giovanna, « Convergenze fono-ritmico-semantiche in un sonetto di Jean de Sponde » *Linguistica e Letteratura*, V, 1980, p. 121-138.

MICHELIS, Eurialo de, « Profilo di Sponde » *Francesi in Italia*, Palermo, Palumbo, 1984 (VI), p. 57-85 et *Rivista di letterature moderne e comparate* 24, fasc. 1, mars 1971, p. 5-30.

MODDEL, Paula, *Poétique et musique : Variations critiques autour d'un sonnet de Sponde*. Thèse Univ. of California, Irvine, 1975. Voir : *Dissertation Abstracts International* XXXVI (75/76), 6070-A.

MOREL, Jacques, « Trois sonnets en un seul. Fiefmelin abréviateur de Sponde », *Cahiers de Littérature du* XVIIe *siècle*, 6, 1984, p. 383-386. [Sur le sonnet de Fiefmelin « Si l'homme ici vivant… » inspiré des « Sonnets de la Mort » VIII, X et XI.]

MOROCCO, Glenn A., *The necessary complexities of the Renaissance love sonnet. A study of* Sonnets d'amour *of Jean de Sponde.* Thèse Univ. of Pennsylvania, 1974. Voir : *Dissertation Abstracts International* XXXV (74/75), 5418-A, 5419-A.

NATOLI, Glauco, « La poesia amorosa e religiosa di Jean de Sponde », *Figure e problemi della cultura francese*, Messina/Firenze, Casa editrice G. d'Anna, 1956, p. 83-115.

NØJGAARD, Morten, « La poésie métaphysique de Sponde », *Représentations et figurations baroques. Actes du colloque internat. D'Oslo, 13-17 sept 1995*, éd. Karin Gundersen et Solveig Schult Ulriksen, Oslo, The Research Council of Norway, 1997, p. 25-46 et 290-292.

PÉRIARD-RABEYROLLE, Jeanne Françoise, *Jean de Sponde : écrivain baroque.* Thèse de 3e cycle, Université de Toulouse II-Le Mirail (dir. de René Fromilhague), 1975.

PIZZORUSSO, Arnaldo, « Commento a tre sonetti di Sponde », *Rassegna lucchese*, 26, dic. 1960, p. 27-30.

RANDALL, Catharine, « A Protestant Poetics of Process : Reformation Rhetorics of the Self in Sponde, de Bèze and d'Aubigné », *The Rhetorics of Life-Writing in Early Modern Europe. Forms of Biography from Cassandra Fedele to Louis XIV*, éd. T. F. Mayer and D. R. Woolf, Ann Arbor, Univ. of Michigan Press, 1995, VIII, p. 223-241 [sur les *Meditations*].

RICHTER, Mario, « L'évolution spirituelle et stylistique de la poésie de Jean de Sponde », *Jean de Sponde et la langue poétique des protestants*, éd. Y. Bellenger, F. Roudaut, Paris, Classiques Garnier, 2011, p. 11-51. Éd et trad. fr. de

Jean de Sponde e la lingua poetica dei protestanti nel Cinquecento, Milano, Cisalpino-Goliardica, 1973, p. 7-49. Première publication : « Il processo spirituale e stilistico nella poesia di Jean de Sponde », *Ævum*, anno XXXVI, fasc. III-IV, 1962, p. 284-318.

RICHTER, Mario, « Sur l'ironie de Sponde », *Jean de Sponde et la langue poétique des protestants*, éd. Y. Bellenger, F. Roudaut, Paris, Classiques Garnier, 2011, p. 223-224. Éd. et trad. fr. de *Jean de Sponde e la lingua poetica dei protestanti nel Cinquecento*, Milano, Cisalpino-Goliardica, 1973, p. 227-229. Première publication : « L'ironia di Sponde », *Bibliothèque d'Humanisme et Renaissance*, XXXII, 1970, p. 423-424.

RICHTER, Mario, « Jean de Sponde (1557-1595) », *La Poesia lirica in Francia nel secolo XVI*, Milano/Varese, Istituto Editoriale Cisalpino, 1971, p. 361-382.

RICHTER, Mario, *Jean de Sponde et la langue poétique des protestants*, éd. Y. Bellenger, F. Roudaut, Paris, Classiques Garnier, 2011. Éd et trad. fr. de *Jean de Sponde e la lingua poetica dei protestanti nel Cinquecento*, Milano, Cisalpino-Goliardica, 1973. Contient : « L'évolution spirituelle et stylistique de la poésie de Jean de Sponde », « Lecture des *Sonnets de la Mort* de Jean de Sponde », « Sur l'ironie de Sponde » (se reporter à ces entrées).

RIEU, Josiane, *Jean de Sponde ou la Cohérence intérieure*, Paris, Honoré Champion / Genève, Slatkine, 1988.

RIEU, Josiane, « Le "point d'équilibre" baroque : approche de l'esthétique de Sponde », *Jean de Sponde (1557-1595), un humaniste dans la tourmente*, *op. cit.*, p. 131-151.

ROUSSET, Jean, *L'Intérieur et l'extérieur*, Paris, Corti, 1968, ch. I : « Jean de La Ceppède et la chaîne des sonnets », spé. p. 22-25 pour Sponde. Publié sous une forme légèrement différente dans « Les recueils de sonnets sont-ils composés ? », *The French Renaissance and its heritage. Essays presented to Alan M. Boase*, London, Methuen, 1968, p. 203-215.

RUCHON, François, BOASE, Alan Martin, *La vie et l'œuvre de Jean de Sponde*, Genève, Pierre Cailler, 1949. Contient un « Essai sur la vie de Jean de Sponde » par F. Ruchon, et une « Étude sur les Poésies de Jean de Sponde » par A. Boase.

SACRÉ, James, « La passion et la géométrie. Jean de Sponde : *Les Poésies* », *id.*, *Un sang maniériste. Étude structurale autour du mot « sang » dans la poésie lyrique française de la fin du seizième siècle*, Neuchâtel, Éditions de la Baconnière, 1977, p. 13-42.

SCAIOLA, Anna Maria, « Un poeta a Calvino : Jean de Sponde » [sur l'ouvrage de M. Richter : *Jean de Sponde e la lingua poetica dei protestanti nel Cinquecento*], *Micromégas*, anno I, 1, settembre-dicembre 1974, p. 163-164.

SCHMIDT, Albert-Marie, « Hommage à Jean de Sponde », *Réforme*, 15 octobre 1956.

SCHŒLL, Frank L., « Un humaniste français oublié : Jean de Sponde (Johannes Spondanus) », *Revue du Seizième Siècle*, XII, 1925, p. 361-400.

TRIPET, Arnaud, « De quelques usages de Rome après Du Bellay », *Les Fruits de la Saison, Mélanges de littérature des XVIe et XVIIe siècles offerts au Professeur André Gendre*, éd. P. Terrier, L. Petris et M.-J. Liengme Bessire, Université de Neuchâtel / Genève, Droz, 2000, p. 345-355, spé. p. 351-355 pour Sponde (« Sponde. La persévérance »).

WEIDLÉ, Wladimir, « Jean de Sponde », *Cahiers du Sud*, n° 307, 1951, p. 450 *sq.*

WEIDLÉ, Wladimir, « Jean de Sponde », *Tableau de la littérature française : « De Rutebeuf à Descartes »*, Paris, Gallimard, 1962, p. 388-399.

WILSON, David Shew, *The language of the French baroque : Levels of Structure in the Poetry of Jean de Sponde, Jean de La Ceppède and Théophile de Viau.* Thèse Univ. of California, Berkeley, 1970. Voir : *Dissertation Abstracts International* XXXI (70/71), 6571-A.

L'ESSAY DE POESMES CHRESTIENS

Les stances de la Cène

CLARK-EVANS, Christine, « The Words He Could Not Comprehend : *Essay de Quelques Poemes Chrestiens* by Jean de Sponde », *Neophilologus*, vol. LXXIII, n° 4, October 1989, p. 501-511.

GIACONE, Franco, « Méditations poétiques, méditations religieuses. Les Stances de la Cène de Jean de Sponde », *À la recherche d'un sens : littérature et vérité. Mélanges Monique Gosselin*, Paris, Roman 20-50, coll. « Actes », 2009.

RIEU, Josiane, « "Le savoureux banquet de l'immortalité" : sensibilité catholique ou réformée dans les poèmes sur la Cène de Jean de Sponde (1588) », *Nourritures et écriture, t. II : Littératures d'expression française*, éd. Marie-Hélène Cotoni, Université de Nice – Sophia Antipolis, 2000, p 43-71.

SCHMIDT, Albert-Marie, « Jean de Sponde, poète de la Sainte-Cène », *La Revue réformée*, n° 20, 1954/4, tome V, p. 39-46.

Les Stances et sonnets de la Mort

HILLS, Susan, « "Stances de la Mort" and "Autres Sonnets sur le mesme Sujet" : Losing to the Angel », *French Forum*, vol. IV, n° 1, January 1979, p. 69-85.

JACKSON, R. F., « Some Observations on the *Stances and Sonnets de la Mort* of Jean de Sponde », dans *Journal of the Australian Univ. Mod. Language Assoc.*, n° 3, 1955, p. 48-56.

SUTHERLAND, Gray, *The Transformation of Protestant Devotional Rhetoric in Jean de Sponde's Poems on Death*, Thèse University of Calgary, 1975.

WEINBERG, Kurt, « Verbal Labyrinths in Sponde's *Stances* and *Sonnets de la mort* », l'*Esprit créateur*, vol. XVI, n° 4 : *The French Renaissance Mind. Studies presented to W. G. Moore*, éd. B C. Bowen, winter 1976, p. 134-152.

Les stances de la Mort

BROSILOW, Rosalie, « Structure and Theme in Jean de Sponde's *Stances de la Mort* », *Romance Notes*, XIII, 1971-1972, p. 326-330.

COOMBS, Ilona, « Baroque Elements in Jean de Sponde's *Stances de la Mort* », *L'Esprit Créateur*, vol. I, 2, Summer 1961, p. 86-90.

PIZZORUSSO, Arnaldo, « Le *Stances de la Mort* di Jean de Sponde », *Studi in onore di Carlo Pellegrini*, Torino, Società Editrice Internazionale, 1963, p. 193-201.

THIHER, Roberta J., « The Irreducible Tension in *Stances de la Mort* », *Romance Notes*, XI, 1969-1970, p. 375-380.

Les sonnets de la Mort

BUDINI, Paolo, « Les structures formelles dans les *Sonnets de la mort* de Jean de Sponde », *Francofonia*, 8, Primavera 1985, p. 37-68.

CAPPELLO, Sergio, « Materiali per uno studio dell'organizzazione e del funzionamento del discorso nei *Sonnets de la mort* di Sponde », *Linguistica e Letteratura*, IV, 2, 1979, p. 275-301.

CAPPELLO, Sergio, « La critica letteraria di fronte ai *Sonnets de la mort* di Sponde », *Quaderni di filologia romanza (...) di Bologna* II, 1981, p. 87-97.

CAPPELLO, Sergio, « Interazioni metrico-sintattiche nel sonetto di Sponde », *Metrica e poesia*, éd. Antonio Daniele, Padova, Esadra Ed., 2003, p. 127-144.

CASANOVA, Jean-Yves, « Lectures de la Mort et de la Ténèbre. Jean de Sponde et Jacques Roubaud : ombres, fureur, silences et lumière », *Jean de Sponde (1557-1595), un humaniste dans la tourmente*, *op. cit.*, p. 381-398.

DELOINCE-LOUETTE, Christiane, « Du psaume au sonnet. Les *Sonnets sur la Mort* de Jean de Sponde », *Recherches et Travaux, Bulletin de l'Université de Stendhal-Grenoble 3*, n° 58, 2000, p. 39-54.

DELOINCE-LOUETTE, Christiane, « Un recueil-sermon : les *Sonnets sur la Mort* de Jean de Sponde », *Poétique*, n° 157, février 2009, p. 53-68.

GENDRE, André, *Évolution du Sonnet français*, Paris, PUF, 1996, chapitre V : « Jean de Sponde : en Dieu "Où mourra cest effort, où se rompra ceste onde." », p. 75-87.

LECLAIR, Yves, « Jean de Sponde, *Sonnets sur la mort* », l'*École des Lettres* LXXVI, 6, 1er décembre 1984, p. 25-30.

LINVILLE, Susan Elizabeth, *Modes of Closure in John Donne's* « Holy Sonnets » *and*

Jean de Sponde's « Sonnets de la mort ». *A comparative study.* Thèse Univ. of Colorado at Boulder, 1979. Voir : *Dissertation Abstracts International* XL (79/80), 2047-A, 2048-A.

LOOS, Erich, « Zur Rezeption eines "vergessenen" Dichters. Die *Sonnets de la Mort* von Jean de Sponde », *Interpretation und Vergleich. Festschrift für Walter Pabst*, éd. Eberhard Leube, Ludwig Schrader, Berlin, Erich Schmidt verlag, 1972, p. 207-227.

MATHIEU-CASTELLANI, Gisèle, « La Mort paysage : la représentation et ses modèles dans les "Sonnets de la mort" de Sponde », *Le Paysage à la Renaissance*, éd. Yves Giraud, Fribourg, Éditions Universitaires, 1988, p. 249-256.

PETRIS, Loris, « Unité et ruptures dans les "Sonnets de la mort" de Jean de Sponde », *Les Fruits de la Saison, Mélanges de littérature des XVIe et XVIIe siècles offerts au Professeur André Gendre*, éd. P. Terrier, L. Petris et M.-J. Liengme Bessire, Université de Neuchâtel / Genève, Droz, 2000, p. 357-371. Fournit en annexe le texte des douze sonnets établi d'après l'édition de 1588.

RICHTER, Mario, « Lecture des *Sonnets de la mort* de Jean de Sponde », *Jean de Sponde et la langue poétique des protestants*, éd. Y. Bellenger, F. Roudaut, Paris, Classiques Garnier, 2011, « Lecture des Sonnets de la Mort de Jean de Sponde », p. 201-221. Éd et trad. fr. de *Jean de Sponde e la lingua poetica dei protestanti nel Cinquecento*, Milano, Cisalpino-Goliardica, 1973, p. 203-226. Première publication : « Lettura dei "Sonnets de la Mort" di Jean de Sponde », *Bibliothèque d'Humanisme et Renaissance*, XXX, 1968, p. 327-345.

RICHTER, Mario, « Les *Sonnets de la mort* de Sponde », *Ævum*, anno XLVIII, fasc. V-VI, 1974, p. 405-418.

RICHTER, Mario, « "C'est mourir que de vivre en ceste peine extrême !" Sponde poète calviniste », *Jean de Sponde (1557-1595), un humaniste dans la tourmente, op. cit.*, p. 189-200.

TETEL, Marcel, « Mannerism in the Imagery of Sponde's "Sonnets de la Mort" », *Rivista di Letterature Moderne e Comparate*, 21/1, mars 1968, p. 5-12.

WINN, Colette Henriette, *Analyse structurale des* Sonnets de la mort *de Jean de Sponde*, Thèse Univ. of Missouri, Columbia, 1980.

WINN, Colette Henriette, *Jean de Sponde. Les* Sonnets de la mort *ou la poétique de l'accoutumance*, Potomac (Maryland), Scripta Humanistica, 1984.

– Sonnet 2

DELENTE, Eliane, « Le prédicateur et la référence démonstrative dans le sonnet "Mais si faut-il mourir" de Jean de Sponde », *Questions de styles*, n° 1, 30 juin 2004, p. 53-64.

LECHANTEUR, Jean, « Un Sonnet de Jean de Sponde : "Mais si faut-il mourir !" »,

Cahiers d'Analyse textuelle, n° 15, 1973, p. 71-83 et *L'Analyse textuelle. Théorie et pratique*, éd. P. Delbouille et G. Legros, Liège, Les Lettres belges, 1978, p. 119-131.

VIART, Dominique, « Sponde (1557-1595) "Mais si faut-il mourir" », *L'École des Lettres* LXXXI, 10, 5 mars 1990, p. 15-22 [commentaire composé].

WINN, Colette Henriette, « Jean de Sponde's *Sonnet de la mort* II. A Semantic Analysis », *Language and Style*, XVIII/4, 1985, p. 377-386.

– Sonnet 6

BRUNELLI, Giuseppe Antonio, « Elevazione : il *sonnet VI* », *id.*, *Da Ronsard a Molière*, Messine, 1963, p. 35-45 et *Siculorum Gymnasium*, 16, 1963, p. 183-188.

– Sonnet 9

MATHIEU-CASTELLANI, Gisèle, « Un Emblème sans devise. Étude du IXe sonnet de la mort de Sponde », *L'Information grammaticale*, 31, octobre 1986, p. 16-20.

– Sonnet 10

RICHTER, Mario, « Sponde : "Sonnets de la Mort", X », *Bibliothèque d'Humanisme et Renaissance*, XXXVIII, 1976, p. 73-76.

– Sonnet 11

BRUNELLI, Giuseppe Antonio, « Jean de Sponde, "Enoch e Elie" e il "Sonnet XI" », *Studi Francesi*, 2, 1958, p. 429-431 et *id.*, *Da Ronsard a Molière*, Messine, 1963, p. 47-55.

CARRON, Jean-Claude, « Jean de Sponde : "Et quel bien de la Mort ?" », *French Studies*, vol. XXXI, n° 2, April 1977, p. 129-138.

PEACH, Trevor, « Ronsard médité par Sponde ? "Est-ce tant que la Mort" ... "Et quel bien que la Mort ?" », *L'Information littéraire*, 38e année, n° 2, mars-avril 1986, p. 82-84.

RICHTER, Mario, « Réalisme et calvinisme chez Jean de Sponde. *Sonnets de la mort* : XI et XII », *Interpretation. Das Paradigma der Europäischen Renaissance-Literatur. Festschrift für Alfred Noyer-Weidner zum 60. Geburtstag*, éd. Klaus W. Hempfer & Gerhard Regn, Wiesbaden, Franz Steiner Verlag, 1983, p. 405-412.

– Sonnet 12

ALBERSMEIER, Franz-Josef, « Dualisme entre ici-bas et au-delà. Structure architectonique et dimension philosophico-théologique d'un poème "baroque" : Jean de Sponde, *Sonnets de la mort*, XII », *Studia Neophilologica*, LIII, 1981, p. 359-368.

BENSI, Mario, « Vers rapportés e testo del sonetto *Tout s'enfle contre moy* di Jean de Sponde. *Barque qui va flottant* di Philippe Du Plessis-Mornay », *Il Confronto letterario*, anno III, 6, novembre 1986, p. 407-417 (spé. 407-414 pour Jean de Sponde).

DUBOIS, Claude-Gilbert, « Autour d'un sonnet de Sponde : recherche de l'élément baroque » [*Sonnets de la Mort*, XII], *L'Information littéraire*, 19e année, 2, mars-avril 1967, p. 86-92.

GRIFFIN, Robert, « Jean de Sponde's *Sonnet de la mort* XII : the World, the Flesh and the Devil », *Romance Notes*, 9, autumn 1967, p. 102-106.

MARTIN, Paul, « Une lecture du "*Sonnet rapporté*" de Sponde. De l'hallucination au psychodrame », *L'Information littéraire*, 39e année, n° 2, mars-avril 1987, p. 78-83.

MATHIEU-CASTELLANI, Gisèle, « Sponde. Poétique du sonnet rapporté », *Littératures*, 15, automne 1986, p. 25-43.

RICHTER, Mario, « Réalisme et calvinisme chez Jean de Sponde. *Sonnets de la mort* : XI et XII », *Interpretation. Das Paradigma der Europäischen Renaissance-Literatur. Festschrift für Alfred Noyer-Weidner zum 60. Geburtstag*, éd. Klaus W. Hempfer & Gerhard Regn, Wiesbaden, Franz Steiner Verlag, 1983, p. 405-412.

La Canelle

Sur la Canelle, dans *Trésor de la poésie baroque et précieuse (1550-1560)*, éd. par A. Blanchard, Paris, Seghers, 1969.

BOASE, Alan, « La Canelle », *Studi Francesi*, n° 70, anno XXIV, fasc. I, gennaio-aprile 1980, p. 82-89.

LES POÈMES DES « AMOURS »

ABDELKEFI, Hédia, *Énonciation lyrique et figuration du sujet dans les* Sonnets d'Amour *de Jean de Sponde*, Tunisie, Publication de la Faculté des Lettres et Sciences Humaines, 2003 (distribution : Librairie Gallica).

BRUNELLI, Giuseppe Antonio, « Jean de Sponde tra Manierismo e Barocco : l'*Élégie* (Lettura e traduzione) », *Manierismo e Letteratura. Atti del Congresso Internazionale (Torino, 12-15 Ottobre 1983)*, éd. G. Bosco, D. Dalla Valle, G. Lana Zardini, Turin, Albert Meynier, 1986, p. 497-509.

BURON, Emmanuel, « "Dites, est-il au monde un amant plus fidele". L'éthique de la constance et la pratique de la poésie dans *Les Amours* de Jean de Sponde », *Jean de Sponde (1557-1595), un humaniste dans la tourmente*, *op. cit.*, p. 237-266.

CAVE, Terence Christopher, « The Love-Sonnets of Jean de Sponde : a Reconsideration », *Forum for Modern Language Studies*, III, 1967, p. 49-60.

DARDANO BASSO, Isa, « "Leur amour tout de terre, et le mien tout celeste". Appunti sul platonismo ermetico di Sponde », *Micromégas*, anno IX, 1-2, gennaio-agosto 1982, p. 15-48.

DELOINCE-LOUETTE, Christiane, « Sponde, l'amour et l'allégorie », *Hommages à Yvette Quenot*, éd. Jean-Marie Fritz, Dijon, ABELL, Fac. des Lettres de l'Université de Bourgogne, 1999, p. 41-70.

DELOINCE-LOUETTE, Christiane, « Un recueil-sermon (II). Sur les sonnets d'amour de Jean de Sponde », *Expériences rhétoriques. Mélanges offerts au professeur Francis Goyet*, Paris, Classiques Garnier, 2020, p. 227-240.

FORTIN-GRÉHAL, Guillaume, « *Les Sonnets d'Amour* de Jean de Sponde, publiés post mortem en 1597. L'altérité ou l'expérience de l'échec. » Publication en ligne sur le site *WebLettres*, juillet 2004.

GIBERT, Bertrand, « "L'huyle de ce tableau ternira ses couleurs" : radiographie d'une image », *Jean de Sponde (1557-1595), un humaniste dans la tourmente*, *op. cit.*, p. 285-298.

KŒRBER, Cécile, « Rôle de la Constance dans les *Sonnets d'Amour* de Jean de Sponde », *Modern Language Notes*, LXXX, 1965, p. 575-583.

KUBO, Miyuki, « Le maniérisme dans la poésie amoureuse de Sponde », *Revue des Amis de Ronsard* XI, 1998, p. 67-84 [article en japonais, résumé en français].

LA CHARITÉ, Claude, « Jean de Sponde, poète de "l'heureuse inconstance" dans le *Premier recueil de diverses poesies* (1604) de Raphaël du Petit Val », *Jean de Sponde (1557-1595), un humaniste dans la tourmente*, *op. cit.* p. 317-335.

QUENOT, Yvette, « Sur l'intertextualité dans les *Sonnets d'Amour* de Sponde », *Hommages à Jean-Pierre Collinet*, éd. Jean Foyard et Gérard Taverdet, Éditions de l'Université de Dijon, ABDO, 1992, p. 265-276.

RICHTER, Mario, « Calvinisme et Amour mondain : peut-on dater les sonnets d'amour de Sponde ? », *Amour sacré, Amour mondain. Poésie 1574-1610*, Hommage à Jacques Bailbé, Paris, Presses de l'École Normale Supérieure, « Cahiers V. L. Saulnier, n° 12 », 1995, p. 73-90.

SCHRENCK, Gilbert, « La structure "délicate" des *Sonnets d'amour* de Jean de Sponde », *Poétique et narration. Mélanges offerts à Guy Dermerson*, éd. F. Marotin et J.-P. Saint-Gérand, Paris, Honoré Champion, 1993, p. 255-265.

GLOSSAIRE

abymer : plonger dans l'abîme (StC, v. 10)
accoller : embrasser en jetant les bras autour du cou (Am, St1, v. 62)
ains : mais au contraire (StC, v. 152)
aventure : hasard (Am, St3, v. 49) (d') : par hasard (Am, El. v. 32)

balancer : équilibrer (Am, S1, v. 5)
bander : tendre (Am, S3, v. 10)
beneficience : faveur, libéralité (StC, v. 74)
bord (prendre un) : en termes de navigation, avancer dans une direction jusqu'à ce que le vent oblige à en prendre une autre (Am, S23, v. 10)
brandon : bâtons enflammés (Am, El, v. 56)
branslement : mouvement (Am, S1, v. 6)
bransler : se mouvoir (Am, S10, v. 4 ; S13, v. 10), faire mouvoir (Am, S13, v. 3)

cerceau : agitation de l'air provoquée par un battement d'aile (StM, v. 83)
charmer : enchanter (Am, S14, v. 3)
chatouilleuse : délicate (Am, S4, v. 9)
choir : tomber (Am, S6 v. 11)
colombelle : colombe (Am, S7, v. 1)
combler : rempli jusqu'au comble (Am, S2, v. 2)
commerce : fréquentation (SM11, v. 10)
consommer : consumer (Am, S11, v. 10)
content, e : satisfait, e (Am, St6, v. 5)
coulpe : faute (Am, St3, v. 21)
cordeau : corde, lien (StC, v. 26 ; Am, St2, v. 31)
courage : cœur (StC, v. 23, v. 104, v. 117 ; Am, S4, v. 2 ; Am, El, v. 86 ; Am, St2, v. 41)
courtine : rideau (Am, S3, v. 6)
cuider : croire à tort (StM, v. 66 ; Am, S5, v. 6 ; St3, v. 15)

devers : vers (Am, El, v. 114)
dextre : droite (StC, v. 147)
discord : désaccord (Am, S17, v. 3)
distraire : séparer (Am, El, v. 95)
divers : opposé (StM, v. 18 ; Am, S1, v. 6 ; El, v. 120)
dolent : plein de douleur (Am, St3, v. 34)
domestique : familier (StC, v. 54)
dompter : maîtriser (Am, S14, v. 10 ; S15, v. 5 ; S16, v. 10)
doucereux : doux, galant (« Sur la Canelle », v. 39)
doux-flairant : à la bonne odeur (« Sur la Canelle », v. 28)
dueil : deuil (Am, St3, v. 35)

empenné : qui porte une plume (SM8, v. 12)
empescher : retenir, entraver (Am, S7, v. 3)
encombre : obstacle (StM, v. 91)
ennui : tourment (StM, v. 140 ; Am, S14, v. 12 ; S16, v. 12 ; Am, St2, v. 47)
ennuyer : faire souffrir (StM, v. 7 ; Am, Ch3, v. 2)
entorce : dommage, malheur (Am, Ch2, v. 8)
entresecourir : se secourir l'un l'autre (Am, St1, v. 71)
entresuyvre (s') : se succéder (SM1, v. 5)
entresuitte : succession (SM6, v. 8)

envy (à l') : contre (AP, v. 20 ; SM7, v. 2), de même (Am, El, v. 99)
és : dans les (Am, El, v. 156)
espancher : répandre (StC, v. 114)
espardre (s') : se diviser, se disperser (SM7, v. 12 ; SM11, v. 7)
espoindre : presser, émouvoir fortement (StC, v. 88, AP, v. 141)
estançon : étai (Am, S6, v. 9)
estançonner : étayer (AP, v. 63)
estomac : poitrine (Am, St3, v. 3)
estraindre (s') : se resserrer (Am, St4, v. 19)
estranger : chasser (AP, v. 126)
exquis : choisi (AP, v. 59)

faconde : éloquence (« Sur la Canelle », v. 42)
faire (l'amour) : faire la cour (StM, v. 24 ; Am, F, v. 40)
faix : fardeau (Am, S13, v. 4)
ferme (faire –) : tenir bon (Am, S20, v. 11)
flammeuse : semblable à la flamme (StM, v. 2)
force (à) : avec force (Am, St1, v. 59)
fort (faire –) : résister (Am, S10, v. 2)
franche : libre, ouverte (Am, S24, v. 7)
franchement : librement (AP, v. 42)
franchise : liberté (AM, St1, v. 37)
frenaisie : fièvre (Am, F, v. 18)

garder : protéger (StM, v. 65)
genereux : noble (Am, St3, v. 18)
geine, gene : torture, tourment (StM, v. 107 ; SM5, v. 8)
germain, e : fraternel, cousin (Am, St1, v. 69)
grotesquer : représenter en manière de grotesques (Am, F, v. 19)
guerdon : récompense (AP, v. 147)
guinder (se) : s'élever (StC, v. 21)

heur : bonheur, succès (Am, S17, v. 7)
hommager : qui rend hommage (SM9, v. 10)

incontinent : aussitôt (Am, St5, v. 15)
instance : insistance (Am, S11, v. 1)
ire : colère (AP, v. 32)

jourd'huy (ce) : aujourd'hui (StC, v. 2 ; AP, v. 40, v. 93)
journalier, ère : qui dure une journée (SM2, v. 3)

largue : espace (StM, v. 93)
lovayeur : qui navigue en changeant souvent de cap (SM9, v. 9)
lustre : éclat (Am, St1, v. 24)

madré : tacheté (« Sur la Canelle », v. 20)
mignard, e : délicat, e (Am, S7, v. 1)
mignon : protégé, favori (Am, El, v. 157)
mole : faible (Am, Ch3, v. 30)
monceau : tas, amas (SM7, v. 6 ; Am, El, v. 111)

navrer : blesser (Am, El, v. 98)
nef : navire (Am, S14, v. 2)
né (bien) : vertueux, noble (Am, El, v. 149)
nompareil : incomparable (Am, S1, v. 11 ; St4, v. 38)
nourrir : élever, éduquer (Am, S10, v. 13)

onc, onques : jamais
orde : sale, repoussante (SM11, v. 3)
ores : maintenant (StC, v. 91)
outrecuidé : présomptueux (SM5, v. 6)

panteler : avoir la respiration haletante (SM4, v. 2)
parfaict : accompli, achevé (StM, v. 45, v. 46)
passetemps : plaisir (SM6, v. 13)
pasture : nourriture (StC, v. 5 ; AP, v. 157 ; Am, El, v. 147)
patron : modèle (Am, S4, v. 13, v. 14)
piper : tromper (StM, v. 31)
piteux : pitoyable (Am, St3, v. 26)
poignant : point (Am, St3, v. 5)

point : état, situation (Am, Ch3, v. 35)
poix : poids (Am, S6, v. 7)
poudre : poussière (StM, v. 80 ; SM3, v. 12 ; Am, St3, v. 30)
pourfiler : dessiner (Am, St5, v. 31)
pourpris : enceinte (AP, v. 72, v. 139, v. 155 ; Am, S3, v. 2)
pourtrait : portrait (Am, St1, v. 66)
pousser : faire pousser (AP, v. 148)
presser : appuyer (Am, S1, v. 1)
preuve : épreuve (Am, St3, v. 28)
prix (au prix de, aupris de) : en comparaison de (AP, v. 14 ; SM6, v. 10, v. 11 ; Am, S9, v. 14 ; Ch1, v. 12)
prochain : proche (Am, s. 8, v. 8)

rabbaiz : abaissement (StC, v. 42)
rappointer : rétablir (AP, v. 115)
rapporter : associer par un rapport (Am, S22, v. 2)
rayonneux : rayonnant (Am, St4, v. 3)
reboucher : émousser (AP, v. 151 ; Am, El, v. 26)
recueil : accueil (Am, St2, v. 18)
relant : qui a mauvaise odeur (StM, v. 85)
relascher : détendre (Am, S3, v. 11)
remonstrer : montrer (Am, S11, v. 9)
renommer : vanter, glorifier (Am, S20, v. 5)
repondre : égaler, avoir du rapport avec (StM, v. 44)
ris : rire (StC, v. 42, v. 44)
rompre : briser (Am, S12, v. 14 ; S20, v. 6 ; El, v. 62)

sablon : sable (SM10, v. 6)
sabouler : secouer, piétiner (SM10, v. 5)
saouler, souler : rassasier (StC, v. 56 ; AP, v. 43)
sauteler : sautiller (StM, v. 82)
secret, e : qui aime le secret (Am, S21, v. 5)
semondre : donner un avertissement (AP, v. 39)
serener : rendre serein (StC, v. 117 ; StM, v. 3)
si : pourtant (StM, v. 10 ; SM2, v. 1, v. 14 ; SM3, v. 2 ; SM4, v. 7)
siller : couvrir (les yeux), aveugler (StC, v. 66)
souci : souffrance (Am, S5, v. 1), inquiétude (Am, S8, v. 10)
souffrir : supporter (Am, S18, v. 7)

tardif : lent (Am, S8, v. 3)
tortu : tortueux (Am, St6, v. 25)
toufeau : buisson (Am, St4, v. 14)
tout (du) : tout à fait (Am, El, v. 48)
travail : souffrance (StM, v. 132 ; SM7, v. 8 ; Am, S14, v. 13 ; S18, v. 2 ; St2, v. 22 ; St4, v. 31)
travailler : torturer, tourmenter (Am, S8, v. 9), se torturer, se tourmenter (Am, El, v. 33)

vaisseau : vase (StC, v. 114 ; SM3, v. 7)
voire : en vérité (StM, v. 65 ; SM8, v. 9)

INDEX NOMINUM

TABLE DES INCIPIT

A : Amours – *EPC* : Essay de Poesmes Chrestiens – *PD* : Poésies diverses.
s. sonnet – *st.* : stances – *ch.* : chanson.

TABLE DES MATIÈRES

POÉSIES DE JEAN DE SPONDE